KB260316

석유전쟁

석유전쟁

2003년 4월 30일 초판 1쇄

지은이   정기종
펴낸이   장대환
펴낸곳   매일경제신문사 www.mk.co.kr
등 록   1968년 2월 13일 (No. 2-161)
주 소   우) 100-728 서울 중구 필동 1가 30번지
전 화   02) 2000-2610~2   (출판팀)
          02) 2000-2645   (영업팀)
팩 스   02) 2000-2609
이메일   publish@mk.co.kr

ISBN 89-7442-257-3
값 10,000원

석유전쟁

정기종 지음

매일경제신문사

머리말

이집트 문명, 티그리스·유프라테스를 중심으로 한 메소포타미아 문명, 그리고 인더스 문명과 황하 문명·인류 역사의 4대 문명 중 둘은 중동에서 발생했다. 뿐만 아니라 유일신을 숭배하는 세계의 3대 종교, 유대교와 기독교, 이슬람교 모두가 중동에서 탄생했다.

이런 사실들 때문에, 중동이 인류 역사에서 중요한 위치를 차지하고 있다는 사실을 부인하는 사람은 없을 것이다. 신이 존재하는 한 중동은 그의 무대이고, 그곳 사람들은 신의 무대에 등장한 배우들인 것이다.

더욱이 세계 석유의 3분의 2 가량이 중동에 매장되어 있다. 비록 중동의 자연이 황량한 사막이 대부분이고, 일부 석유부국을 제외하고는 대부분 빈곤한 나라라고 해도 중동을 무시하기는 어렵다.

중동이 세계인의 관심의 초점이 된 이유는 이곳이 석유의 주요 생산지라는 점뿐 아니라, 70, 80년대에는 팔레스타인 게릴라로, 그리고 최근에는 알 카에다로 대변되는 이슬람의 테러활동 때문일 것이다.

특히 2001년 9월 11일 미국 뉴욕 세계무역센터에의 항공기 자폭테러는 세계인을 경악시켰다.

이 테러를 지휘한 알 카에다의 목표는 이스라엘과 미국의 파멸이다. 그리고 그 목적을 달성하기 위해 모든 수단을 동원할 것임을 공언하고 있다. 핵폭탄이나 가스, 세균 등과 같은 대량 살상 무기는 물론 상상할 수 있는 모든 방법을 동원하여 테러를 하겠다는 말이다.

걸프전이나 아프가니스탄 전쟁은 국지전으로 단기간 끝났기 때문에 사람들은 중동에서의 전쟁이 쉽사리 확대되거나 장기화될 것이라고 생각하지 않는 경향이 있다. 하지만 성서의 계시록에 예언된 것과 같이 이스라엘과 아랍 사이에 전면전이 발발하고, 이 전쟁에 참전하기 위해 동방의 백만 대군이 중동으로 몰려오는 세계의 마지막 전쟁, 즉 아마겟돈이 일어날 가능성은 언제나 상존해 있다.

아마도 알 카에다는 자신들의 테러를 좀더 드라마틱하게 만들고 싶어할 것이다. 그리고 가능하면 전 아랍국을 대미 항전에 소위 지하드로 나서게 끌어들이고 싶어할 것이다. 세계전쟁을 유도하려는 것이다. 보통의 방법으로는 전 아랍국의 동의를 얻어낼 수 없겠지만 '이슬람'이라는 아랍인의 혼을 뒤흔드는 사건이라면 이들을 전열(戰列)로 내모는 것이 가능하다.

중동은 마치 세 개의 발에 의해 지탱되는 솥에 비유할 수 있다. 이슬람과 석유, 국왕이 바로 세 개의 발인데, 이 세 개의 발이 불행히도 모두 흔들리고 있어 쓰러지기 일보 직전의 위태로운 상황이다.

여기서 현실적으로 가장 중요한 역할을 하고 있는 것은 바로 석유로, 아랍 강경국들과 이슬람 테러리스트들은 미국과 유럽 주요 나라들의 석유가 가까운 장래에 고갈될 거라는 점에 주목하고 있다. 석유가 없는 미국은 종이호랑이에 불과하다는 것이다.

이 책에서는 바로 그 위기의 중심에 있는 중동의 키워드인 석유와 이슬람, 이슬람 극단주의자의 테러활동, 그리고 미국, 이스라엘로 대표되는 서구 기독교 세계와의 갈등관계의 이면에 대해 살펴보려 한다.

2003년 3월 20일 시작된 이라크 전쟁이 21일만인 4월 9일 바그다드가 함락됨으로 일단락을 지었다. 하지만 이라크전은 종전 후가 더 문제다.

이라크를 발판으로 미국식 정치질서가 중동 전역으로 확산되어가는 대신에 시리아, 이란과 같은 강경 반미국가들의 압력으로 새로 수립될 이라크 정권이 어떤 난관에 처해질지 모를 일이다.

미국에 대한 아랍의 반감이 더 증폭되어 갈등이 심화될 것이라고 각국의 중동 전문가들이 우려의 목소리를 높이고 있다.

팍스아메리카나의 시기가 그렇게 급하게 종언을 고하지는 않겠지만 우리로서는 미국의 힘이 쇠퇴한 이후의 세계도 계산에 두어야 할 것이다.

예수님이 계시던 곳에 가보고 싶다는 생각에 아랍어 연수를 택하게 되었고 현지 주재 공관원으로서 벌써 중동에서만 모두 4차례 12년간을 보냈다. 중동 관련 업무를 해오면서 가끔씩 머리에 떠오른 물음은 신 그리고 인간이란 어떤 존재인가 하는 것이었다.

기독교인으로서 이런 물음을 하는 것은 어쩌면 바보 같은 것이겠지만 누구라도 아우슈비츠 수용소에서 죄없이 교수형을 당해 매달려 있는 어린 소년을 바라보며 신의 알리바이를 물었던 엘리위젤의 심정과 비슷한 감정을 느껴본 적은 있었을 것이다.

어쩌면 우리나라는 아직 중동이나 현재 세계가 처한 위험성에 덜 민감한 상태에 있는지도 모른다. 이런 한국적 상황에서 같은 관심을 가진 사람들과 생각을 나누고 싶었다. 어차피 잘되어 나갈 것은 그대로 두어도 잘될 것이다. 시대를 걱정하는 사람들의 임무는 비관적 관측이 가능한 위험요소를 사전에 검토하고 마땅한 대응방안을 강구하는 것일 것이다.

내일의 세계에 대해 우려하는 시각에서 글을 쓰면서 새삼 가족의 소중함을 느끼게 되었다.

무엇보다 아버지 어머니에게 감사드리고 그리고 아내와 세 아이들에게 고마운 마음이 크다. 책을 다듬어 주신 매일경제 출판팀 여러분에게도 감사를 드린다.

마지막으로 책내용 가운데 석유 관련 역사적 사실과 통계는 British Petroleum과 대한석유공사를 비롯한 전문기관들의 석유 관련 자료를 인용했고, 테러리스트와 관련된 사실들은 FBI를 비롯한 관계기관의 공개자료 그리고 미국과 일본 등 외신을 주로 참조했음을 밝힌다.

차 례

머리말

1부. 석유 없는 세계가 오는 날

2부. 검은 황금, 석유

석유 없는 세계가 오는 날

세계적으로 석유가 고갈되기 시작할 때,
그것도 고갈기가 급격히 닥쳐올 때에는 세계적인 경제위기뿐 아니라
정치적으로도 일대 파장을 겪게 될 것이다.
각국은 전쟁 불사론까지 등장할 정도로 석유를 구하기 위한
다급한 외교적 노력으로 분주할 것이다.

이라크 전쟁의 진짜 목적

미국이 수행하는 이라크 전쟁의 명분은 이라크가 보유하고 있는 대량 파괴 무기의 확산을 방지하고 9.11 테러의 주모자인 빈 라덴을 지원하는 이라크를 응징한다는 것이다. 그러나 많은 사람들은, 이라크 전쟁의 진짜 목적은 미국이 세계 석유매장량의 10%에 달하는 이라크의 유전을 확보하기 위한 것이라고 말한다. 향후 10년 이내에 고갈될 미국 내 유전을 대치하기 위해 세계 최대의 매장량을 보유한 중동의 유전을 확보하기 위해서라는 것이다.

현재 미국의 일일 석유생산량은 약 700만 배럴로 거의 사우디에 필적하는 규모다. 그러나 영국석유회사인 BP(British Petroleum)의 조사분석에 의하면 미국 내 유전은 향후 10년 후면 모두 고갈된다고 한다. 석유가 없어지면 미국의 국력은 상당한 부담을 갖게 될 것이다. 그러나 중동의 석유자원은 향후 100년 이상을 채굴할 수 있다고 하니 결국 시간은 아랍 산유국편이라고나 할까.

2002년 말 현재 미국은 매일 약 1000만 배럴 정도의 원유를 수입하고 있다. 그리고 전쟁 등 비상시에 대비해 비축한 원유량은 약 6억 배럴로 수입원유 60일 분량이다.

아랍의 대미 강경국가들은 석유가 없는 미국은 종이호랑이라고 말한다. 항공모함은 원자력을 사용해 움직이지만 항공모함에 탑재한 전투기는 석유 없이는 띄울 수 없다는 말이다. 비행기와 전차를 움직일 수 없는 국가가 전쟁에서 이길 수는 없는 것이다.

21세기 지구촌의 위기는 중동에서부터 시작되었다. 9.11 테러와 아프가니스탄 전쟁, 이라크 전쟁은 바로 그 서막과도 같다. 이와 같은 일련의 사태를 3차 세계대전의 징조로 분석하는 학자들도 있다.

2003년 3월 12일자 CNN은 미국 외교위원회 보고서를 인용하여 이라크 전쟁이 종료된 후 이라크 재건 비용에 매년 최고 200억 달러가 소요될 것이라고 보도했다.

외교위원회는 또한 「이라크, 그 이후」라는 제목의 보고서에서 전후 약 7만 5000명의 미군을 이라크에 배치할 것이며, 이 병력 유지에 연간 170억 달러가 필요할 것이며, 기타 이라크 재건에 최소한 30억 달러가 투입되어야 한다고 추정했다.

보고서의 초안 작성팀에는 고든 설리반 예비역 장성 등이 참여했다. 이 보고서는 또한 부시 대통령에게 미국 국민이 재건 비용을 부담하도록 이라크의 장래에 미국의 사활적 이익이 걸려 있다는 점과 미국이 필수적인 임무를 마칠 때까지 이라크에 주둔해 있어야 하는 이유를 미국인과 이라크인들에게 이해시켜야 한다고 강조했다.

특히 이 보고서는 미국이 이라크에 가지고 있는 석유에 관한 이권을 공식적으로 언급, 보고서 작성 공동의장직을 맡은 전 클린턴 행정부의 관료 토머스 피커링과 닉슨 및 포드 행정부에서 재직했던 제임스 슐레징거 전 장관은 기자회견에서 이라크에서 얻은 석유수익을 첫해부터 이라크 재건에 쓸 수는 없을 것이라고 공언했다.

슐레징거 전 장관은 이라크의 석유산업 인프라는 개선이 필요하고, 석유수익은 식량과 생필품 공급에 써야 할 것이라고 말했다. 어쨌든 이 모두가 이라크의 석유에 매우 큰 관심을 가지고 있음을 나타내는 말들이다.

전사자수 10만 명 대 300명의 전쟁

90년 이라크의 쿠웨이트 침공은 쿠웨이트 유전에 대한 이라크의 욕심이 원인이었다. 이라크를 위시한 공화정 국가들은, 같은 아랍국가로서 국왕이 통치하는 아라비아 반도의 왕정 국가들을 반이슬람이며 반민주적인 정치체제라고 비난하면서 국민에게 돌아가야 할 석유수익을 부패한 소수 왕족들이 착복, 치부하고 있다고 강력히 비난해 왔다.

한편 미국을 비롯한 다국적군의 쿠웨이트 탈환 작전은 쿠웨이트와 사우디 등 아라비아 반도의 왕정 국가들이 보유한 석유자원에 대한 기득권을 상실하지 않기 위한 노력의 일환이었다.

91년 1월 17일, '사막의 폭풍'이라고 불리는, 미군을 주축으로 하는 다국적군의 걸프전이 시작되었다. 90년 8월 2일 이라크의 쿠웨이트 침공에 대한 유엔 차원에서의 응징이었다. 이 전쟁에서는 미국을 위시한 다국적군 28개국 68만 명이 이라크 정규군 54만 명과 맞서 싸웠다.

걸프전은 2월 23일까지 총 10만 9876회, 즉 하루 약 2555회에 달하는 다국적군의 공습, 항공모함에서 발사되는 미사일 공격, 그리고 이에 맞선 이라크군의 포대 및 미사일 반격전으로 지속되다가, 2월 24일 드디어 지상전투가 개시되어 개전 43일 만인 2월 28일 조지 부시 미 대통령의 전투정지 선언으로 끝이 났다.

이라크의 스커드 미사일은 약 80발 정도가 발사되어 이스라엘에 39발이 떨어져 사망자 4명과 부상자 305명을 냈고, 사우디에 42발이 떨어져 28명이 사망하고 157명이 부상당하는 인명피해를 발생시켰다. 쌍방의 미사일 공격전이 끝난 뒤 지상전투는 단 5일 동안 벌어진 셈이다.

이라크의 쿠웨이트 침공은 쿠웨이트가 보유한 막대한 유전 때문이었고, 미국이 쿠웨이트의 해방을 위해 걸프전을 치른 이유도 쿠웨이트를 비롯한 사우디 등 중동 산유국에서의 미국 석유회사의 기득권을 수호하기 위해서였다. 결국 이와 같은 맥락에서 보면 걸프전도 석유전쟁이라고 부를 수 있을 것이다.

이라크가 걸프전에서 입은 피해는 엄청났다. 인명 손실만 8만 5000 내지 10만 명으로 추정되고, 다국적군에 포로로 잡히거나 집단 투항한 인원도 17만 5000명에 달한다. 이에 비해 다국적군의 피해는 비교할 수 없을 정도로 경미하다.

걸프전에 파견된 미군 병력은 모두 53만 7000명이었는데 43일 간의 전쟁에서 여군 2명을 포함해 79명이 전사했다. 이 중에서 28명은 지상전에서, 28명은 스커드 미사일 공격에 의해, 그리고 나머지 23명은 공습에 참가했다가 피격된 것이다.

한편 영국군 전사자는 미군기의 오폭에 의해 9명이 사망, 모두 16명이 전사했으며 아랍연합군 등에서 47명이 전사했다. 이밖에도 90년 8월부터 사우디에 미군을 배치하기 시작한 데 이어 각종 훈련 및 사고로 죽은 미군은 157명이다. 따라서 다국적군의 총 사망자는 299명인데 이 중에 전사자수는 142명이다. 결국 전사자보다 사고로 죽은 군인이 더 많았던 셈이다. 그밖에 공습에 참가했다가 격추되어 사망 또는 행방불명된 공군 조종사 수는 모두 68명이다.

어찌 되었든 이라크군의 피해에 비하면 거의 피해가 없다고 해도 무방한 수준이다.

만일 누군가가 이라크 전쟁을 반대하는 가장 큰 이유가 뭐냐고 묻는다면 도대체 전사자수가 10만 명 대 300명으로, 이렇게 차이가 나는 전쟁이 정당한 전쟁이라고 할 수 있겠느냐고 반문할 수 있을 것이다.

당시 이라크군의 규모는 병력 54만 명에 탱크 4200대, 장갑차 5000대, 야포 3500문이었다. 이 정도라면 재래식 장비로서는 대단한 규모인데 다국적군의 공습에 의해 70~86%가 파괴되는 손실을 입었다. 탱크 3700대, 장갑차 1857대, 각종 야포 2140문이 파괴되거나 노획당했다. 또한 각종 해군 함정도 73척이나 격침당했다.

다국적군의 인명 피해는 매우 적은데, 지상전 돌입 때 공습에 전력한 나머지 공군의 피해가 컸다. 미군 34대, 영국군 7대, 이탈리아군 1대, 기타국 3대 등 모두 45대의 공군기와 헬기 15대가 격추되었다.

다국적군은 엄청난 물량의 폭탄을 투하하여 10만 명에 달하는 이라크군을 전사시켰다. 미군은 베트남 전쟁 때 2차대전중에 투하한 336만 톤의 2.5배에 달하는 755만톤을 베트남에 투하한 적이 있었다. 걸프전에서도 다국적군 전폭기들은 11만회 출격하여, 약 14만 1921톤의 폭탄을 떨어트렸다. 거의 매일같이 2555대의 항공기들이 동원됐는데 스텔스기를 비롯한 각종 첨단 항공기와 정밀 유도폭탄이 사용되었다. 다국적군은 지상전에서 단지 탱크 2대만 파괴당한 걸 보면 지상에서는 사실상 전투다운 전투가 없었다고 봐야 할 것이다.

한편 이라크는 당시 800대의 전투기를 보유했으나 조종사의 기술이 부족하고 전자장비가 열악한 구식 전투기였기 때문에 모두 97대가 격추되는 일방적인 패배를 맛보았다. 더구나 다국적군에 쫓겨 137대의 전투기를 인접국인 이란으로 도피시켜 두었는데, 나중에 이란은 이들 전투기들을 자국 공군에 그대로 편입시켰으니 여기서도 이라크군은 어처구니 없는 손실을 본 셈이다.

걸프전에는 약 600억 달러가 들었고 이 중 약 426억 달러가 미국의 전비였다. 하지만 미국은 이 중에서 150억 달러를 자체 부담했고, 나머지는 독일, 한국, 일본 등 우방국에 분담시켰는데, 우리나라는 약 5억 달러 가량의 물품 및 현금 지원을 부담했고 154명으로 구성된 의료지원단과 C-130수송기 5대와 관련 조종사 등 150명으로 이루어진 공군수송단을 파견했다.

이라크 전쟁은 종교전쟁

이라크 전쟁을 종교적인 관점에서 바라보는 사람들도 많다. 기독교 일부 성경학자들은 이라크 전쟁을 「요한계시록」의 아마겟돈의 서막으로 해석하기도 한다. 특히 아랍국가에서는 정치 및 종교지도자들이 성명서를 발표하거나 사원에서 행한 설교를 통해 부시 대통령의 이라크 침공을 기독교의 이슬람 침공에 비유해 비난하고 있다.

요르단의 무슬림 형제단 압드 알마지드 알두나이바트 의장도 미국의 이라크 공격은 이슬람권에 대한 현대판 십자군 운동이라고 부르며 미군의 이라크 진입으로 인해 앞으로 새로운 종교전쟁이 계속될 것이라고 예견하였다. 또한 이집트의 카이로 대학과 더불어 이집트 대학의 양대 산맥을 형성하고 있으며 순니파 이슬람의 교리해석에 정평이 있는 알아즈하르 대학의 종교지도자와 교수들도 이슬람을 고사시키려는 미국의 공세에 맞서서 전세계 무슬림은 성전에 나서야 한다고 촉구하였다.

뿐만 아니라 팔레스타인 무장집단인 알아크사 순교자 여단의 지도자인 아부 아흐마드도 수백 명의 팔레스타인 아랍 자살특공대원들이 성전을 수행할 것이라고 경고하고 있다. 이들에게 있어서 전쟁은 아직 끝나지 않은 것이다. 요르단의 중동문제 연구소 자와드 알하마드 소장은, 이스라엘은 근대 구약시대에 바빌론 지역이었던 이라크도 유대인의 땅이라는 시각을 은근히 확대시키고 있다고 경고하고, 아리엘 샤론 이스라엘 총리가 공개석상에서 발언한 이스라엘의 확대를 아랍권이 예의 주시하고 있다고 경고하였다.

여기서 말하는 '이스라엘의 확대' 란 이스라엘의 극우파 단체들이 주장하는 소위 대이스라엘 영토의 회복을 말하는데, 이것은 솔로몬 왕 당시의 이스라엘의 최대 영토라고 주장하는 범위, 즉 좌로는 나일 강 우편으로부터 우로는 바빌론 즉 티그리스 강 좌편까지를 세력권으로 하는, 지금으로서는 이집트와 이라크의 대부분을 포함하는 지역을 말한다.

물론 이스라엘의 보수파는 이러한 논거에 대해 일고의 가치도 없는 아랍측의 악선전이라고 일축한다. 하지만 실제로 이런 주장을 펴는 이스라엘인이 있는 이상 아랍측의 경계심이 고조되는 것은 당연한 일이다.

한편 이라크 전쟁에 임하는 미국의 자세도 단순한 정치논리 이상의 종교성이 개입해 있음을 부인하기 어렵다. 부시 대통령은 역대 미국 대통령 중에서 가장 성경 중심의 보수적 신앙생활을 강조하는 대통령으로 보이는데, 그는 매주 백악관에서 성경공부를 위한 모임을 열고, 각종 연설에 거의 빼놓지 않고 성경구절을 인용하고 있다.

아래는 외신이 보도한 미국 복음주의 교회의 이라크 전쟁에 대한 주요 언급들이다.

"이번 전쟁은 바빌론의 왕이자 적그리스도인 사담을 제거하고 아마겟돈에서 승리를 거두기 위한 전쟁이다."

"유프라테스 계곡을 따라 쳐들어올 적들로부터 예루살렘의 유대인들을 지키지 못하면 지구의 종말에 벌어질 아마겟돈에서의 승리와 승천, 1천년의 평화는 이뤄내지 못할 것이다."

이들 교회는 이라크 전쟁을 영락없이 「요한계시록」의 실제 상황으로 인식하고 있는 것이다.

『워싱턴 포스트』는 2003년 3월 8일자 기사에서 복음주의 교회들에서 이라크전의 필요성과 당위성을 성경구절에서 찾는 경우가 늘고 있다면서 지구의 종말이 시작됐다고 믿는 사람들까지 생겨나고 있다고 보도했다.

빌리 그레함 목사로 대표되는 복음주의는 1960년대와 1970년대의 미국 기독교계의 자유주의적 흐름에 맞서서 성경 중심의 철저한 보수적 신앙생활을 강조하는 교파로 영적 구원론과 종말론을 주요 교리로 하고 있다.

『LA 데일리』는 복음주의의 확산은 옳고 그름을 떠나 현실적으로 미국사회에서 부시 행정부의 이스라엘 전쟁 계획을 강력히 지지하는 요인으로 작용하고 있다고 분석했다. 실제로 이들 복음주의 교파의 이라크 전쟁 지지율은 85%로 미국 내 각종 교파 중에서 가장 높았다.

이라크의 사담 후세인 대통령은 유대인의 지원 아래 미국과 영국을 위시한 서구 기독교 국가들이 이슬람 세계를 멸망시키려 한다면서 아랍국의 경계를 촉구해 왔다. 또한 이슬람의 길을 막는 자는 죽음을 당할 수밖에 없다고 코란을 인용하면서 이라크 국민과 전세계의 무슬림들에게 대미 성전을 촉구하였다.

후세인의 아들 우다이가 저술한 『냉전 이후의 세계』라는 책에서는 미국이 이슬람 세계의 정치, 경제적 와해를 노리고 이슬람의 존립마저도 위협하고 있다고 비판하고 있다. 물론 후세인 대통령은 독재자라는 이유로 오사마 빈 라덴과 같은 이슬람 원리주의자로부터 비난을 받고 있지만, 미국에 대한 성전(聖戰)을 촉구하는 입장에서는 두 사람 모두 적이면서도 동지인 셈이다.

세계의 석유매장량

어쨌건 아직까지 지구에는 석유가 있다. 그러나 모든 것에 끝이 있듯 석유자원도 없어지는 날이 온다. 영국의 석유회사인 BP의 조사에 의하면 1990년을 기준으로 세계의 석유 가채년수는 42년이었다. 즉 2010년부터 세계는 점차 석유채굴량의 감소기에 접어들게 되는 것이다.

그런데 이렇게 석유 생산이 감퇴기에 들어선다는 것보다 더 중요한 사실은 석유의 생산량 감소가 지역별로, 또 국가별로 상당히 차이가 있다는 점이다. 사우디 등 중동지역에서는 길게는 100년 이상 채굴이 가능하지만 미국이나 영국 등 유럽지역에서는 채굴 가능한 기간이 향후 10년 미만이다.

다음의 도표는 2001년 말을 기준으로 세계 각국의 석유매장량을 도표로 만든 것이다. 이 도표를 작성한 BP측은 연구 결과가 불완전할 수도 있다고 부언하고 있지만 어쨌건 이 도표는 현존하는 세계의 일류 석유지질 학자들의 연구 결과를 토대로 작성된 것이니만큼 크게 틀리지는 않다고 보아도 무방할 것이다.

실제로 세계의 총 석유매장량은 1979년의 연구 결과 총 6501억

국명	매장량	세계점유율	추정가채년수
미국	302억 배럴	2.9%	0.7년
캐나다	66억 〃	0.6%	8.8년
베네수엘라	777억 〃	7.4%	63.5년
브라질	85억 〃	0.8%	17.5년
영국	49억 〃	0.5%	5.6년
노르웨이	94억 〃	0.9%	7.8년
러시아	486억 〃	4.6%	19.1년
카자흐스탄	8억 〃	0.8%	27.6년
아제르바이잔	7억 〃	0.7%	64.3년
사우디	2618억 〃	24.9%	85년
이라크	1125억 〃	10.7%	미추정
이란	897억 〃	8.5%	67.4년
쿠웨이트	965억 〃	9.2%	미추정
시리아	25억 〃	0.2%	12.5년
아랍에미리트	978억 〃	9.3%	미추정
이집트	29억 〃	0.3%	11.1년
리비아	295억 〃	2.8%	57.3년
알제리아	92억 〃	0.9%	17.6년
인도네시아	50억 〃	0.5%	10.1년
말레이시아	30억 〃	0.3%	11.2년
중국	24억 〃	2.3%	19.9년
태국	5억 〃	–	9.5년
베트남	6억 〃	0.1%	4.7년
인도	48억 〃	0.5%	17.8년

＊세계 석유매장량(British Petroleum 2001년도 통계)

배럴로 파악되었던 것이 1989년의 연구결과는 1조 117억 배럴로 매장량이 약간 늘었다가 2001년 말에는 1조 500억 배럴로 별다른 변동을 보이지 않고 있다.

전세계 석유매장량 약 1조 500억 배럴은 톤수로 환산하면 약 1430억 톤이다.

이것을 대륙별로 환산해 보면 미국, 캐나다, 멕시코 등 북아메리카는 전체의 6.1%를 점하고 있으며, 남아메리카 최대의 산유국인 베네수엘라 등 중남미는 9.1%를, 그리고 북해유전을 분점하고 있는 영국, 노르웨이 등 유럽국이 1.8%를, 러시아를 필두로 한 구소련방은 6.2%를 점하고 있다. 그리고 세계 최대의 석유부존 지역인 중동지역은 65.3%로 세계 주요 유전의 대부분을 보유하고 있다.

종교와 인종적으로는 아랍에 속하지만 지리적으로는 아프리카 대륙에 속하는 리비아, 이집트 등 아프리카 국가는 전체의 7.3%를 점하고 있고, 아시아 지역 최대의 산유국인 중국과 인도네시아, 말레이시아가 속한 아시아는 4.2%를 점유하고 있다.

도표를 좀더 세분해 보면, OECD국가는 850억 배럴로 전체의 8.1%를 차지하고 있고, 중동 산유국이 주축이 된 OPEC국가는 8188억 배럴로 78%를, 그리고 비OPEC국가는 1658억 배럴로 전체의 15.8%를 점유하고 있다.

현재의 산유량을 근거로 석유매장량을 나누어 보면 앞으로 얼마나 더 석유를 생산할 수 있는지 예측 채굴 기간이 나오는데 이것을 전문용어로는 R/P 비율(Reserves to Production Ratio)이라고 부른다. R/P비율로 향후 산유기간을 살펴보면 미국 10년, 캐나다 9년 등으로 북미 전체가 약 13년 정도, 베네수엘라 63년, 브라질 17년 등 중남미가 약 37년 정도로 예측된다.

신이 내린 선물이라는 북해유전 덕분에 현재 매일 250만 배럴의 석유를 생산하고 있는 영국은 매장량이 49억 배럴로 많지 않은 터라 향후 약 5년 후면 산유국으로서의 지위에 종지부를 찍게 될 것이다. 안 그래도 어려운 영국의 경제에 미치는 영향이 제법 클 것이고, 따라서 대영제국의 영광에 종언을 고하는 시기가 한층 앞당겨질 것으로 보인다.

북해유전을 공동으로 소유하고 있는 노르웨이와 덴마크의 채굴 기간도 약 7년 정도로 유럽국가들은 향후 약 8년 후면 석유를 수입해야 하는 입장이 된다. 러시아는 앞으로 19년, 아제르바이잔은 64년, 카자흐스탄은 27년 간 석유생산이 가능해 구소련 지역 전체 평균 채굴 기간은 약 24년이다.

아프리카의 경우에는 최대 산유국인 아랍계의 리비아가 57년, 순수 아프리카계의 나이지리아가 30년 등으로 아프리카 대륙은 채굴 예측 기간이 평균 28년이다.

아시아의 채굴 예측 기간은 중국이 19년, 인도 17년, 인도네시아 10년, 말레이시아 11년, 베트남 4년으로, 이렇게 전세계적으로 평균을 내어보면 세계의 향후 석유 채굴 기간은 약 41년이 된다.

세계 대다수의 유전이 고갈된 이후에도 채굴이 가능한 곳은 역시 중동지역으로 중동에는 엄청난 매장량을 과시하고 있는 사우디를 비롯하여 쿠웨이트와 이라크, 이란 등이 있으며, 향후 채굴 기간이 100년 넘는다.

　　중동지역 전체의 평균 채굴 기간을 계산해 보면 약 87년으로, 중동은 기타 지역의 석유가 고갈된 이후에도 계속 채굴이 가능해 세계 각국에 석유를 공급할 수 있는 지구상의 유일한 지역이 될 것이다.

세계의 석유생산량

그러면 이번에는 세계 주요국들의 현재 일일 생산량을 살펴보기로 하자. 통계는 역시 BP의 조사결과다.

　　현재 매일 생산되고 있는 전세계의 석유생산량은 약 7449만 배럴이며 이것을 톤수로 환산하면 일산 약 1182만 톤이 된다. 연간 총 생산량으로 계산해 보면 271억 8885만 배럴로 약 43억 1570만 톤 정도이다.

　　대륙별 백분율로 환산했을 경우에는 미국, 캐나다, 멕시코 등 북아메리카는 전체의 18.3%를 점하고 있다. 남아메리카 최대의 산유국 베네수엘라 등 중남미 전체는 9.9%를, 그리고 북해유전의 산유량을 분점하고 있는 영국, 노르웨이 등 유럽국은 9%를, 그리고 러시아를 필두로 한 구소련방은 11.8%를 점하고 있다.

　　또한 세계 최대의 석유부존 지역인 중동지역은 30%를 점하고 있다.

　　아랍국가인 리비아, 이집트 등이 위치한 아프리카는 전체의 10.2%를, 그리고 아시아 지역 최대의 산유국인 중국과 인도네시아,

국명	일일생산량	점유율	추정가채년수
미국	772만 배럴	9.8%	10년
캐나다	276만 〃	3.6%	9.3년
베네수엘라	342만 〃	4.9%	65.2년
브라질	134만 〃	1.9%	18.1년
영국	250만 〃	3.3%	5년
노르웨이	341만 〃	4.5%	9.3년
러시아	706만 〃	9.7%	21.8년
카자흐스탄	89만 〃	1.1%	36.5년
아제르바이잔	30만 〃	0.4%	69.5년
사우디	877만 〃	11.8%	87.5년
이라크	241만 〃	3.3%	-
이란	369만 〃	5.1%	69.9년
쿠웨이트	214만 〃	2.9%	-
시리아	55만 〃	0.8%	12.3년
아랍에미리트	242만 〃	3.2%	-
이집트	76만 〃	1.0%	10년
리비아	143만 〃	1.9%	57.4년
알제리아	156만 〃	1.8%	20.6년
인도네시아	141만 〃	1.9%	9.7년
말레이시아	79만 〃	1.0%	14년
중국	331만 〃	4.6%	20.6년
태국	18만 〃	0.2%	8.6년
베트남	35만 〃	0.5%	5.7년
인도	78만 〃	1.0%	17.8년

＊세계 석유생산량(British Petroleum 2001년도 통계)

말레이시아가 속한 아시아는 전체의 10.5%를 점유하고 있다.

비율을 세분해 보면 OECD국가는 2146만 배럴로 전체의 28.1%를, 그리고 OPEC는 3018만 배럴로 전체의 40.7%를, 그리고 비OPEC국은 3566만 배럴로 전체의 47.4%를 보인다.

도표에서 보는 바와 같이 석유생산량은 부존량과 동일한 점유율을 보이지는 않는다. 이것은 현재 산유국들이 석유수입을 최대한 올리기 위해 자국의 채굴 가능 석유량을 최대한 뽑아내고 있다는 말이 된다. 즉 장래 닥칠, 석유의 고갈 이후를 생각지 않고 현재의 석유생산에만 박차를 가하고 있다는 것이다.

석유생산이 멈춘 다음 산유국이 겪게 될 경제적인 어려움은 그 개별국가들에게만 한정된 문제가 아니라 전세계적인 경제 변동, 산업구조의 변동으로 이어질 것이다. 특히 미국이나 캐나다, 그밖에 유럽국가와 같은 세계 주요 선진국들의 석유 생산이 멈추게 될 경우, 그에 따라 발생하는 문제들은 즉각 전세계에 영향을 미치게 될 것이다.

두말할 나위 없이 현재 세계의 초강대국은 미국이며 그 뒤를 잇는 게 유럽이다. 강대국이 자신의 부를 지키는 데 위기감을 느끼게 될 때 주변국들은 긴장할 수밖에 없다.

세계의 석유소비량

석유는 역시 산업이 발달한 선진국들이 다량으로 소비하고 있다.

국명	일일소비량(생산량)	소비점유율(생산점유율)	추정가채년수
미국	1963(772)만 배럴	25.5(9.8)%	10년
캐나다	194(276)만 〃	2.5(3.6)%	9.3년
베네수엘라	49(342)만 〃	0.6(4.9)%	65.2년
브라질	186(134)만 〃	2.4(1.9)%	18.1년
영국	165(250)만 〃	2.2(3.3)%	5년
노르웨이	21(341)만 〃	0.3(4.5)%	9.3년
프랑스	203(-)만 〃	2.8(-)%	-
독일	280(-)만 〃	3.6(-)%	-
이탈리아	195(-)만 〃	2.7(-)%	-
러시아	246(706)만 〃	3.5(9.7)%	21.8년
카자흐스탄	16(89)만 〃	0.2(1.1)%	36.5년
아제르바이잔	9(30)만 〃	0.1(0.4)%	69.5년
사우디	135(877)만 〃	1.8(11.8)%	87.5년
이라크	- (241)만 〃	- (3.3)%	-
이란	113(369)만 〃	1.5(5.1)%	69.9년
쿠웨이트	21(214)만 〃	0.3(2.9)%	-
시리아	- (55)만 〃	- (0.8)%	12.3년
아랍에미리트	28(242)만 〃	0.4(3.2)%	-
이집트	55(76)만 〃	0.7(1.0)%	10년
리비아	- (143)만 〃	- (1.9)%	57.4년
알제리아	20(156)만 〃	0.3(1.8)%	20.6년
인도네시아	110(141)만 〃	1.5(1.9)%	9.7년
말레이시아	41(79)만 〃	0.5(1.0)%	14년
중국	504(331)만 〃	6.6(4.6)%	20.6년
일본	543 (-)만 〃	7(-)%	-
대한민국	224 (-)만 〃	2.9(-)%	-
태국	71(18)만 〃	1.0(0.1)%	8.6년

국명	일일소비량(생산량)	소비점유율(생산점유율)	추정가채년수
타이완	78(-)만 〃	- (1.1)%	-
인도	207(78)만 〃	2.8(1.0)%	17.8년

＊세계 석유소비량(British Petroleum 2001년도 통계)

현재 세계 각국이 매일 소비하고 있는 일일 석유소비량은 약 7529만 배럴이며 이것은 일일 석유생산량 7449만 배럴에 비해 좀더 많은 양이다. 일일 석유소비량을 톤수로 환산하면 약 35억 1100만 톤이고 일일 석유생산량을 톤수로 환산한 35억 8500만 톤인데 이 둘을 비교하면 7400만 톤이 차이난다.

이것을 백분율로 환산해 보면 미국, 캐나다, 멕시코 등 북아메리카는 전체의 30.4%를 점해 생산량인 18.3%에 비해 소비량이 월등히 높다. 또 남아메리카에서 가장 많은 석유를 소비하고 있는 브라질을 비롯한 중남미 전체는 6.2%로 생산량인 9.9%보다 낮다. 그리고 OECD의 주축을 이루고 있는 영국, 덴마크 등 유럽국은 21.7%로 북해유전의 생산량인 9%에 비하면 훨씬 소비량이 높다.

러시아를 필두로 한 구소련방은 4.8%로 생산량인 11.8%에 비해 낮은 수치를 보이고 있는 걸로 보아 구소련이 아직까지 산업발전이 뒤처져 있음을 보여준다. 또한 세계 최대의 석유부존 지역인 중동지역은 소비량이 5.9%에 불과해 산유량 점유량인 30%에 비해 5분의 1 정도밖에 안 된다. 리비아, 이집트 등이 속한 아프리카 국가도 전체의 3.3%로 이 역시 산유량인 10.2%에 미치지 못한다. 이 자료를 통해 이들 중동 산유국들의 잉여석유가 세계 각국에 제공되고 있음을 알 수 있다.

아시아 지역의 경우는 일본, 한국, 중국 등 석유소비량이 높은 나라들 덕에 27.7%를 점해 산유량 점유율인 10.5%보다 훨씬 높은 비율을 보여주고 있다.

OECD국가를 따로 떼어놓고 보면 4614만 배럴을 소비해 산유량인 2113만 배럴보다 높은 전체의 62.4%를 소비하고 있는데, 이는 산유량 점유율인 28.1% 보다 높다.

석유의 고갈, 그 이후

1999년 7월 7일 영국의 유명 석유학자 캠플 교수는 영국 하원위원회에서의 특별보고를 통해 앞으로 영국은 석유정책에 관한 특별입법을 제정해야 할 것이라고 말했다.

「세계 석유생산의 임박한 절정기에 대하여」라는 이 특별 보고서 서두에서 캠플 교수는 지금 거대한 경제 · 정치적 지각변동이 세계를 향해 다가오고 있는데, 이것은 석유의 고갈 때문이라고 선언하고 있다.

캠플 교수는 과거 45년 간 전세계 수백 개 유전을 직접 조사, 개발했던 석유 전문가로서 자신이 연구한 결과에 따르면 세계는 향후 2년 이내에 석유가(石油價) 상승기를 맞게 될 것이라고 단언했다.

캠플 교수는 구체적으로 2001년경의 석유가를 배럴당 30달러 정도로 예측했는데 그의 예측은 적중했다. 또한 그는 미국, 유럽, 일본 등 선진국들의 유전이 고갈되어 석유생산이 종말을 맞게 되면 이들 선진국들이 중동 석유를 독점해 수입하게 될 게 틀림없기 때문에 제3세계에 배당될 중동 석유의 양은 극히 제한될 것이라고 경고했다. 결국 후진국들은 산업 또는 농업발전을 위해 필요한 석유수입에 대단한 어려움을 겪게 됨으로써 선진국으로의 진입이 실질적으로 봉쇄될 것이라는 얘기다.

캠플 교수는 보고서의 결론에서 두 개의 통을 그려놓고 설명했다.

아직 사용하지 않은 석유가 담겨 있는 첫번째 통에 있는 석유가 옆에 있는 두 번째 통으로 6Gb/a의 속도로 흘러가고 있다. 두 번째 통에는 과거에 발견된 석유의 분량 중에 남은 것이 담겨 있다. 이 통에서는 23Gb/a의 속도로 석유가 계속 퍼내어지고 있다.

캠플 교수는 1을 넣으면서 4를 빼내고 있는 셈이라는 단순한 비유를 통해 세계 석유자원이 결정적인 위기상황임을 표현하면서 보고서를 마쳤다. 즉, 전세계가 석유 고갈점을 향해 달려가고 있다는 것이다.

세계에서 산학협동 체제가 가장 잘 갖춰져 있는 학문 분야가 바로 석유 분야일 것이다. 미국 MIT와 영국 옥스퍼드 대학, 그밖에 세계 유수의 대학에서는 과거 100년 간의 석유채굴에 관한 각종 자료와 연구 결과를 분석하여 앞으로의 석유자원 예측보고서를 발표하고 있다.

미국의 『사이언티픽 아메리칸 Scientific American』지 1998년 3월호에 게재된 콜린 켐벨과 진 라헤르 교수의 연구결과도 이 중 하나로 많은 관심을 불러일으켰다.

이들은, 세계는 1973년까지 전체 부존 석유매장량의 약 8분의 1을 사용했으며 현재 세계의 부존 석유량 1조 200억 배럴은 매년 약 236억 배럴을 사용하고 있는 것을 기준으로 계산하면 향후 43년 간 사용할 수 있을 것이라고 결론내렸다. 그러나 이 추정은 유명한 다른 석유학자들로부터 낙관적인 분석이라는 비난을 받았다.

첫째, 추정매장량 산출이 부정확하여 수치를 부풀린 경향이 있고 둘째, 석유생산량이 안정적일 것이라고 기대하고 있으며 셋째, 어느 유정이나 최대 생산량을 보이다가 급격히 산출이 끝나고 만다는 사실을 도외시하고 있다는 것이다.

여하튼 학자들의 추정 방법을 모두 동원해 매장량 추산을 해보아도 2010년을 기점으로 세계의 유정이 점차로 문을 닫기 시작한다고 『사이언티픽 아메리칸』지는 결론을 맺고 있다.

또 하나 문제점은 세계 최대의 원유수출국 기구인 OPEC의 문제다. OPEC 회원국들의 석유수출 쿼터는 각 회원국들의 석유매장량에 비례한다. 따라서 회원국들은 석유수출을 늘이기 위해 자국의 석유매장량을 조금이라도 더 부풀리는 경향이 있다. 실제로 OPEC회원국인 사우디아라비아와 이란, UAE, 쿠웨이트 그리고 베네수엘라는 1987년경부터 자국의 매장량을 증량하여 발표했다.

사우디는 4000억 배럴에서 7000억 배럴로, 이란은 2000억 배럴에서 4000억 배럴로, UAE는 1300억 배럴에서 3000억 배럴로, 쿠웨이트는 800억 배럴에서 1500억 배럴로, 그리고 베네수엘라도 매장량을 두 배 가량 늘려서 발표한 것이다. 1980년대에 OPEC 11개 회원국 중 6개국이 최소 42%에서 최대 197%까지 매장량을 증량시켜 발표했다.

석유전문가들은 OPEC 국가의 석유부존량 통계는 이들 국가의 유전이 국유화되기 이전의 사기업 운영체제에 있었을 때가 정확했다고 말한다. 사실 OPEC국가들은 보다 많은 석유수출 쿼터를 따내기 위해 자국의 석유매장량 통계수치를 부풀릴 가능성은 많다. 현재 전세계의 유전은 총 1만 8000개 가량 된다. 새로운 거대 유정이 발견된 바도 없고 특별한 원유채굴 수단이 발명된 바도 없는데 자국의 석유부존량이 증가할 리는 만무한 것이다.

과거 세계의 일일 석유 생산량은 1989년의 6396만 배럴로부터, 1990년 6541만 5000배럴, 1991년 6521만 5000배럴, 1992년 6577만 배럴, 1993년 6606만 배럴, 1994년 6695만 5000배럴, 1995년 6799만 5000배럴, 1996년 6990만 배럴, 1997년 7209만 배럴, 1998년 7340만 5000배럴, 1999년 7183만 배럴로 변했다. 그리고 2000년에는 7448만 배럴, 2001년에는 7449만 배럴이 되었다.

한편 1956년 미국의 석유학자 킹 허버트가 발견한 석유고갈 시기 추정방식도 주목할 만하다.

허버트는 과거 주요 유전의 산출과 고갈 시기를 연구한 결과, 이는 벨모양으로 되어 있으며 부존량의 절반 정도가 소진될 경우 벨의 정점에 달한다는 사실을 발견했다. 허버트는 이에 따라 미국의 석유생산 절정기를 13년 후로 예측했다. 허버트의 예측은 정확해 미국의 석유생산은 1970년을 절정으로 점차 감소하고 있다.

1990년부터 2001년까지의 미국의 일일 석유생산량 추이를 살펴보면 1990년 891만 배럴, 1991년 908만 배럴, 1992년 887만 배럴, 1993년 858만 배럴, 1994년 839만 배럴, 1995년 832만 배럴, 1996년 830만 배럴, 1997년 827만 배럴, 1998년 801만 배럴, 1999년 773만 배럴, 2000년 773만 배럴, 그리고 2001년 767만 배럴로 최근의 감소 추세가 완연히 드러난다. 다른 지역을 예로 들면 구소련방에서도 허버트의 예측 곡선은 정확했다.

『사이언티픽 아메리칸』지는 분석하기를 2002년경부터 세계는 점차로 중동 산유국에 의존하게 될 것이며, 세계 산유량도 이때를 정점으로 점차 줄어들게 될 것으로 예측했다. 뒤이어 세계경제가 일대 타격을 입게 되는 것은 불문가지다.

세계의 석유 수요는 매년 약 2%씩 증가하고 있다. 1985년을 기준으로 남아메리카에서는 에너지 소비가 연간 30% 증가했고, 아프리카에서는 40%, 아시아에서는 50%가 증가했다. 세계 에너지 정보기구의 추계에 의하면 세계는 2020년경에는 현재보다 60% 증가한 연간 400억 배럴의 석유를 필요로 하게 될 것이다.

현재 세계의 산업구조는 석유를 기본으로 하고 있으며, 선진국으로부터 발전 모델을 인계받아 이제 한창 산업구조를 구축해 가고 있는 아시아·아프리카 국가들이 앞으로 더욱더 석유를 필요로 하게 될 것이라는 사실에는 의심의 여지가 없다.

세계적으로 석유가 고갈되기 시작할 때, 그것도 고갈기가 급격히 닥쳐올 때에는 세계적인 경제위기뿐 아니라 당연히 정치적으로도 일대 파장을 겪게 될 것이다. 전쟁 불사론까지 등장할 정도로 석유를 구하기 위한 다급한 외교적 노력이 각국을 바쁘게 만들 것이다.

현재 천연가스를 대체 에너지원으로 사용하는 방안이 강구중이지만 자동차에서 비행기까지 석유를 사용하는 모든 운송수단과 공장, 발전소 그리고 산업용 원자재까지 모든 것을 천연가스로 대체할 수는 없을 것이다.

미국을 비롯한 유럽국가는 지금 제조업 중심의 산업구조를 금융과 군사력 중심의 산업구조로 변화시켜 가고 있다. 이것은 일면 자국 내 공해산업의 추방과 3D업종의 종사자 부족 등을 이유로 하고 있지만 그 이면에는 장차 다가올 석유 부족기, 즉 현재 세계 제조업의 혈액인 석유의 고갈 시기를 내다본 정책변경이라고 볼 수도 있다.

석유를 사용하는 산업이 이제는 세계환경 협약과 같은 범지구적 환경보호를 위한 압력에 직면하고, 석유가가 폭등하게 될 석유 고갈 시기를 대비하는 것이다.

이러한 심각한 위기를 한국과 일본 등 제조업 중심 국가의 책임으로 떠맡기고 자신들은 국제 금융과 군사력을 강화시켜 가면서 석유 위기에 의해 국내 산업에 가해질 일대 타격을 회피하겠다는 의도라고 볼 수도 있을 것이다.

2부

검은 황금, 석유

인류는 과거 3억년에 걸쳐 축적된 석유자원을
겨우 200년 남짓한 시기에 모두 써버리려 하고 있다.
우리 세대는 그럭저럭 석유문명을 유지할 수 있다손 치더라도 문제는 다음 세대다.
앞으로 30년 후 다음 세대의 문명은 무엇으로 유지할 수 있을까.
새로운 에너지 자원을 찾아내 그것을 바탕으로 새로운 문명을 건설할 수 있을까.

현대문명, 석유의 바다 위에 뜬 배

우리가 따뜻하게 난방된 아파트에서 편히 앉아 텔레비전을 볼 수 있고, 출퇴근 때나 통학시, 또 휴일에 유원지에 놀러가기 위해 자동차를 움직이고 비행기를 날게 하고, 한밤의 도시를 밝혀 주는 전기를 만들어 내고 하는, 현대인의 일상생활을 유지시켜 주는 이 모든 일은 바로 자원 에너지 덕이며 좀더 구체적으로 말하자면 석유 덕이다.

석유는 이렇게 문명 유지를 위해 꼭 필요한 자원인 반면, 20세기 인류가 저지른 대부분의 전쟁은 석유 때문이었고, 그 전쟁의 승패를 결정지어 주었던 것도 석유였다. 실로 현대문명국가에서의 생활은 석유를 빼놓고는 말할 수 없다. 한마디로 현대문명은 석유의 바다 위에 떠 있는 배와 같다.

석유의 역사는 성경에 나올 만큼 오래되지만 검은 황금이라고 불리는 석유가 그 진정한 가치를 찾게 되어 현대문명을 구축하게 된 것은 20세기에 접어들면서부터였다.

인류의 역사를 석기시대에서 청동기시대로 다시 철기시대로 구분한다면 현대는 철기시대가 틀림없다. 그러나 철기시대라고 불리는 하드웨어는 석유라는 소프트웨어가 없었다면 존재할 수 없었을 것이다.

우리나라는 필요한 석유를 전량 수입에 의존하고 있고 석유를 생산하고 있는 세계 초강대국 미국도 역시 석유를 수입하고 있다. 미국의 경우에는 전략적 이유로 자국산 석유를 비축하기 위해 유전개발을 자제하기도 하지만 조사결과에 의하면 미국 내 유전의 매장량은 10여 년 정도의 사용 분량밖에는 안 된다.

우리나라는 석유생산량이 전무하지만 경제발전에 걸맞게 석유필요량은 해마다 늘어나 1971년에서 1979년까지 연평균 원유 도입 증가율은 12%였고, 1992년 원유 도입량은 5억 900만 배럴로 1970년 도입 물량의 740%에 달했다.

참고로 살펴보면 1988년 2억 6100만 배럴이었던 것이 1990년 3억 800만 배럴, 1991년 3억 9930만 배럴, 1992년 5억 900만 배럴이었다가 2001년의 석유도입량은 총 8억 5900만 배럴에 달한다. 이처럼 경제발전과 더불어 우리의 석유수입은 매년 급속한 증가세를 보이고 있다.

세계 12대 무역국 자리에 있는 우리의 경우 석유는 경제의 사활을 좌우하는 '산업의 피'와 같다.

우리나라의 60~70년대 석유도입은 전적으로 세계 석유계를 지배하고 있는 주요 국제 석유회사들, 소위 메이저로 불리는 석유회사들과의 장기계약에 의존했던 관계로 메이저의 판매정책에 따라 변동을 거듭했고 도입 지역도 사우디, 쿠웨이트, 이란 등 주로 중동지역에 편중될 수밖에 없었다.

메이저란 국제 석유업계에서 텍사코, 걸프, 셸 등 주요 다국적 석유기업군을 통칭하는 말로 한때 7대 석유기업의 수를 빗대어 '세븐 시스터스'라고 부르기도 했다.

제2차 석유 위기 이후에는 메이저의 공급 능력이 한계를 드러내고 정부도 도입선을 다변화하는 정책을 강화해 중동국가에의 석유 의존도도 줄어들어 79년에는 전체 도입량의 99.9%를 중동에서 수입했으나 92년에는 74.9%로 감소했고 아시아, 중남미, 아프리카 지역 도입 비중이 증가하였다.

2001년도 총 도입량 8억 5900만 배럴 중에서 중동산은 6억 6200만 배럴, 아시아산 1억 3000만 배럴, 아프리카산 3900만 배럴, 아메리카산 2500만 배럴 그리고 유럽산 300만 배럴 순서다.

2002년도 말에는 중동편중률을 약 74%로 상당히 낮출 수 있었는데, 국가 에너지 자원의 도입선을 특정 국가 또는 한 지역에만 편중시키는 것은 세계적 규모의 석유 위기 발발 또는 중동전쟁이나 석유수출국의 국내 정변 등 유사시 위험 분담 기회를 스스로 제약하는 게 되어 불리한 만큼 석유 도입선을 다변화하는 것은 대단히 중요한 일이다.

성공률 100분의 1의 유전 개발

필자가 중동의 유전개발 현장을 방문했을 때 가장 먼저 떠오른 생각은 인간의 능력은 참으로 대단하다는 것이다.

아라비아 반도의 유전지대 온도는 연간 변함없이 섭씨 45도 이상을 유지한다. 그나마 인간이 거주하기 적당한 지역인 사우디의 수도 리야드는 7월 최고기온이 42.5도며 1921년 7월 8일 이라크의 바스라에서는 58.8도의 초고온을 기록한 적도 있다.

우리나라 민관합동 자원조사단이 40인승 비행기편으로 사우디의 수도 리야드를 출발 사우디 동부 주유전지대인 다란, 알코바르 지역에 도착해 활주로에 내려서자 온몸에 열기가 휘감았다. 그 열기는 폭염이라는 표현도 부적절한, 마치 사우나탕 속에 들어간 것처럼 숨이 막혀왔다. 이 열기가 밤이면 기온이 영하까지 내려가는 등 일교차가 극심해 모래 사막을 형성하게 되는 것이다.

숨쉬기 힘들 만큼 뜨거운 지열 속에 파묻힌 유전 컴파운드에는 콘세트 건물이 10여 동 있었고 소규모 발전소 하나, 그리고 원유를 찾아내는 척후병 역할을 하는 시추드릴을 지하로 박아 들어가는 시추공, 그 주변을 부지런히 움직이는 작업 인력들이 있었다.

사우디의 유전 개발은 사우디 석유부 산하의 정부기관인 아람코(ARAMCO)가 맡았는데, 사우디 정부 소유지만 실제로 유전 관련 장비의 공급과 기술 제공 등은 거의 모두 미국계 석유회사가 담당하고 있다.

현장 직원들이 생활하는 대형 콘세트는 전체가 에어컨으로 조절되어 있어 쾌적한 온도를 유지하고 있었다. 일류 호텔 식당과 비교해도 떨어지지 않을 만큼 잘 꾸며진 식당에서 회사측이 제공한 점심을 먹으며 건물 밖을 보고 있으니, 밖의 거의 지옥에 가까운 자연환경과 실내의 쾌적함이 대조적이어서 마치 인간이 건설해 놓은 20세기 현대

문명의 축소판과도 같다는 생각이 들었다.

석탄광산 중에는 지상에 노출된 노천광산도 있지만 석유는 모두 땅속에만 있고 자연적으로 지상에 분출되어 고여 있는 유전은 없다. 당연히 석유를 찾기 위해서는 지하 몇 킬로미터 이상을 파들어 가야 하는데 보통 어려운 일이 아니다.

석유탐사는 비행기나 인공위성을 이용하여 특정 지역의 지표사진을 촬영하여 적외선 검사 등 최신 기술을 사용한 특수방법으로 필름을 면밀히 조사하는 것부터 시작된다. 뒤이어 실험실에서 기초자료를 판독하여 석유가 매장되어 있다고 판단되는 지역은 실제로 현장에 인공지진이나 중력, 자력에 의한 물리 탐사를 실시한다. 그런 뒤에 다시 이 자료를 갖고 유징(油徵) 여부를 추정해 본다.

그러나 이렇게 엄선된 유전 후보 지역을 굴착해 들어가도 100개 중 겨우 두세 개의 유정에서만 석유가 나온다. 막대한 금액의 투자비용이 소요됨에도 불구하고 성공보다 실패의 확률이 더 높을 수밖에 없다는 심리적 부담 때문에 석유 개발 사업은 탐사 예정 유정을 선정하는 작업에서부터 난관이 산적한 셈이다.

미국은 1947년부터 시작해 50년대 초반까지 알래스카의 노드스로프에서 대규모 항공사진 조사를 실시해 노드스로프 유전을 발견할 수 있었는데, 미국의 항공기에 의한 지형 지물 조사 기술은 세계 최고이다.

석유를 포함하고 있는 지질인가의 여부를 알아내기 위해 실시하는 지질 고생물 조사는 화석이나 지각 내에 유공충이 포함되었는지 살펴보는 것으로 고생물대의 유공충은 각 지층 간의 대비를 가능케

한다.

이집트의 시나이 반도 남부에 있는 시나이 산은 모세가 여호와로
부터 십계명이 새겨진 돌판을 받았던 산으로 유명하다. 일명 모세산
또는 호렙산으로도 불리는 높이 3000미터가 넘는 이 산 위에서 물고
기 화석을 발견하였다. 이 화석을 보면 원래 호수와 같이 엄청난 규모
의 물이 있던 곳이 산으로 변했을 만큼 거대한 지각 변동이 있었음을
실감할 수 있었다. 석유는 이처럼 지구가 거대한 지각변동을 겪으면
서 생성되었을 것으로 추정된다.

사우디 다란의 ARAMCO 회사 내에는 석유 박물관이 있다. 이 박
물관에는 석유채굴과 관계된 장비와 시추현장 모형이 있고, 석유가
종류별로 전시되어 있어서 방문객들에게 석유의 채굴과 정제과정 등
을 일목요연하게 보여주고 있다.

세계 최초의 상업유전, 미국 펜실베이니아 유전

석유산업은 원유 관련 산업과 석유제품 관련 산업을 포괄적으로 말한
다. 전문적으로는 상류 부문(Up-Stream) 사업과 하류 부문(Down-
Stream) 사업으로 구분한다.

상류 부문은 원유의 탐사, 시추, 개발, 생산까지의 단계를 말하고,
하류 부문은 그 이후의 단계, 즉 원유 수송, 정제, 석유제품 판매, 기타
단계를 의미한다.

일반적으로 주요 다국적 기업 석유회사들은 상류 부문과 하류 부문을 망라해서 사업을 전개하고 있는데 이렇게 상하류 부문을 동시에 경영하는 대규모 회사를 일관조업회사라고 한다.

석유의 채굴, 수송, 정제, 판매에 이르기까지 석유의 모든 부문에 손을 대고 있는 거대한 석유회사를 보통 메이저라고 부른다.

간단한 발명이 세상을 바꾸는 경우가 종종 있다. 그러나 그 간단한 발명품은 사실 처음 만들어내기가 대단히 어려운 것이다. 마치 콜롬버스가 달걀을 세우기까지 사람들은 달걀이란 세울 수 없는 것이라고만 믿었던 것처럼 말이다.

석유 개발의 초기 역사에도 이 같은 일이 있었다. 석유 발견의 역사는 이미 살펴본 것과 마찬가지로 인류 역사와 더불어 시작되었지만 세계 최초의 상업 유전 발견은 1851년 미국 펜실베이니아 주에서 비롯된다.

미국의 다트마우스 의과대학을 졸업한 프랜시스 비티 브류어는 펜실베이니아 주의 티투스빌이라는 시골에서 목재업을 하고 있었는데 목재소에서는 근처 우물에서 솟아나는 윤활성 액체를 기계 윤활유와 야간작업에 필요한 등불용 연료로 쓰고 있었다.

브류어는 이 액체를 뉴햄프셔 다트 마우스 대학의 화학교수인 허버트에게 성분 분석을 부탁했는데 우연한 기회에 교수를 찾아온 뉴욕의 법률가 조지 비슬이 이 액체를 보고 석유 개발과 판매라는 새로운 비즈니스 발상을 하게 된다.

비슬은 브류어로부터 액체가 흘러나오는 우물이 있는 땅을 5000달러에 사서 코네티컷 주의 뉴헤븐에 사는 은행가인 제임스 타운센드와 함께 코네티컷 석유회사를 세운 것이다.

그러나 조금씩 땅에서 스며 올라오는 정도의 분량으로는 채산성을 맞출 수 없어 지하의 석유를 지상으로 퍼올리는 방법을 찾아내는 게 관건이 되었는데 이것이 문제였다. 그때까지는 넓은 면적의 땅을 파내고 우물물 퍼올리듯 석유를 퍼올리는 방법밖에는 생각할 수 없었던 것이다.

1850년 당시 영국의 스코틀랜드에서는 석탄을 증류하여 등유를 뽑아내는 정제법이 특허를 받아 등유를 만들어내고 있었고, 미국에서도 1859년에 약 500개의 석탄유 제조공장이 조업을 하고 있었다. 이 석탄유 공장에서 나오는 등유와 가격경쟁을 하려면 땅속에서 파내는 석유는 그만큼 싼값에 뽑아 올릴 수 있어야 했다. 그러나 넓은 면적의 깊은 땅을 우물파듯이 흙을 파내는 데 어마어마한 비용이 들어서 도저히 채산성을 맞출 수 없었다.

필요는 발명의 어머니라는 말이 있듯이 드디어 타운센드가 고용한, 전직 철도원이었던 드레이크가 1858년 굴착기계를 고안해 1859년에 최초로 파이프를 연결시키는 방법으로 시추기가 만들어져 하루 1미터꼴의 속도로 굴착 파이프가 석유를 찾아 땅속으로 내려가기 시작했다. 드디어 1859년 8월 28일, 지하 23미터 땅속에서 석유 지층이 발견됐는데 이것이 역사상 최초로 파이프를 사용한 석유 개발 현장이었다.

석유는 하루에 30배럴꼴로 나왔는데 이것을 주의 경제발전의 토대로 삼은 펜실베이니아 주는 일약 미국 각 주의 주목을 받게 되었다. 석유가 지역경제의 운명을 좌우한다는 최초의 실증이 된 것이다.

석유의 분량을 정하는 기준 용어는 통이라는 뜻의 배럴(Barrel)로 명명되었는데 이 유래는 처음에 목재통에 담아 팔던 석유가 운반 도중에 약간씩 새는 바람에 소매점 판매 당시에는 160리터 정도가 되어 이것이 그대로 1배럴, 즉 42갤런의 용량이 된 것이라고 한다.

미국에서 1배럴은 정확히 158.98리터이다. 미국은 펜실베이니아 석유의 발견으로 세계 최초의 석유 수출국이 된다.

1861년 12월, 미국의 범선 엘리자벳 와츠 호는 필라델피아에서 등유통을 싣고 영국 런던으로 첫 수출길에 오른다. 1865년 말까지 미국은 영국, 프랑스, 독일에 등유를 수출해 19세기 말에는 미국 전체 산유량의 3분의 1 가량을 수출한다.

그러나 판매량이 급격히 늘었음에도 불구하고 오히려 이익이 줄기 시작했는데, 이것은 생산과잉으로 인한 가격경쟁 때문으로 석유판매 가격이 떨어지기 시작한 것이다. 1860년에 석유가격은 1배럴당 20달러에서 2달러로 떨어졌고, 한때는 10센트까지 폭락하기도 한다.

이에 따라 한순간 최고의 회사로 각광받았던 많은 석유회사가 도산하게 되고, 석유 채굴 방법을 고안해 현대 석유시대의 막을 열었던 드레이크도 실업자 신세가 된다. 드레이크는 그동안 모아두었던 돈을 모두 투자했던 주식 가격이 폭락하는 바람에 말년을 가난하게 살다가 1880년에 사망한다. 인류 역사 최고의 자원 채굴 방법을 찾아낸 사람이 가난 속에 죽은 것이다.

석유 굴착법의 혁명, 텍사스 유전

땅을 파들어갈 때 삽질하듯 흙을 파면서 들어가는 게 흔히 생각할 수 있는 방법이다. 꾸준히 삽질해서 파들어간다는 발상은 기계가 인력을 대신한 뒤에도 고정관념으로 남아 있었다. 퍼낸다는 평면적인 생각을, 뚫고 들어간다는 회전적 발상으로 바꾸기에는 20세기 초반이 너무 빨리 왔다.

1859년 펜실베이니아 유전이 최초로 굴착될 때 지하로 파들어가던 드레이크 방식의 파이프 채굴은 기껏해야 하루 1미터 정도밖에는 못 들어갔다. 그야말로 단순하게 파이프 자체를 연동시켜 파내는 정도라 숟가락으로 땅을 긁는다는 표현이 맞을 정도였다. 그러나 지하를 수백, 수천 미터 깊이 파들어가야 하는 경우에 봉착하자 전혀 새로운, 획기적인 굴착 방법이 필요했다.

굴착기의 혁명은 석유 개발이 시작된 지 반세기 가량이 지난 1900년에 일어났다.

미국 텍사스 주 버몬트 마을의 남쪽 습지대에 배사구조로 판단되는 지형이 있어 땅 주인인 파틸로 히긴스는 10년 간 3만 달러 가량의 자기 돈과 투자가들의 돈을 합쳐 시추공 3개를 뚫었으나 굴착 파이프는 지하 100미터 정도에서 암반에 막혀 더 이상 들어가지 않았다. 재래식 시추기로는 굴착이 불가능한 상황이었던 것이다.

히긴스는 신문에 자신의 유전이 봉착한 난관을 해결해 줄 새로운 굴착법을 개발할 수 있는 기술자를 찾는 광고를 냈다. 이 광고를 보고

전 오스트리아 해군 함장이며 광산학교 출신의 앤소니 루카스가 찾아왔다. 거대 석유회사인 스탠더드에서 파견한 기술자들도 석유매장 가능성이 없다고 판단하고 지원 인력을 철수시켜버린 절망적 상황이었다. 발명가들은 생각이 막히면 꿈속에서 영감을 얻는 경우도 있다고 하는데, 루카스는 기적적으로 로터리 굴착기를 발명하게 된다. 절구를 찧듯이 땅을 파들어가는 종래의 케이블 툴 굴착기가 아니라 굴착 파이프 끝에 분쇄기를 달아 이것을 회전시키면서 지하에 박아 넣는 식으로 기존의 사고틀을 완전히 바꾼 결과였다.

로터리 굴착법은 석유 개발 역사상 최대의 발명으로 평가된다. 1859년 재래식 파이프 굴착기가 발명된 지 41년 만의 쾌거였다. 굴착 파이프 끝에 달린 회전 비트의 강력한 위력으로 텍사스 유전 개발 현장의 암층은 돌파되고 파이프는 드디어 깊이 130미터의 사암층을 무사히 통과했다. 이때부터 석유 분출의 가능성을 알리는 징조들이 속출했다. 천연가스가 모래와 함께 분출되어 올라오는 일이 많았고, 갱정(坑井)이 밀려 올라오는 모래로 막히기도 했다. 막힌 갱정 속의 모래를 청소해 내는 데 며칠이 걸리기도 했고, 파이프를 연결해 넣자마자 폭발과 함께 진흙물이 터져 올라오기도 했다.

드디어 1901년 1월 10일, 파이프가 폭발 압력에 못이겨 튕겨올라오면서 굴착탑에 부딪혀 두 동강이 났다. 그리고 시커먼 석유가 분수처럼 솟아 올라오기 시작했다.

바로 이 유전, 스핀들 톱의 분출로 스탠더드 석유회사의 독점시대는 끝났다. 그리고 이것은 미국 북부의 석유 독점 시대의 종언이기도 했다. 남부에서도 거대 유전이 발견된 것이다. 걸프와 텍사코라는

2개의 석유회사가 탄생하고, 미국 석유의 주도권이 북부에서 남부로 옮겨져 미국 석유 역사를 다시 쓰게 된 날이었다.

미국뿐 아니라 세계의 석유 개발 역사에서도 가장 유명한 스핀들 톱 유전 발견은 세계의 최대 사건이었다. 당시에만 해도 석유는 우물 물을 길어올리듯 펌프질을 하면서 뽑아올리는 게 고작이었지 이렇게 거대한 압력을 받으면서 치솟아 오르는 것은 처음이었다.

또 하나 놀랄 만한 것은 유전 규모의 거대함이다. 스핀들 유전 하나가 일일 8만 4000배럴의 생산량을 과시한 것이다. 이것은 펜실베이니아 주에 있는 3만 7000개의 유전에서 생산하는 전체 산유량과 맞먹는 양이었다. 스핀들 유전은 1901년에 610만 배럴, 1902년에는 1700만 배럴을 생산했다. 비록 1년 8개월 만에 자연분출이 끝나고 1902년 말부터는 생산량도 감소했지만 스핀들 톱의 영향은 거대한 것이었다.

영화 「자이언트」에서처럼 텍사스 곳곳에 메뚜기 모양을 한 채굴기가 설치되었고, 텍사스에 인접한 루이지애나와 오클라호마에서도 석유 탐사가 진행되었다. 텍사스 주가 면해 있는 멕시코만의 이름을 붙인 걸프 석유회사는 1906년 오클라호마에서도 거대 유전을 발견하였다. 또한 스핀들 톱 유전에서 불과 20마일 떨어진 사우어레이크에서도 거대 유전을 발견해 거대 석유회사로 발전하게 된다.

세계 석유회사 중에서 가장 개성이 강하고 독불장군식 경영으로 유명한 텍사코 석유회사는, 자신을 탄생시키고 키워낸 텍사스의 대도시 휴스턴에 본사를 두고 있다.

석유회사의 성격을 여성적으로 묘사하는 기자는 없다. 모두들 석유업을 남성적인 것으로, 석유개발을 가장 남성적인 사업으로 묘사한다. 한번의 성공이 일생 일대의 부와 명성을 가져다주는 만큼 남자의 야망을 석유 개발 이상 웅변적으로 말해주는 사업은 없을 것이다. 이렇게 성공한 남자들은 또다시 새로운 유전 발견을 위해 도전하였다. 행운의 여신이 또다시 찾아온다는 보장도 없고, 유전 발견의 확률 또한 매우 낮지만 '도전' 이라는 매력에 이끌려 사나이들은 안정된 생활을 떠나 석유가 숨어 있을 법한 산과 벌판을 찾아다니는 것이다.

스핀들 톱은 미국 석유사를 다시 쓰게 할 만큼 거대한 영향을 미쳤지만 유전 발견자인 허긴스는 모은 재산으로 편안한 여생을 보내지 않고 또 한번 유전을 발견하려고 미국 각지를 떠돌아 다녔다

1955년 92세의 일기로 죽을 당시 허긴스에게는 거의 재산이 하나도 남아 있지 않은 상태였다. 그가 임종을 맞은 방에는 스핀들 톱 유전의 정확한 위치를 발견한 데 대한 감사의 표시로 버몬트의 마을유지 32명이 서명한 감사장이 있을 뿐이었다.

영국도 석유생산국이다

영국이 석유생산국이라고 하면 놀라는 사람이 많지만 영국을 비롯한 유럽의 여러 나라들도 석유를 생산한다. 2002년 1~9월 기간 중 우리나라가 수입한 석유 중에는 영국산 석유도 120만 배럴이나 된다. 금액으로도 3027만 달러 정도.

2001년 영국의 석유생산량은 일일 250만 배럴로 이는 쿠웨이트의

생산량인 214만 배럴을 능가하는 분량이다. 중동의 산유국들과 달리 유럽국가들의 유전은 모두 육지가 아닌 바다에 유전이 있다. 북해유전이 바로 그것인데, 영국 대서양과 유럽 대륙 사이 북해 대륙붕에 위치한 북해유전은 영국, 노르웨이, 덴마크 등 유럽국가들이 공유하고 있으며 상당량의 석유를 생산해 유럽의 경제발전에 상당한 도움을 주고 있다.

북해유전 같은 해저유전에서는 해상에서 공구를 내려 석유의 유정을 뚫는데 바다의 깊이에 따라 굴착장치(리그)의 종류도 달라진다. 최근에는 해저유전의 채굴 기술이 발달했는데 리그를 장비한 굴착선을 사용하면 수심 1000미터 이상의 깊은 바다에서도 굴착이 가능하다.

사람들은 석유는 사우디와 같은 중동의 사막에서만 나오는 것으로 알고 있는 경우가 많다. 그러나 사실 석유는 지구의 여러 곳에서 나온다. 알래스카 같은 동토에서도 나온다. 그것도 상당히 많은 분량이 나온다. 그리고 인도네시아나 말레이시아 등 동남아시아와 남미의 베네수엘라나 멕시코, 중국이나 러시아에서도 석유는 생산된다.

현재 세계의 석유생산국은 대략 60여 개국으로 상당수의 국가들이 석유를 생산하고 있다. 2001년도 노르웨이의 일일 석유생산량은 341만 배럴로 중동의 이란과 이라크에 못지않은 양을 생산하는 쾌거를 올렸다. 문제는 매장량이 작아 향후 가채년수가 9년 가량에 불과하다는 것인데, 현재의 생산량은 세계 총생산량의 4.5%에 달한다. 다만 노르웨이나 영국의 문제는 석유가 고갈된 이후의 국가경제다.

석유를 찾아 땅속으로 파고 들어가는 최선봉 역할을 하는 것은 굴착기 끝에 붙은 비트라고 불리는 나선형 모양의 굴착봉인데 딱딱한 암반을 몇 킬로미터 파고 들어가야 하기 때문에 경도가 대단히 강한 재질로 만들지 않으면 안 되고, 어느 정도 사용하면 마모되어 다시 새로운 비트로 갈아야 한다.

시추작업, 즉 보링(boring)은 철판 끝에 비트를 연결하여 이것을 돌려서 굴착하는 것을 말하는데 굴착 과정 중에는 비트의 회전 때문에 생기는 마찰열 때문에 비트가 파고 들어가는 구멍 속으로 계속 진흙물을 부어 넣어 열을 식혀주고 유정벽을 보호해 주어야 한다.

비트가 지하 수천 미터까지 굴착해 들어가 성공적으로 석유가 고여 있는 공간에 도달하게 되면 바로 이때 석유가스나 석유를 밑에서 받쳐 올리고 있는 물의 압력에 의해 석유가 지상 위로 분출되게 된다.

영화 「자이언트」에서 제임스 딘이 석유를 뒤집어 쓴 채 분수처럼 하늘로 솟구쳐 오르는 검은 석유를 향해 환호성을 지르는 장쾌한 장면이 연출되는 것이다. 그러나 자연분출이라고 불리는 이런 유층 내 자연 압력으로 생산되는 석유는 매장된 공간 내의 전체 분량 가운데 불과 20~30%에 불과하다. 나머지 채굴량의 70~80%는 유층 안으로 물 또는 수증기를 압입시키거나 그밖에 여러 가지 방법으로 뽑아내게 된다.

현재까지의 채굴기술로는 지하 공간에 있는 한 개의 유정에서 뽑아낼 수 있는 최대 채굴량이 총량의 60%를 넘지 못하고 있다. 석유회사들은 힘들게 발견해 눈앞에 두고도 뽑아 올리지 못하는 잔여 40% 가량을 완전히 뽑아 올릴 수 있는 기술 개발에 전력을 기울이고 있다.

우리나라도 산유국이 될 수 있을까

한때 우리나라에서는, '한국에서도 석유를 채굴할 수 있다. 땅을 파라. 단 그 방향을 사우디 쪽을 향해서' 라는 농담이 유행한 적도 있었다. 한 방울의 석유도 안 나오는 현실을 빗댄 자조적인 농담이었다.

70년대에 박정희 대통령이 유전개발에 집념을 가져 탐사 결과, 드디어 포항지구에서 첫번째 원유 채굴에 성공해 청와대에서 시연회를 가졌을 때, 참석자들은 하나같이 감격에 들떠 있었다고 한다. 채굴 분량은 경제성이 거의 없는 미량이었지만 어쨌든 우리나라에서도 석유가 나왔다는 사실에 모두가 감격했던 것이다.

실제 우리나라에서도 석유가 나왔다는 기록이 있다고 한다. 송나라 강여지가 쓴 『작몽록』에는 고평 동쪽 수천리 지점에서 맹화유가 나온다. 햇볕을 따갑게 쪼이면 암석에서 저절로 솟는 기름물이다. 반드시 오지그릇에 담아야 능히 저장되며 물방울이 들어가면 불꽃이 사나워지고 튀기며 물에 들어가면 물고기와 거북이가 모두 죽는다고 쓰여 있다.

서기 1590년 명나라 때 편찬된 박물지 『본초강목』에도 고려땅에 석유가 나오며 바위틈에서 흘러나오는데 샘물과 같이 콸콸 쏟아져 나온다는 기록이 있다.

기름의 진기가 고기국물 같아 사람들은 풀잎으로 그 기름을 떠서 그릇에 담는다. 빛깔의 검기가 칠과 같고 유황 냄새가 몹시 난다. 고려인들은 이를 불붙여 등불을 켜는데 매우 밝아 좋다. 물을 끼얹으면 불꽂이 더 심해지고 음식에 들어가면 안 된다. 연기가 진하여 연기 그을음을 모아 먹을 만들면 칠처럼 윤이 나고 송진 그을음으로 만든 먹보다 훨씬 낫다고 기록되어 있다.

『삼국사기』에도 석유를 암시하는 기록이 나온다.

본기 제4신라 진평왕조에는 경주 동해안 쪽의 모여악이란 곳에서 폭 4보 5척의 별로 크지 않은 구덩이에서 불이 타기 시작하더니 비바람에 관계없이 연중 타오르다가 10월에야 그쳤다고 적혀 있다.

신라 태종 무열왕 때 토함산 기슭의 땅이 타다가 3년 만에 꺼졌다는 기록도 있다.

그리고 조선시대에도 세종 때 영해부에서 땅이 탔다는 기록이 있고, 성종 14년에도 영해 땅의 어느 구덩이가 주야로 불을 뿜었다는 기록이『조선왕조실록』에 상세히 기록되어 있다.

기록에는 불구덩이의 깊이가 8척이요 폭이 20척인데 낮에는 연기만 나고 밤에는 불빛이 보인다. 낮에도 불구덩이에다 나무토막을 던져 넣으면 불길이 오르곤 한다고 되어 있다. 또 죽어서도 용이 되어 동해로 침입하는 왜구를 막겠다는 문무왕의 유언에 따라 동해 한가운데 조성한 대왕암이 인조 15년에 불타올라 부서졌었다는 기록도 있다.

우리도 한반도 인근의 대륙붕 해저 유전 개발 계획이 있으니 석유가 나오지 않는다고 포기하지 말고 꾸준히 시도한다면 글쎄, 산유국이 될 수도 있지 않을까.

채굴 면허가 취소될 뻔한 일본

땅속에 있는 석유의 집합소, 즉 유층을 찾는 작업을 석유 탐사라고 부른다. 지질학적으로 석유는 퇴적암 속에 집적되어 있다. 퇴적암으로 형성된 지역을 퇴적 분지라고 하는데 석유 탐사는 퇴적 분지에 형성되어 있는 석유 광상을 찾아내기 위해 우선 퇴적 분지를 조사하는 작업에서부터 시작된다.

석유개발 초기시대의 탐사 방법은 석유가 지하로부터 땅 위로 새어나온 곳이나 천연가스가 분출되는 곳이 발견되면 그곳을 단서로 그 지역을 파보는 식이었다. 하지만 이제는 더 이상 이러한 자연분출 지역이 나타나지 않는다. 따라서 현재 시행되는 과학적 탐사법은 지질 조사와 물리 탐사의 두 단계로 나누는데, 최신 기술을 사용해 지하 수 킬로미터 속에 위치한 석유 광상을 추적해 내고 있다.

석유가 담겨 있는 지하 지층의 구조를 석유 광상이라고 부른다. 그리고 석유광상을 만들만한 지질구조를 트랩(함정)이라고 부르는데 석유를 가둬두는 곳이라는 뜻이다. 트랩은 석유가 물 위에 뜨게 되고 동시에 지하의 강한 압력에 의해서 끊임없이 위쪽으로 밀어 올려지고 있어서 지하 공동에 붙잡혀 있는 모습이다.

이런 구조를 배사구조라 한다. 배사구조는 치밀한 구조의 모암으로 된, 마치 그릇을 엎어놓은 것과 같은 모습으로 그 안쪽에 가스와 석유를 물로 가두어놓은 형태이다.

석유는 지각을 구성하고 있는 어느 지층 속에나 모두 분포되어 있는 것은 아니고 거친 입자 형태로 틈이 많은 사암과 같은 지층이나 다공질 또는 자체는 치밀해도 잔금이나 틈새가 많은 석회암 같은 암석으로 되어 있는 지층 등에 모여 있다. 이와 같이 석유를 가둬두고 있는 지층을 석유 광상이라고 하고, 석유를 담아두고 있는 암석을 저류암(貯留岩)이라고 부른다.

저류암 속의 석유의 상태는 비중 때문에 아래쪽에는 지층수, 그 위에 석유, 다시 그 위에 가스 상태의 탄화수소(천연가스와 석유가스)가 저류되어 있다. 저류암의 상부 지층은 저류암에 집적되어 있는 석유나 가스가 땅 위로 유실되지 않는 치밀한 암석이어야 한다. 마치 모자와 비슷한 모양이라서 이와 같은 암석을 모암(cap rock)이라고 한다.

저류암 속에 얼마만큼의 석유가 모여 있는지 또 거기서 얼마만큼의 석유가 회수될 수 있는지 하는 유층의 가치는 세 가지 측면에서 계산하여 평가한다. 즉, 암석 전체의 부피에 대한 전체 공극 용적의 비율, 즉 공극율과 이 공극의 연속성에 의한 석유의 흐름의 난이도, 즉 침투율 및 공극 속에 존재하는 수분의 공극 용적에 대한 비율, 즉 수포화율의 세 가지 계수에 의한다.

석유 탐사에 수학 전문가의 도움이 필수적이라는 것도 흥미 있는 사실이다.

최초 석유를 찾아 음파 탐지 등 사전 조사작업을 마친 후 드디어 시추 드릴로 파들어갈 때 다각도에서 청취된 반향음과 지질적 자료를 검토해 정확한 시추점의 위치와 각도를 정하지 않으면 안 된다. 석유 탐사에 수학자가 진가를 발휘하는 것은 바로 이 순간이다.

만약 정확한 계산을 못해 실수로 유층을 못 뚫고 이를 받치고 있는 수맥을 뚫게 될 경우에는 물과 석유가 섞여 나오면서 자칫 유층의 이동마저 초래할 가능성이 있는 것이다.

70년대 일본 석유공사가 아랍에미리트에서 해저 유전을 발견할 당시에도 마지막 돌관작업이 끝나고 석유가 나와야 할 순간에 석유 대신 물이 쏟아져 나오자 당황한 아랍에미리트 석유부 관리들이 유전 개발 초보국인 일본의 채굴 면허를 취소해야 한다고 주장한 적도 있었다. 일본은 결국 수학적 계산을 정확하게 다시 해 유전 개발에 성공하였다.

노아의 방주에 사용된 석유

세계에서 가장 오래된 인류의 기록을 보존하고 있는 성경에 나타난 석유의 모습을 살펴보자.

> 그래서 하느님께서는 노아에게 이렇게 말씀하셨다. "세상은 이제 막판에 이르렀다. 땅 위는 그야말로 무법천지가 되었다. 그래서 나는 저것들을 땅에서 다 쓸어버리기로 하였다. 너는 전나무로 배 한 척을 만들어라. 배 안에 방을 여러 칸 만들고 안과 밖을 역청으로 칠하여라. 그 배는 이렇게 만들도록 하여라. 길이는 삼백 자, 나비는 오십 자, 높이는 삼십 자로 하고, 또 배에 지붕을 만들어 한 자 치켜 올려 덮고 옆에는 출입문을 내고, 상 중 하 삼층으로 만들어라. 내가

이제 땅 위에 폭우를 쏟으리라. 홍수를 내어 하늘 아래 숨 쉬는 동물은 다 쓸어 버리리라. 땅 위에 사는 것은 하나도 살아남지 못할 것이다.(「창세기」 8장 13~17절)

인간의 악함 때문에 세상을 심판하실 때 하느님은 600살 먹은 노아에게 친히 배의 건조 방법을 일러주신다. 방주를 만들 때 칸을 막으면서 바닷물이 들어오지 못하도록 방수용으로 사용한 역청(bitumen)이 바로 석유인 것이다.

노아는 정결한 짐승과 공중의 새는 암수 일곱씩, 그리고 부정한 짐승은 암수 둘씩을 택해 방주에 들인다. 성경은 노아가 600세가 되는 해 2월 17일부터 40일 간 계속 비가 내려 홍수가 땅을 덮었다고 기록하고 있다.

601세의 노아와 처, 그리고 세 아들인 셈과 함과 야벳 그리고 세 며느리와 동물들을 실은 방주는 비가 멈춘 뒤 150일 간을 물 위를 떠다니다가 드디어 7월 17일, 지금의 터키와 아르메니아의 국경지역에 위치한 아라랏산에 도착했으며, 10월 1일에는 멀리 마른 땅들이 보였다고 한다. 노아는 정찰을 위해 날려 보낸 비둘기가 물어온 올리브 나무 가지를 보고 1월 1일 방주에서 나온다.

노아 일가 8명이 이 세상에 새로운 역사를 시작하게 된 것이다.

「창세기」에 나온 대로 노아는 방주를 만들 때 신이 가르쳐준 방법대로 배에 물이 스며들지 않도록 역청으로 틈새를 발랐다. 지금도 이라크 메소포타미아 지역의 뱃사람들은 이와 같은 방법으로 배를 건조하고 보수하고 있다.

2000년 7월 일본 NHK가 특집으로 방영한 '인류 4대 문명을 찾아서: 메소포타미아' 편은 이라크 사람들이 이처럼 역청을 가져다 배에 바르는 모습을 보여주었는데 지금도 이라크 유전지역에는 역청이 마치 진흙덩어리마냥 땅 위로 흘러나오고 있다. 또한 인간의 신에 대한 도전의 상징처럼 돼버린 바벨탑이 건조된 시기인 기원전 4000년경에도 바벨탑을 쌓는 데 원유 성분인 점청(sime)이나 도청(asphalt)이 사용되었다고 한다.

「창세기」 14장에는 소돔과 고모라 등 당시 이스라엘 외곽 도시국가의 9명의 왕들이 사해 근처에서 싸울 당시 시띰 골짜기에 역청 구덩이가 많아서 소돔 왕과 고모라 왕이 도주할 때 군사들이 구덩이에 빠졌다는 내용이 기록되어 있다.

역청은 진흙 속에 아스팔트처럼 섞여 있는 원유 성분의 물질이며 점청, 도청도 역시 상태만 약간 다를 뿐 지상에 나와 점액질로 변한 석유의 동소체이다. 고대 수메르, 아시리아, 바빌론 사람들은 땅 위로 흘러나온 역청질 성분을 방수제로 쓰고, 도로 건설에도 사용했으며, 소독이나 눈과 손발의 통증 치료에 의약품으로도 썼다.

인류의 4대 문명 발상지 가운데 오직 중동지역에 있는 메소포타미아와 이집트에서만 석유를 이용했다는 점이 흥미롭다. 지금도 이집트의 수도 카이로의 중앙 미단 타하르(해방의 광장) 옆에 있는 이집트 국립박물관 2층 전시관에는 기원전 2500년경 이집트 고대왕조의 파라오들의 미라가 전시되어 관광객들의 방문이 끊이지 않는다.

이 미라들의 제조에도 방부제로 아스팔트를 썼다. 널리 알려져 있듯 이집트의 대표적인 관광자원은 피라미드, 스핑크스, 미라다. 이집트 속담 중에 "인간은 시간을 두려워하고 시간은 피라미드를 두려워한다"는 말이 있지만 피라미드뿐 아니라 미라도 4500년의 시간을 초월해 머리카락이 그대로 붙어 있는 채 이목구비가 뚜렷이 남아 있어 관광객들의 탄성을 자아낸다.

눈에는 눈, 이에는 이라는 율법으로 유명한 바빌로니아의 함무라비 왕 시대에는 역청과 도청 등이 미술장식이나 건축물 등에 사용되기도 했다.

고대전쟁에 사용된 석유

불을 만드는 게 가장 기본적 임무인 석유는 역사상 전투용으로도 빠질 수 없었다. 기원전 1000년경에 아시리아인들은 석유를 이용한 화공법을 개발했으며, 기원전 400년경 페르시아군도 돌격전 때 유황과 피치의 혼합물을 사용했고, 알렉산더 대왕도 인도군과 대치하면서 피치를 이용한 화공을 썼다.

12~13세기 세계 최대 제국을 건설한 몽골 군대의 서방원정에는 석유와 유황을 사용한 화약, 폭죽, 화염폭탄 등이 다양하게 사용되었는데 이로써 석유를 이용한 화공법이 유럽으로 건너가게 된다.

몽골의 세계 정복은 약 23만 명의 병력으로 이루어졌다고 한다. 특히 어깨에서 다리까지의 길이가 130센티미터 정도로 미국 카우보이가 타는 160센티미터의 말에 비해 작은 몽고 말은 체구는 작지만 강인한 생존력과 끈기가 대단하다. 몽고의 세계 정복이 가능했던 것도 바로 이 몽고 말 덕분이라는 이야기가 있다. 하지만 서방 원정로인 중동에서 얻은 석유를 이용한 화공 전술도 한몫 단단히 했을 게 틀림없다.

오스만 트루크(터키)가 동로마제국, 즉 비잔틴 제국의 수도였던 콘스탄티노플(지금의 이스탄불)을 공략할 때도 석유는 큰 역할을 한다. 1454년 5월 29일 난공불락을 자랑하던 제국의 수도는 보스포로스 해협의 물길을 성으로 돌려 쏟아 붓는 오스만 투르크군의 수공과 함께 역청을 이용한 화염폭탄을 투척하는 맹렬한 화공 끝에 장렬한 최후를 맞게 된다.

그밖에도 석유의 사용 방법은 다양하게 개발되었는데 기원전 세계 최대 규모의 도서관이 있었고 당시 세계문화의 중심지였던 이집트의 알렉산드리아에서는 이집트인들에 의해 석유의 정제법이 개발되었다.

이후 아랍의 전성시대인 1000년경에는 아랍인들이 현대 화학의 기초를 정립하였다. 이후 알코올, 알케미, 알제브라 등 알이라는 접두사가 붙는 자연과학 용어는 거의가 영어의 The격인 아랍어의 정관사 알이 붙은 아랍어를 어원으로 한다.

석유와 1, 2차 세계대전

1941년 12월 8일 새벽, 하와이 진주만 기습작전을 성공한 후 일본은 미국의 석유 금수 조처에 대항해 전쟁에 돌입할 수밖에 없었다고 개전의 변을 밝혔다.

석유가 국가경제의 동맥과도 같았으니 미국에 의해 석유 금수 조치를 당한 일본이 위기의식을 느낀 것은 당연했다. 결국 2차대전에서 석유 보급기지인 바쿠 유전과 북아프리카를 빼앗긴 독일과 동남아시아를 빼앗긴 일본은 패전한다.

석유는 1차대전에서도 전쟁의 발발과 승패를 좌우했다. 1911년 7월, 당시 영국과 독일 간의 긴장이 고조되고 있을 당시 독일 빌헬름 황제가 파견한 독일 군함은 대서양 연안에 있는 모로코의 아가디르 항으로 입항했다.

'아가디르 사건'으로 불리는 이 사건은 단지 한 척의 포함이 국제적 분쟁 위기를 촉발시킨 도화선이 되었던 사건으로 당시 세계적인 화제였다. 아프리카에서의 영국의 영향력을 독일이 파견한 한 척의 군함이 견제한 꼴이 되었기 때문이다.

이 사건 이후 독일 해군의 괄목할 만한 성장에 위협을 느낀 영국은 해군장관으로 윈스턴 처칠을 임명하였고, 처칠은 해군 전투력 증강을 위해 해군 함정의 연료를 그때까지 사용해 왔던 석탄에서 석유로 전환하는 중대 결정을 내린다. 석탄에 비해 소량으로 대량의 열량을 낼 수 있는 석유야말로 선박용, 특히 군함용 연료로는 최적이라고 판단한 것이다.

처칠은 함정의 속력을 높일 수 있고, 인력을 효율적으로 사용할 수 있어 해군 전투력을 높일 것으로 확신했다. 전투함의 연료를 국내에서 손쉽게 구할 수 있는 석탄 대신 멀리 중동에서 가져와야 하는 석유에 의존하는 것은 풍랑 심한 바다에 배를 띄우는 것과 같다는 반대파의 비판을 무릅쓰고 결단을 내린 것이다. 결국 영국 해군 함정의 속도는 1차대전 당시 석탄 연료일 때 시속 21노트였으나 석유를 연료로 한 후 25노트로 증속되었다.

1912~1914년 사이 세 차례 영국 해군력 증강 프로그램으로 영국 해군은 모두 석유로 전환되었다. 처칠의 결정은 올바른 것이었다. 석유 엔진의 사용은 군대에 기동성을 부여해 줌으로써 전쟁의 양상을 완전히 바꿔놓았다. 석유를 사용하는 군대가 석탄을 사용하는 군대를 이긴 것이다.

바다에서뿐만 아니라 육상에서도 마찬가지였다. 1차대전에서 연합국이 독일을 이긴 것은 어떤 면에서는 철도와 트럭 간의 전쟁에서 트럭이 이긴 것으로 설명되기도 한다. 독일은 석탄 연료의 철도 수송에 의존했던 반면 연합국은 휘발유 연료의 자동차에 의존했던 것이다.

1914년 프랑스에 파견된 영국군은 5만 6000대의 트럭, 2만 3000대의 자동차와 3만 4000대의 오토바이를 보유하고 있었다. 1917년 4월 참전한 미국도 5000대의 휘발유 엔진 차량을 프랑스 전선에 투입했다. 두말할 필요 없이 연합군의 기동력은 신속성이나 정확성에서 독일군을 압도했다.

1차대전 당시, 1914년에 미국은 전세계 석유생산량의 65%인 2억

6600만 배럴을 생산했고, 1917년에는 3억 3500만 배럴로 전세계 산출량의 67%를 생산했다. 미국은 전체 석유생산량의 4분의 1을 수출했는데, 대부분이 유럽으로 향했다. 연합국 수송단이 필요로 하는 석유의 80%를 공급한 것이다.

영국 전시 내각의 외무장관이었던 커전 경은 전쟁이 끝난 뒤 전시 중 가장 놀랐던 것은 프랑스와 플랑드르에서 본 군용트럭으로 이루어진 대규모 수송부대였다고 회상하면서 연합군의 승리는 석유 때문이었다고 말했다.

다른 영국 상원의원도 석유를 '대지의 피'로 비유하면서 석유가 결국 '승리의 피'가 되어주었다고 소감을 말했다.

1924년 미국의 쿨리지 대통령은 연방석유보존위원회를 설치하면서 일국의 국력은 석유와 석유제품을 얼마나 확보하고 있느냐에 따라 결정된다고 말했다.

히틀러가 2차대전에서 소련을 적으로 돌리는 위험을 무릅쓰고 침공 작전을 전개한 이유는 코카서스, 흑해와 카스피해 사이의 아제르바이잔, 그루지야 등의 석유자원을 확보하기 위한 것이었다.

2차대전이 끝난 뒤 반세기가 지날 무렵인 1991년 1월 걸프만에서는 유엔의 주도하에 36개국 다국적군이 5주에 걸친 공중전과 100시간에 걸친 지상전을 거쳐 쿠웨이트를 점령했던 이라크군을 몰아내었다. 석유는 현대 전쟁의 운명을 좌우하는 핵심적 요소였다.

이집트가 이스라엘을 선제 공격하여 발발했던 1973년 10월의 욤키프르 전쟁, 즉 제4차 중동전쟁은 아랍민족주의의 뜨거운 열기에 휘발유를 뿌린 것이나 다름없었다.

1973년 10월 6일, 이집트의 사다트 대통령과 시리아의 아사드 대통령은 비밀합의를 거쳐 이집트군은 수에즈 운하 도강작전을, 시리아군은 골란 고원 기습작전을 개시하기로 했다. 1967년 중동전쟁으로 이스라엘에게 빼앗긴 시나이 반도와 골란 고원을 찾기 위한 아랍 진영의 전격 기습작전이었다.

이스라엘로서는 유대교 명절인 휴가기간중인데다 예상치 못했던 기습공격이라 시나이 반도에 구축해 놓은 이스라엘의 바레브선이 무너졌다. 또한 이집트군은 시나이 반도 동부지역을 탈환하는 등 아랍 진영이 승리를 거두었다.

그러나 10월 하순이 되자 전열을 가다듬은 이스라엘군의 반격으로 이집트군은 시나이 반도 남단에 고립되었고, 오히려 이스라엘군이 역도하 작전을 감행해 카이로를 향해 진격, 이집트를 위기에 몰아넣었다. 시리아 방면에서도 골란 고원으로부터 불과 100킬로미터 떨어진 수도 다마스쿠스가 위험에 빠졌다.

미국과 소련은 각각 국제사회에서 이스라엘과 아랍을 지원하기 위한 외교적 노력을 경주하기에 바빴다. 궁지에 몰린 아랍측을 살릴 수 있는 묘안을 찾아낸 것은 이집트였다. 이스라엘을 지원하는 미국을 압박하기 위해 석유를 사용하는 게 가장 효과적일 것이라고 생각한 사다트 대통령은 사우디 등 아랍 산유국에 긴급히 지원을 요청했고, 전 아랍국이 이에 호응하였다.

중동전이 한창이던 1973년 10월 16일, 쿠웨이트에 모인 OPEC 회원국 대표들은 원유 가격을 배럴당 5.12달러로 인상한다고 일방적으로 발표했다. 이 총회에서는 석유 가격 결정권을 아랍 산유국이 접수한다고 선언했는데 이는 첫째, OPEC결의 90호에 의해 걸프만 6개 산유국은 원유 공시가격을 설정하여 이를 공시한다는 것, 둘째, 새로운 공시가격은 연안국 및 다른 지역의 실제 시장가격에 바탕을 두고 비중 차이 및 지리적 조건을 조정하여 결정한다는 것, 셋째, 석유회사가 이 공시가격의 조건에 따라 석유 인수를 거부할 때는 산유국은 이를 어떤 매수자에게라도 팔 수 있다는 것이 골자였다.

이것은 석유 가격을 공시하는 주체가 미국과 유럽 등 국제 석유회사로부터 아랍산유국으로 바뀌었음을 선언한 것으로 제1차 석유 위기의 전주곡이었고, 석유라는 자원 주권이 자원보유국의 손으로 돌아간 것을 의미했다.

결의가 채택된 다음날 아랍국가 대표들은 별도로 회의를 갖고 "산유량을 이전보다 5% 감축시키고, 앞으로 매달 전달에 비해 5%씩 생산 감축을 계속할 것이다. 이것은 이스라엘이 1967년 점령한 아랍 영토에서 완전히 철수하고 팔레스타인 민족의 합법적 권리가 회복될 때까지 계속될 것이다"고 선언했다. 아울러 사우디아라비아는 친이스라엘 정책을 견지하는 미국과 네덜란드에 전면적으로 석유 금수 조치를 취한다고 전격 발표했다.

석유의 감산, 유가 인상, 특정국에 대한 수출 금지라는 산유국의 세 가지 무기가 모두 동원된 것이다. 특히 친미 노선을 걸어왔던 사우디아라비아의 완강한 태도는 미국을 놀라고 당황하게 만들었다. 그때까지 사우디는 의심할 바 없는 미국의 동맹국이었던 것이다.

1930년대로부터 시작된 석유를 매개로 한 동맹관계는 아랍 형제국을 위한 대의명분으로 더 이상 계속될 수 없었다. 시대가 바뀐 것이다.

사우디 ARAMCO의 회원사인 엑슨, 모빌, 소칼, 텍사코의 4개 회사 대표는 닉슨 대통령에게 긴급 전문을 보내 미국의 대중동 정책을 재고해 줄 것을 건의했다. 미국의 이스라엘 일변도인 중동정책을 전환해야 할 필요성을 강조한 것이다. 이들 4대 석유회사 중 엑슨과 소칼은 유대계인 록펠러가 창립한 회사였으나 석유 위기는 이들 회사까지도 이스라엘 지원 정책을 수정하지 않을 수 없게 만들었던 것이다. 셸도 유대계 상인인 마르쿠스 새뮤얼이 창립한 회사였으나 반이스라엘 조류에 합류하지 않을 방법이 없었다.

당시 사우디 국영석유회사인 ARAMCO는 심지어 미군에 대한 석유 공급도 중단하여 미국은 지중해의 제6함대에 석유를 공급하기 위해 영국 석유회사인 BP에 부탁해야 했다. 1973년 메이저는 중동 산유량의 87%를 장악하고 있었다.

역설적인 이야기이지만 아랍 산유국들은 자신들의 석유를 지배하는 메이저가 존재함으로써 역으로 석유 위기를 절묘하게 조종할 수 있었다. 메이저가 없었더라면 아랍 산유국들이 효율적으로 국제 석유 유통을 봉쇄하기가 불가능했을 것이다. 단 7개가 아니라 수백 개 석유회사가 산유, 수송, 정제 분야에서 따로 행동하는 상황이라면 산유국들이 설득 대상을 찾는 일이나 자신들의 행동을 통일하는 게 아주 힘들었을 것이다.

1973년 12월 16일, 이란 국영석유회사는 역사상 처음으로 이란산 원유의 공개경쟁 입찰을 실시해 낙찰가격을 당시 공시가격보다 3배 비싼 배럴당 17달러로 상승시켰다. 그리고 12월 23일 테헤란 OPEC회의에서는 이란의 팔레비 국왕의 주도로 다시금 석유무기화에 박차를 가했다.

그동안 국제 석유업계의 횡포에 시달려왔다는 피해의식에 젖은 이란으로서는 보복의 기회였고, 적자에 허덕이는 국가재정 문제를 순식간에 해결할 수 있는 호기였던 것이다. 팔레비는 아무리 석유 가격을 올려도 선진공업국들이 갑자기 대체연료를 발견할 수 없을 것이라고 확신했다.

미국의 경우 1951년 전체 에너지원 중 51%가 석탄이었는데 1973년에는 19%로 줄어들었던 것이다. 이란은 이제 세계의 선진공업국을 움직이는 거대한 기계가 석유를 마시지 않으면 돌아갈 수 없게 되었다는 현실을 정확히 파악한 것이다.

OPEC총회 개막일 나이지리아가 실시한 석유 공개입찰에서는 배럴당 22.6달러라는 기록적 낙찰가격이 나왔다. 결국 회의에서는 사우디의 온건론을 누르고 팔레비의 강경론이 득세, OPEC의 석유 가격을 배럴당 11.65달러로 인상된 가격을 2개월 만에 다시 두 배로 올릴 것을 결의했다. 당시 팔레비 국왕은 이에 대해 석유가 인상은 단기적으로 고통을 줄 것이나 장기적으로는 석유대체연료의 개발에 힘쓰게 될 테니 서방 선진국들에게 도움이 될 것이라며 그동안 서구세계가 누려왔던 특권에 일침을 가했다.

유가에 대한 참여뿐만 아니라 제1차 석유 위기를 계기로 중동 산유국들은 아예 석유자원을 국유화하기로 결정, 이를 급속히 진전시켰다. 아랍국들은 드디어 자신들이 가지고 있는 힘을 자각하기 시작한 것이다. 사우디, 쿠웨이트, 카타르, 아랍에미리트가 1973년 1월 석유회사 지분의 25%를 국유화하기로 했고, 1974년 1월부터는 국유화율을 60%로 올리고 1976년에는 완전 국유화를 완료했다.

이로 인해 국제석유회사는 유전지대 현장의 모든 장비와 생산설비가 산유국 정부에 의해 접수됨으로써 명목상으로는 석유채굴 사업을 계속할 수 없었다. 하지만 산유국은 석유사업을 독자적으로 운영할 수 있는 능력이 없었기 때문에 실제로는 과거처럼 메이저에 의존할 수밖에 없었다.

그리고 판매부문에 있어서도 전세계적인 네트워크를 움직이고 있는 메이저에 의존할 수밖에 없었다. 따라서 메이저는 여전히 실질적으로 중동 석유의 흐름을 지배하고 있었다. 즉 중동국가의 국유화는 석유자원의 소유권 확보라는 형식뿐이고 실질적인 변화는 별로 표면에 드러나지 않았다.

그러나 석유 위기로 인한 국제 원유가격의 급등은 세계정세의 혼란을 초래했다. 뿐만 아니라 대량의 달러가 산유국으로 유입되면서 이로 인해 석유 소비국들은 무역적자와 경제 불황에 빠졌고, 아시아와 남미에서는 정치 위기가 초래되는 등 전세계 거의 모든 나라에 소위 오일쇼크로 불리는 충격을 던져주었다.

이란의 이슬람혁명과 제2차 오일쇼크

1973년 1차 석유 위기의 발단이 제4차 중동전 때문이었다면 1978년의 제2차 석유 위기는 이란의 국내 문제인 이란 회교혁명 때문이었다. 팔레비 왕조에 대항해 투쟁해 온 이슬람 지도자 호메이니를 정점으로 하는 이슬람 원리주의자들의 왕정 전복 활동이 1978년에 이르러 막바지를 향해 치닫고 있었다. 1978년 10월부터는 이란 전국에 유혈폭동이 발생했고 12월 27일 이란은 대외 석유 수출을 중단하기에 이른다.

그 무렵 하루 최대 630만 배럴의 원유를 생산해 그 중 550만 배럴을 수출하여 자유세계 전체 석유공급 물량의 15% 수준을 공급하던 이란의 갑작스러운 석유 금수는 제1차 석유 위기 이상의 충격과 위기감을 전세계에 불러일으켰다. 국제 석유회사들은 재빨리 원유 매점 쟁탈전에 나섰고, 주요 선진 소비국들도 비축용 원유 매입을 서둘렀다.

투기성 시장 조작이 성행하게 되자 네덜란드의 로테르담 현물시장 스파트 가격이 급등하면서 석유 사정은 나날이 악화되었다. 당시의 상황을 살펴보면, 제1차 석유 위기를 계기로 석유통제권을 장악한 OPEC회원국들은 곧이어 석유자원의 국유화를 추진해 완전 국유화를 실현했고, 1975년 제45차 OPEC 총회는 메이저 체제의 산물인 공시가격제(posted price)를 폐지했다. OPEC국가들은 그 대신 정부 공식 판매가격 방식을 새로 도입, 이를 석유거래의 기준 가격으로 채택하는 등 국제 석유시장의 구조적 개편을 통해 실질적인 지배력을 강화했다.

또한 세계 각국의 석유 개발이 활발하게 진행되어 멕시코 북해유전 등 비OPEC 산유국들이 유전 개발에 성공함으로써 산유량이 늘어나 전반적으로 석유 공급이 원활했고, 온건파인 사우디가 석유시장의 교란을 원치 않았기 때문에 국제 석유시장은 비교적 안정세를 유지하고 있었다. 그러나 급작스러운 이란의 석유 수출 불능 사태는 이러한 시장균형을 순식간에 파괴해 버렸다.

1978년 12월 UAE의 아부다비에서 열린 제52차 OPEC총회에서는 OPEC의 기준 가격(아라비안 라이트)을 1979년에 분기별로 나누어 단계적으로 인상하여 연말까지 총 14.5%를 인상하기로 합의했다. 한편 사우디는 세계적인 석유공급량 부족 사태를 해소하기 위해 하루 1000만 배럴까지 긴급 증산에 나섰지만 역부족이었다.

1979년 1월 16일 드디어 회교 혁명의 성공으로 38년 간 집권해 온 팔레비 왕조가 무너지고 호메이니가 지도하는 이슬람 원리주의 정권이 집권하면서 3월 5일부터는 다시 석유 수출이 재개되었다. 하지만 하루 300만 배럴에 못 미치는 물량이었다.

자국 경제를 유지하기 위해 산업설비를 계속 돌려야 하는 석유 소비국들의 석유쟁탈전은 지속되었고 현물가격이 치솟자 OPEC는 1979년 3월 특별회의에서 전년 아부다비 총회에서 결의한 단계적 인상률 14.5%를 4월 1일부터 일괄 적용키로 하고 회원국들의 독자적인 원유 거래 가격에 할증료를 부과할 수 있도록 결정했다. 이로써 그간 원유의 품질에 따라 각 산유국별로 균형을 유지해 오던 가격 체제는 무너지고 각국이 임의적으로 가격을 정하게 되었다.

특히 1979년 4월, 사우디가 긴급 증산을 멈추고 생산량을 상한 기준선인 일일 850만 배럴로 환원하자 국제 석유시장에는 또 한 차례 석유 비축 심리가 작용, 석유 현물가격은 6월에 배럴당 37달러선까지 폭등했다. 게다가 국제 석유시장은 1979년 후반에 들어서면서 겨울철 수요증가와 이란의 감산 그리고 사우디가 유전을 풀가동하는 게 기술적으로 어렵다는 이유로 긴급 증산을 중단하는 등의 사태로 고유가 행진이 계속된다.

그리고 1979년 3월 미국의 중재하에 캠프 데이비드 회담에서 이스라엘과 이집트 간의 평화조약 체결이 이루어졌으나 이에 대한 전 아랍 진영의 강한 불만 표출로 중동에서는 다시 긴장이 고조, 1979년 12월에는 석유 현물가격이 공식 판매가격의 2배 이상인 배럴당 41달러 수준에 이르렀다.

오랜 앙숙이던 이집트와 이스라엘의 평화협정이 체결되어 한숨을 돌리기 무섭게 중동은 또다시 전화에 휩싸인다. 1980년 8월, 이슬람 양대 교파인 순니와 시아의 양 진영을 대표해 이라크와 이란 간에 전쟁이 발발, 국제 석유가는 다시 널뛰기 시작했다.

롬멜의 아프리카 군단의 비극

사하라는 아랍어로 '아무것도 없는 곳'이라는 뜻이다. 자동차로 사막 도로를 달려보면 사하라라는 말의 의미를 새삼 알게 된다. 몇 시간이고 계속 달려도 끝이 보이지 않는 것이다. 동서남북 어디를 보아도 지평선만 보이고 오직 한 줄기 도로 위를 홀로 달리고 있다.

사방의 하늘도 모래땅과 맞붙어 있어 어디가 하늘이고 어디가 지면인지도 착각할 만큼 그야말로 일망무제의 무한한 광경이다.

귀를 울리는 바람소리도 새롭게 들리는 곳, 유대교와 기독교, 이슬람이 탄생할 수밖에 없는 곳이다. 신이 자신을 향해 하늘을 올려다보는 인간을 만날 수 있는 곳이다.

이집트와 리비아 사이에 위치해 있는 사하라 사막은 사우디아라비아의 네푸드 사막, 이스라엘의 네게브 사막, 남아프리카의 칼라하리 사막과 중앙아시아의 고비 사막 등과 더불어 세계적인 사막의 하나다.

사하라 사막에는 옛날 알렉산더 대왕이 신탁을 받으러 와서 세계를 정복하는 대왕이 될 것이라는 예언을 받았던 오아시스 도시가 남아 있고, 로마시대에는 아프리카 원정군단이 강력한 모래바람을 만나 전멸하기도 했던 역사가 남아 있는 곳이다.

이집트의 수도 카이로에서 서북쪽으로 200킬로미터 정도를 달리면 알렉산드리아가 나온다. 알렉산더 대왕의 이름이 붙을 정도로 장대한 자연의 풍광을 자랑하는 곳으로 특히 이곳에서 보는 지중해는 방문객들에게 깊은 인상을 남긴다.

알렉산드리아에서 서쪽을 향해 계속 달리면 우측으로 붉은 해안, 흰 해안, 황금해안 등으로 이름 붙은 해변들이 연이어 나타난다. 문자 그대로 다양한 색을 띄고 있는 아름다운 해안들이다. 그대로 약 200킬로미터 정도를 달리면 리비아 국경 가까이 알라메인에 도착한다.

1942년 8월 31일 독일군의 야간공격으로 시작해 9월 7일 종료된 알라메인 전투는 롬멜의 아프리카 군단과 영국 몽고메리 장군 휘하의 연합군이 알라메인에서 격전을 벌인 역사적인 사건이다. 이 전투에서 롬멜은 해안선으로부터 50킬로미터 정도 아래 지역에 펼쳐진 카타라 분지에 막혀 자신의 장기인 전차 기동전을 제대로 펼 수 없고 탱크연료도 떨어져 퇴각하게 된다.

롬멜은 10월 23일부터 11월 4일까지 또다시 일제공격을 감행하지만 실패로 끝나고, 1943년 1월 23일에는 영국군이 리비아의 수도 트리폴리까지 장악하게 되어 북아프리카 전선에서의 독일군 패전의 계기가 된다.

지금도 이곳 해안선 가까이에는 당시 수만 명의 전사자를 낸 연합군과 추축국의 위령탑이 각각 멀리 떨어진 채 마주 서 있어 파도와 바람 소리를 벗삼으며 방문객들을 맞이하고 있다. 이곳에는 또 롬멜의 아프리카 군단 사령부 자리에 기념관이 세워져 롬멜의 지휘관실, 당시의 전차 무기 등을 전시하고 있다.

방문객들은 야자나무 두 그루 위에 검은 철십자를 올려놓은 아프리카 군단의 마크가 달린 정문을 지나 독일군의 벙커를 구경하면서 당시의 상황을 상상한다.

롬멜의 전차군단이 패배한 첫째 이유는 전차에 사용하는 연료 부족 때문이었고, 두 번째는 롬멜의 장기는 전차 기동전인데 알라메인에 사막지대가 인접해 있어서 전차가 다닐 수 없었기 때문이었다고 전해진다.

전차가 다닐 수 있는 정도의 경도를 지닌 굵은 모래로 이루어진 사막이 있는가 하면, 전차의 캐터필러를 못 움직이게 만드는 입자가 고운 모래로 된 사막 등 지질이 여러 가지였던 것이다. 중과부적의 적을 맞은 롬멜은 기동력을 발휘할 만한 지리적 이점마저도 박탈당한 터라 매우 난감했을 것이다. 알라메인 근처에 있는 독일군 아프리카 군단 사령부 건물은 롬멜 기념관으로 사용되고 있다.

롬멜 기념관의 본관에는 롬멜의 지휘훈이 걸려 있다.

"사막은 행정가에게는 지옥이고 전술가에게는 천국이다."

사막의 여우인 롬멜도 석유가 없이는 전술을 발휘할 수 없었던 것이다.

석유의 중요성을 깨닫지 못하는 국가는 망한다

인류가 석유 없이 얼마나 견딜 수 있는가에 대한 대답은 학자들에 따라 다양하다. 현재 세계 각국은 대체에너지 개발에 많은 노력을 기울이고 있다. 그러나 한 가지 분명한 사실은 석유로 이루어진 현대문명을 오랜 기간 유지할 수 있는 국가는 그만큼 석유를 오랫동안 보유하거나 조달할 수 있는 국가일 것이다. 전세계적인 석유 부족기가 닥쳐오면 약소국은 선진국가에 진입하기 그만큼 어려워질 것은 자명한 일이다.

다른 모든 지하자원과 마찬가지로 석유 역시 한정된 자원으로 언젠가는 고갈되게 돼 있다. 다른 점이 있다면 다른 지하자원과 달리 석유는 대략적이나마 고갈 시기를 인류가 추정할 수 있다는 정도다. 석유가 인류에게 경고 메세지를 보내고 있는 것이다.

현재의 생산량으로 석유를 채굴한다면 조만간 지구상의 석유자원은 고갈될 것이다. 인류는 과거 3억년에 걸쳐 축적된 석유자원을 겨우 200년 남짓한 시기에 모두 써버리려 하고 있다. 우리 세대는 그럭저럭 석유 문명을 유지할 수 있다손 치더라도 문제는 다음 세대다. 앞으로 30년 후 다음 세대의 문명은 무엇으로 유지할 수 있을까. 새로운 에너지 자원을 찾아내 그것을 바탕으로 새로운 문명을 건설할 수 있을까. 과연 지금 준비되어 있는가.

이런 준엄한 물음이 인류 앞에 놓여 있다.

석유자원이 고갈되기 전에 생산량이 점차 줄어들어 감산기로 접어들게 된다. 어찌 보면 이것은 석유가 완전히 고갈되는 때보다도 더욱 어려운 혼란의 시기가 될 것이다. 국제적인 석유 분쟁이 시작되는 때인 것이다. 석유로 인한 외교적 분쟁의 결과가 외교적 타협이건 전쟁이건 세계 각국은 분란의 소용돌이에 휩싸이게 될 것이다. 공급이 수요를 따르지 못하게 되는 시기가 도래하는 것이다.

현재 세계의 에너지 소비 내용을 보면 역시 석유가 가장 많이 소비되고 있다. 전체 에너지원의 40% 이상이 석유다. 그리고 뒤이어 석탄, 천연가스가 각각 30%와 20%를 차지하고 있어서 화석연료가 전 에너지 소비의 90%가 된다.

한편 원자력은 에너지원으로서의 장점에도 불구하고 체르노빌 원전 사고로 웅변되는 가공할 만한 사고의 공포감 때문에 채택을 꺼리고 있어서 오히려 기존의 핵발전소를 폐쇄하는 경향이 있는데, 공급량은 전체 에너지원의 약 5% 정도다.

현재 세계 인구 1인당 에너지 소비는 40년 전에 비해 2.5배 증가했다. 특히 OECD의 선진국들은 인구가 세계의 15%에 불과한데도 세계 에너지의 52%나 소비하고 있다.

에너지 소비가 가장 많은 나라는 미국과 캐나다로 그 소비량은 석유로 환산해서 1인당 26리터나 된다. 일본의 1인당 에너지 소비는 아홉 번째로 11리터인데 미국의 40%에 해당하고, 서유럽과 거의 같은 수준이다. 그에 비해 중국이나 아프리카 나라들의 1인당 에너지 소비는 1일 1리터 정도로 미국의 20분의 1에 지나지 않는다.

90년의 세계 석유생산량은 이미 79년에 기록했던 과거 최대 생산량에 근접하고 있으며 앞으로 그 수치를 넘는 것은 시간문제이다. 그에 비해 대형 유전의 발견은 1960년대를 정점으로 감소하고 있다.

앞으로 가채매장량이 50억 배럴 이상인 거대 유전이 발견될 가능성은 희박하다. 또 새로 개발 가능한 지점은 정글이거나 극지, 심해 또는 빙해 등으로 기술적으로 채굴 조건이 나쁘고 막대한 개발 경비가 소요되는 곳일 수밖에 없다.

최근의 과학적인 연구결과로 본 세계 석유의 총 가채년수는 30년 혹은 40년 정도이다. 2001년 영국 BP사의 통계에 의하면 전세계의 평균 가채년수는 42년이다.

석유의 고갈 시기를 예측하는 것은 채굴 가능한 석유가 지구상에 어느 정도 있는지 궁극의 가채량을 추정하는 것이다. 그러나 가채량의 추정은 매우 어렵고, 추정치마다 편차가 있는데 평균적인 값은 1960년대 후반부터 크게 바뀌지 않고 있다.

대략 2조 2000억 배럴 전후다. BP 통계를 기초로 과거 실적치로부터 추산한 누적 석유생산량과 확인 매장량의 추이를 그린 것인데 누적 생산량 곡선으로부터 장래의 생산량과 고갈 시기도 나타나 있다.

석유생산은 제2차 세계대전 이후에 급속히 늘어나 과거 100년 간 가채량의 3분의 1은 이미 다 써버린 셈이 되었다. 아직까지는 석유생산의 성장기로 증산할 수 있는 혜택받은 시기이지만 가채년수가 짧아지기 시작하면 석유 위기가 걷잡을 수 없이 닥쳐온다.

가채년수가 짧아지기 시작하는 시기는 아직 확인되지 않은 미확인 가채량 5000억 배럴에 상당하는 석유를 소비하는 때다. 만일 앞으로도 현재와 동일하게 연간 240억 배럴을 계속 파낸다면 대략 10년 후, 즉 2010년경부터 가채년수는 줄어들기 시작할 것이다.

자원의 고갈 불안 때문에 증산을 미루기 시작하는 시기를 자원의 절반이 없어지는 때라고 생각하면 지금부터 4000억 배럴을 소비했을 때가 그 시기에 상당하므로 2007년경에는 수급 불균형이 생기게 된다.

물론 세계의 인구증가나 에너지 소비의 증가세에 따라 석유생산을 현재 이상으로 늘리지 않을 경우는 2005년 이전에 수급 관계가 불균형을 이루게 될 가능성도 농후하다.

특히 중국과 같이 거대한 인구를 가지고 빠르게 경제성장을 이루고 있는 나라가 이에 걸맞게 석유에너지를 급속도로 소비해 나간다면 석유 위기를 앞당기게 될 것이다.

종합해 보면 석유를 지금의 생산량 또는 그 이상 증산을 계속하면 빠르면 2000년대 중기에서 2010년경에는 산유국이 본격적인 생산 조정에 들어갈 가능성이 다분하다. 이렇게 되면 석유의 증산이 어렵고 수급 불균형이 생겨서 석유 위기의 도래를 알리는 시기가 되는 것이다.

자원고갈에서 오는 석유 위기는 1970년대의 OPEC의 자원 내셔널리즘의 위기와는 비교할 수 없을 정도로 심각한 것이다. 70년대의 석유 위기는 산유국이 정치적인 목적에서 보유하고 있는 석유자원을 통제한 것뿐이었지만 자원 고갈 시기에는 주려고 해도 줄 수 있는 석유가 없게 되는 것이다.

이 때문에 세계 각국의 석유쟁탈전은 그야말로 국가의 흥망을 건 싸움이 될 것이다.

특히 미국과 EU국가의 석유는 향후 10년여밖에 남아 있지 않아 이후 두 국가 간의 석유쟁탈전은 대단히 가열될 것이다.

이때 우리나라와 같이 자원이 부족하고 미국이나 EU만큼 국제적 영향력이 없는 자원빈국들은 석유 확보야말로 국가의 존망을 건 문제가 되는 것이다. 당연한 일이지만 그 시기에 석유는 희소자원이 되고 가격은 상승할 것이며 대체 에너지 개발이 중요한 과제로 부각될 것이다.

석유는 다른 대체에너지에서 찾을 수 없는 강점이 많은 자원이다.

먼저 원자력을 제외한 나머지 각종 에너지원 중에서 에너지 밀도가 가장 크고 채굴, 수송, 저장도 매우 쉬운데다 연료로서만이 아니라 각종 공업용 원료로도 이용할 수 있어서 100% 이용이 가능하다.

3부

석유의 무대, 중동

후쿠야마는 인간을 행복하게 만든다는 의미에서
자본주의 대 공산주의의 싸움은 공산주의의 패배로 끝났고,
소련제국의 붕괴와 사실상 자본주의화하는 중국을 증거로 들었다.
그는 이제 공산주의냐 자본주의냐 하는 이데올로기의 다툼은 끝났고,
인간성을 둘러싼 또 다른 싸움이 기다리고 있으니,
바로 이슬람과 세속화된 문명과의 갈등이라고 예견했다.

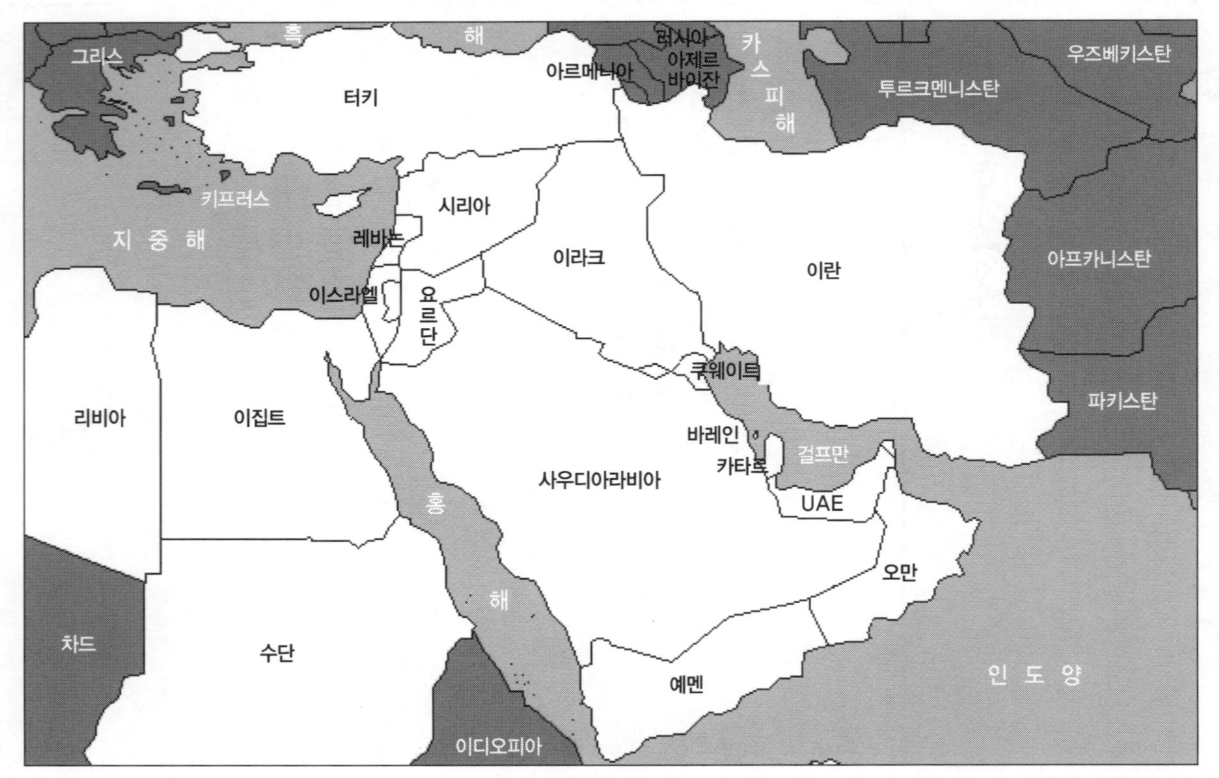

그리스
흑 해
러시아
아제르바이잔
아르메니아
카스피해
우즈베키스탄
투르크멘니스탄
터키
키프러스
지 중 해
시리아
레바논
이라크
이란
아프카니스탄
이스라엘
요르단
파키스탄
리비아
이집트
쿠웨이트
바레인
카타르
걸프만
사우디아라비아
UAE
홍
해
오만
차드
수단
예멘
인 도 양
이디오피아

문명의 교차로, 중동

중동이라 해도 좀더 세분해 보면 중동, 근동, 그리고 마그레브(mag-hreb)로 나뉜다. 이것은 영국과 프랑스가 서로 경쟁하듯 중동으로 진출하던 20세기 초 유럽식 분류 방법으로, 중동의 중심지를 예루살렘으로 보고 그로부터 중동 그리고 근접한 지역을 근동으로 부른 데서 유래한다.

마그레브는 아랍어로 가리브(Ghreb), 즉 내려간다, 해가 진다는 의미의 동사에 아랍어의 동명사화 접두사인 마(Ma)가 붙은 것으로 '해가 지는 곳'이라는 뜻이다. 중동에서 본 서쪽, 즉 아프리카 북방 지역을 말한다. 오늘날의 리비아, 알제리, 튀니지, 모로코, 모리타니가 이에 해당한다. 이들 5개국은 요즘 마그레브 경제 공동체를 구성하여 지역공동체 운영을 도모하고 있다.

중동국가는 정치적으로 왕정 국가와 공화정 국가로 나뉘고 경제적으로는 석유부국과 석유빈국으로 나뉠 수 있다. 왕정 국가로는 요르단, 사우디, 쿠웨이트, 바레인, 카타르, 오만, 모로코가 있다. 독특한 형식의 왕정 국가로는 7개 도시국가가 연합해 국가를 구성한 아랍에미리트(United Arab Emirates)가 있다.

아랍에미리트는 예전에는 아랍토후국이라고 불렸으나 토후국이라는 어감이 미개하게 들릴 수도 있다는 우려 때문에 아랍에미리트로 바꿔부르기로 한 나라다. 이 나라의 수도는 아부다비지만 경제적으로는 두바이가 중심 역할을 하고 있다. 아랍에미리트는 석유부국이기 때문에 처음 두바이에 도착하는 외국인들은 화려한 도시 풍경에 놀라고는 한다.

공화정 국가로는 이집트, 레바논, 시리아, 이라크, 예멘, 수단, 리비아, 튀니지, 알제리, 모리타니, 이란, 이스라엘이 있다. 하지만 실제로는 다양한 가치관을 존중하는 진정한 의미에서의 민주주의를 실천하고 있는 국가는 중동에 없다고 보아도 좋을 것이다.

중동을 여행할 때는 박물관을 가는 것보다 더 매력적인 게 야외이다. 거대한 건축물과 고대 유적이 자연 상태로 그대로 방치되어 있는 경우가 대부분이기 때문이다. 그래서 중동지역을 흔히 거대한 야외 박물관이라고 부른다.

인류 4대 문명의 발생지 중 메소포타미아와 이집트 양대 문명이 중동에서 비롯되었기 때문에 이 두 문명지에 있는 거대한 유적들은 그 규모가 장대하여 박물관 안으로 옮기기 사실상 불가능한 경우가 많다.

'티그리스와 유프라테스 두 개의 강 사이에 있는 곳'이라는 뜻의 메소포타미아, 즉 지금의 이라크에는 수메르 시대에 건축된 인류 최초의 고층 건축물로 불리는 지구라트가 있다. 그리고 이집트에는 수도 카이로 중심에서부터 남서쪽으로 약 50킬로미터 가량 떨어진 기자

지역에 유명한 피라미드와 스핑크스가 있다. 모두 그 규모가 거대해서 박물관에 옮겨놓기 불가능한 유적들이다.

지구라트는 밑변의 지름이 60미터 크기 정도의 원통형 탑이 지상 약 20~30미터 높이로 솟아 있는 원형 건축물로, 이것을 「창세기」에 기록돼 있는 바벨탑의 잔해로 보는 학자들도 있다.

메소포타미아 각지에서 발견된 지구라트 중에서 가장 거대한 것은 지금의 이라크 남부 우르 지역의 지구라트로 지름 62.5미터에 높이 43미터의 원통형 건축물이다. 우르는 구약성서에 나오는 아브라함이 태어난 고향으로 인류 최초의 도시로 불리는 곳이다.

이집트의 피라미드는 정점으로부터 4개의 정삼각형이 지상으로 뻗어내린 건물로 높이가 138미터나 된다. 4개의 밑변은 한 변의 길이가 230미터에 달한다. 그야말로 장대한 건축물이다. 피라미드에 사용된 돌은 가로 2.5미터, 세로 1미터, 높이 1.2미터의 2~15톤 무게의 화강암으로 피라미드 한 기에 이런 돌이 약 250만 개가 소요되었다.

널리 알려져 있듯이 피라미드는 기원전 2400년 전 이집트 고대 왕조의 파라오가 영혼의 부활을 기대하면서 세운 거대한 무덤이다. 하지만 건축방법에 관한 기록이 전혀 남아 있지 않아 여러 가지 가설만 무성할 뿐이다. 피라미드를 무덤이 아닌 다른 차원, 또는 내세로의 시공 이동을 위한 장치로 보는 학자들도 있다.

현재 이집트에는 약 80여 기의 피라미드가 남아 있다. 그 중에서 가장 유명한 것은 카이로의 기자에 있는 쿠푸, 세프렌, 크세노스 등 초기 3명의 파라오의 것이다.

성서에 의하면 지구라트는 인류 최초의 왕 니므롯이 인간의 힘을 모아 하늘을 향해 거대한 건축물을 세움으로써 하느님에게 도전했던 건축물이다. 「창세기」에는 니므롯이 세운 탑에 관하여 신이 하늘 높이 솟아오르는 탑을 보고 인간의 언어를 서로 다르게 만들어 완성을 못하게 만들었다고 쓰여져 있다. 결국 인류가 최초로 시도했던 거대한 인류공동 프로젝트는 실패로 끝나고 만 것이다.

> 야훼께서 땅에 내려오시어 사람들이 이렇게 세운 도시와 탑을 보시고 생각하셨다. "사람들이 한 종족이라 말이 같아서 안 되겠구나. 이것은 사람들이 하려는 일의 시작에 지나지 않겠지. 앞으로 하려고만 하면 못할 일이 없겠구나. 당장 땅에 내려 가서 사람들이 쓰는 말을 뒤섞어 놓아 서로 알아 듣지 못하게 해야겠다." 야훼께서는 사람들을 거기에서 온 땅으로 흩으셨다. 그리하여 사람들은 도시를 세우던 일을 그만두었다. 야훼께서 온 세상의 말을 거기에서 뒤섞어 놓아 사람들을 온 땅을 흩으셨다고 해서 그 도시의 이름을 바벨이라고 불렀다.(「창세기」 11장 5~9절, 이하 공동번역성서)

바벨이란 문이란 뜻의 '밥' 과 신이란 뜻의 '엘' 이 합쳐진 말로 '신의 문' 이란 뜻이 된다. 바벨탑으로 알려진 이 지구라트는 지금도 이라크 각지에 남아 있는데 세계 각지에서 모여든 관광객들은 원통형 건축물의 나선형 계단을 걸어 올라가면서 기묘한 감상에 젖곤 한다.

2000년 가톨릭 교황 요한 바오로 2세가 그처럼 소원하던 이라크 방문은 끝내 이루어지지 않았다. 이라크, 즉 메소포타미아는 아브라함의 고향으로 가톨릭, 기독교 그리고 유대교마저 중요하게 여기는 곳이다. 교황 요한 바오로 2세가 가보고 싶어한 곳은 티그리스, 유프라테스 강이 페르시아 만으로 흘러드는 강 하류에 있는 우르다.

이곳은 여호와 하느님이 선택한 선민의 시조인 아브라함의 고향으로, 일부 학자들은 바로 이곳이 최초의 인간 아담과 하와가 살았던 에덴 동산이라고 본다. 그러나 우르는 지금 사막으로 변해 있고 일부 지역에 걸프만의 바닷물이 흘러 들어와 광대한 늪지대로 바뀌어 버렸다. 인공위성을 통해 이 지역의 지하구조를 투사해 본 결과 고대 도시의 흔적이 발견되어 언젠간 발굴조사에 들어갈 계획만 세운 상태다.

데라는 아브람과 나홀과 하란을 낳았고 하란은 롯을 낳았다. 하란은 고향인 갈대아 우르에서 자기의 아버지보다 먼저 죽었다. 아브람과 나홀이 아내를 맞았는데, 아브람의 아내 이름은 사래요, 나홀의 아내는 밀가였다. … 사래는 잉태를 하지 못하는 몸이었으므로 자식이 없었다. 데라는 아들 아브람과 아들 하란에게서 난 손자 롯과, 아들 아브람의 아내인 며느리 사래를 데리고 갈대아 우르에서 가나안을 향하여 길을 떠나다가 하란에 이르러 거기에다 자리잡고 살았다. 데라는 이백오 년을 살고 하란에서 죽었다.

야훼께서 아브람에게 말씀하셨다. "네 고향과 친척과 아비의 집을 떠나 내가 장차 보여 줄 땅으로 가거라. 나는 너를 큰 민족이 되게 하리라. 너에게 복을 주어 네 이름을 떨치게 하리라. 네 이름은 남에게 복을 끼쳐 주는 이름이 될 것이다. 너에게 복을 비는 사람에게는 내가 복을 내릴 것이며 너를 저주하는 사람에게는 저주를 내리리라. 세상 사람들이 네 덕을 입을 것이다." 아브람은 야훼께서 분부하신 대로 길을 떠났다. 롯도 함께 떠났다. 하란을 떠날 때, 아브람의 나이는 칠십오 세였다.

「창세기」 11장과 12장에 나오는 메소포타미아에 관한 기록이다.

후일 아브라함으로 이름을 바꾸게 되는 아브람은 이곳 우르에서 태어나 살다가 75세가 되는 해 "너는 고향을 떠나 내가 지시하는 곳으로 가라"고 하신 하느님의 말씀을 듣고 가나안, 지금의 이스라엘을 향해 떠난다. 한 사람 개인의 이주로서는 인류역사상 가장 유명한 여행을 떠나게 되는 것이다.

중동 유일의 기독교 국가, 레바논

레바논은 면적 10,452평방킬로미터로 중동에서 이스라엘과 함께 가장 작은 나라에 속하지만 여러모로 중요한 위치를 차지하고 있다. 우선 중동 유일의 기독교 전통을 지닌 국가로 레바논에 도착한 외국인 관광객들은 도시 곳곳에 보이는 교회의 십자가를 보고 놀라게 된다. 또한 중동에서는 거의 유일하다 싶을 정도로 언론의 자유가 보장되어 있어 레바논 언론은 중동 정세의 축소판 같은 모습을 보여준다.

종교적으로는 마로나이트라고 하는 레바논 고유의 기독교와 이슬람교, 그리고 드루즈교 등이 각각 자신의 신앙을 지키면서 레바논 국가를 형성하고 있다.

드루즈교는 우리나라에는 생소한 종교로 유일신을 믿는 동시에 불교의 윤회설을 믿는다. 불교기처럼 색동 깃발을 상징으로 삼는 흥미로운 종교다. 인간은 죽은 뒤에 다시 태어난다는 윤회설을 믿고 있어서 기독교나 이슬람과 같다고는 할 수 없지만 스스로는 유일신 종교의 일파라고 자처하고 있다.

레바논 내전이 한창이던 1980년대에 주레바논 대사관에 근무하던 도재승 서기관이 1986년 1월 31일 오전 베이루트 시내 자택에서 대사관으로 출근 도중 무장단체에 납치되는 사건이 있었다. 도재승 서기관은 우여곡절의 교섭 끝에 1년 10개월 만인 1987년 10월 31일 석방되었다.

레바논은 우리에게 이 사건으로 더욱 유명해진 나라다. 월남전 종전 당시 주월 한국대사관 직원들 가운데 미처 대피하지 못한 일부 직원들이 레바논에 억류되었던 적이 있긴 했지만 도 서기관 피납 사건은 한국 외교사상 최초의 일이었다.

납치범들의 정체는 나중에 어느 정도 파악되었지만 이들에게 인질 석방금으로 얼마를 전달했느니, 그 중에 절반밖에 전달되지 못했느니 하여 한국과 레바논 양국은 국제적으로 유명세를 타기도 했다.

십자군이 중동에 남긴 유산인 레바논은 십자군의 원정사만큼 기구한 역사를 가졌다. 11세기 시작된 유럽의 십자군 원정의 교두보로서, 그리고 이후 수세기 동안 계속된 십자군 점령기를 통해 그 후손들이 레바논에 기독교와 유럽의 혈통을 뿌리내린 것이다. 이에 따라 중동에 남아 있는 외세의 잔재를 몰아내려는 아랍 민족들의 레바논에 대한 압박도 그만큼 거세었다.

1948년 이스라엘 건국과 동시에 발발한 제1차 아랍·이스라엘 전쟁은 수백만 명에 달하는 팔레스타인 난민을 만들어냈다. 이 문제는 결국 중동 정세에 강력한 지각변동을 불러일으켰는데, 그 중에도 레바논은 국가 존망이 좌우될 만큼 큰 영향을 받았다.

1970년 아라파트가 지휘하는 팔레스타인 PLO본부가 레바논 남부로 이주해 이곳을 근거지로 이스라엘에 대한 공격을 계속했고, 1978년에는 이스라엘이 PLO 소탕을 명목으로 레바논에 침공해 국경에서 100킬로미터 북방인 베이루트까지 점령하였다.

1979년에 이스라엘은 남부 레바논으로 철수하지만 레바논 내 이슬람 세력의 공격이 격화되자 1982년의 갈릴리 평화 작전, 그리고 작전명 '분노의 포도' 등 연이은 일련의 대규모 작전을 통해 레바논 중부와 남부 일대에 다시 한번 대규모 공격을 가한다.

1975년부터 90년 간에 걸친 전화로 레바논의 인구 300여 만 명 중 약 17만 명이 사망하고 30만 명이 부상했으며 80만 명 가량의 이재민을 낳았다. 이밖에 해외로 이주한 레바논인들은 약 30~40만 명으로 추산되며 재산 피해만 해도 90~250억 달러로 추정된다.

'분노의 포도' 작전으로 레바논이 입은 손실만도 약 5억 달러에 달하는데 레바논에게 타격을 가하는 것은 남쪽의 이스라엘뿐만이 아니다. 동쪽으로 국경을 접한 아랍 형제국인 시리아도 마찬가지다. 시리아 정부는 1948년 레바논이 독립한 이후에도 레바논의 국체를 인정하지 않고 외교관계마저도 수립하지 않은 채 줄곧 자신이 종주국임을 주장하였다. 그러다 1990년에는 레바논의 완전 독립을 주장하는 레바논의 아운 장군이 이끄는 자유 레바논군과 전쟁까지도 치르게 된다.

시리아는 프랑스에 의해 강제적으로 분리 독립한 레바논이 아직도 대시리아의 일부라고 주장하며 아직까지도 약 3만 명의 시리아군을 레바논 내에 주둔시키고 있다.

레바논의 역사에는 복잡한 복선이 얽혀 있음은 앞에서 이미 살펴보았다.

중동에서 유일한 기독교 전통을 가진 레바논은 국민의 절반 가량(약 380만 명)이 얼굴이나 체격 모두 유럽인들과 구별할 수 없을 정도로 비슷하다. 그리고 나머지 절반 가량의 국민은 전형적인 아랍인으로, 외모로도 완연히 구별된다. 또한 유럽 계통의 레바논 사람은 거의 모두 프랑스어와 영어, 이탈리어 등을 모국어인 아랍어만큼 훌륭하게 구사한다. 레바논에는 프랑스계, 독일계 학교도 많고, 프랑스나 영국, 이탈리아 대사관 등도 각종 문화활동을 활발하게 전개하고 있다.

지금도 레바논과 시리아의 해안지방에는 십자군 원정 당시 교두보로 사용되었던 성들이 많이 남아 있다. 실제로 중세 유럽의 성 중에서 가장 보존이 잘된 것은 시리아의 크락 성으로 지금도 유럽의 성곽 연구가들의 방문이 끊이질 않는다.

거리에서 교회 십자가를 많이 볼 수 있다거나 헌법에 대통령은 기독교도여야 한다고 명시되어 있는 것도 중동 국가들 중에서 레바논이 유일하다.

레바논 기독교계의 주요 종파는 마로나이트파로 5세기경 레바논에 살았던 성 마론을 추종하는 종파다. 마로나이트파는 로마 가톨릭과 별개이면서도 성 자매라고 불리는 밀접한 관계를 유지하고 있다.

한편 이슬람은 레바논 국민의 약 절반이 좀 넘는 정도로 대부분

이슬람의 양대파인 시아파와 순니파 중에서 시아파에 속한다. 시아파는 이란을 종주국으로 하며 이슬람 세계에서는 소수에 속하는데 교리는 순니파에 비해 더 이상적이고 투쟁적인 모습을 보인다. 실제로 시아파 사원에는 좀더 원색적인 그림과 내세의 상징인 꽃이 장식되어 있어, 단조롭고 장식이 없는 순니파 사원과 비교된다.

레바논의 이슬람 정파는 아말(희망)파와 히즈불라(신의 당)파로 나뉘는데 이란의 지원을 받는 히즈불라가 다소 세력이 강하다.

1979년 이란의 회교혁명 당시 집권한 히즈불라는 '히즙', 즉 당이라는 단어와 '알라', 즉 신이라는 단어의 합성어로 '신의 당'이라는 뜻을 갖고 있다. 이 땅 위에 신의 나라를 세운다는 의미로 현실 참여의식이 강하다. 이들 히즈불라는 본거지인 이란의 강력한 지원을 등에 업고 오히려 레바논에서 활발한 선교활동을 벌이고 있다.

히즈불라의 주요활동 중에는 남부 레바논에서의 대이스라엘 무장게릴라 활동도 빼놓을 수 없다. 실제로 레바논 히즈불라 사무총장인 나스르 알라의 장남은 이스라엘과의 전투중에 전사하기도 했다.

레바논의 베카 계곡

2000년 9월, 일본 오사카에서 일본 적군파 대장 시게노부 요시코가 일본 공안청에 체포되어 세계를 놀라게 했다. 1945년 9월 28일생인 시게노부 요시코는 20대 젊은 여성으로 70년대 일본에서 적군파를 이끄는 한편, 네덜란드, 이스라엘 등에서 반이스라엘 테러활동을 지휘해 이름이 알려진 인물이다.

체포 당시까지만 해도 요시코는 동남아시아나 레바논의 베카 계곡에 숨어 살고 있다고 알려졌으나 그녀는 20여 년 전 일본인 동지들의 도움을 받으면서 가끔 일본으로 잠입해 적군파 활동을 계속해 왔던 것이다.

일본의 유명한 간장회사인 기코망에서 일하던 그녀는 메이지 대학 2부에 입학 후 공산주의 활동에 빠져든다. 이후 일본 내에서의 활동이 벽에 부딪히자 이스라엘과 팔레스타인 간의 무력투쟁이 한창인 1971년 3월 1일 레바논으로 떠난다.

시게노부 요시코가 지휘하는 일본 적군파를 세계적으로 유명하게 만든 것은 1971년 5월 8일 감행한 이스라엘 벤구리온 공항 테러 사건이었다. 팔레스타인의 '검은 9월단'의 게릴라들과 일본 적군파들은 연합으로 벨기에의 사바나 항공기를 공중 납치해 벤구리온 공항에서 이스라엘군과 대치하던 중 적십자사 의료반원으로 가장한 이스라엘 특공대의 기만작전으로 모두 사살된다.

그녀는 후에 팔레스타인 남성과 결혼해 딸 하나를 낳았는데 요시코는 이러한 사실들을 자신의 자서전적 기록인 『사과나무 아래서 너를 낳고 싶었다』에서 밝히고 있다. 그녀가 도쿄의 구치소에서 딸 메이에게 "너와 함께 새로운 천년의 아침을 맞으면 얼마나 좋았겠니"라고 쓴 편지글을 모아 엮은 책이다. 1973년 3월 1일 레바논에서 태어난 메이는 현재 일본에 살면서 시게노부가 출옥할 날을 기다리고 있다.

레바논의 베카 계곡은 토질이 비옥하고 일조량도 풍부해 포도 경작지로 적합해 훌륭한 품질의 포도주가 생산되고 있다. 하지만 불행히도 이보다는 70년대 아랍 게릴라의 근거지로 세계적인 명성을 떨쳤다.

베카 계곡은 레바논을 위에서 아래로 양분하고 있는 레바논 산맥과 안티레바논 산맥의 중간에 위치한 해발고도 1500미터, 면적 약 2000평방킬로미터의 고원 계곡을 말한다.

이 양대 산맥의 길이는 각각 약 300킬로미터 정도이고, 산맥 간 거리가 평균 약 30킬로미터나 된다. 평야로 이루어진 계곡이지만 산맥 부근에 계곡이 깊게 발달해 있어 비행기로 관측이 어려워 게릴라 부대가 숨어 있기 적당했던 것이다.

베카 계곡 내 최대 도시는 바알벡('바알이 너와 함께 한다'는 뜻)으로 기원전 중동에서 여호와와 대적하던 바알을 신으로 모시던 고대 페니키아의 신전이다. 바알벡은 이후 로마제국 점령 당시에 술의 신 바카스와 주피터를 모시는 신전으로 확대 건축되어 10여 킬로미터가 넘는, 지금과 같이 장대한 신전군이 세워진다.

지진으로 인해 거의 모든 건축물들이 파괴되었지만 바카스 신전은 그리스 아테네의 파르테논 신전보다 큰 규모를 자랑하면서 원형 그대로 간직하고 있다. 주피터 신전은 모두 파괴되었으나 높이 20미터의 거대한 원형 기둥 6개가 남아 장대한 광경을 연출하고 있다.

필자는 1997년 8월부터 2000년 2월까지 2년 6개월 동안 레바논에서 근무했었는데 근무 당시만 해도 히즈불라 게릴라와 이스라엘군이 남부 레바논에서 전투를 계속하던 살벌한 시기였다. 당시 히즈불라 게릴라의 주전술은 도로변에 매복해 있다가 미리 장치해 둔 폭탄을 이스라엘군 차량이 통과하는 시간에 맞춰 터트리고 기습공격을 가한 뒤 도망치는 식의 전술이었다.

남부 레바논에서 이스라엘 병사가 히즈불라 게릴라에 의해 피살되면 이스라엘 공군이 즉각 베이루트 근교의 도로나 발전소 등 산업 시설을 보복 폭격하기 때문에 집 근처 3킬로미터 정도에 베이루트 전력변전소가 있던 우리 가족으로서는 상당히 불안에 떨었다.

실제로 몇 차례 변전소가 폭격을 당했는데, 그때마다 폭격 장소에서 수킬로미터 떨어진 우리 집 5층 건물 전체가 지진이 일어난 것처럼 흔들려 온가족이 공포에 떨었다. 또 우리 가족이 세들어 살던 아파트 5층에는 1983년 레바논측이 저지른 샤브라 및 샤틸라의 팔레스타인 난민 학살 사건 당시 레바논 기독교 민병대를 지휘한 호베이카 장관이 살고 있었다.

때문에 혹시라도 있을지 모를 그에 대한 팔레스타인측의 보복 암살 작전 때문에 여간 신경이 쓰인 게 아니었다. 혹시라도 내 자동차를 호베이카 장관의 차로 잘못 보고 폭탄을 설치한다든지 하면 어떻게 하나 등 걱정이 태산이었다. 실제로 호베이카 장관은 2002년 1월 베이루트의 자택 근처에서 정체 불명의 암살자들에 의해 폭살당했다. 그의 차가 지나가는 길 옆에 미리 원격조종 폭탄을 장치한 차를 주차시켜 두었다가 폭탄을 터뜨렸던 것이다. 차에 타고 있던 호베이카 장관과 경호원들은 모두 현장에서 즉사했다.

우리는 같은 아파트에 살았기 때문에 가끔 마주친 적이 있었고, 크리스마스 선물을 주고받은 적도 있었다. 그리고 그의 경비원들은 당시 레바논에서 태어나 갓 돌을 넘긴 우리집 막내를 귀여워했기 때문에 레바논을 떠난 뒤 일본에서 외신 뉴스로 호베이카 장관 암살 소식을 듣는 우리 식구들의 감정은 남다를 수밖에 없었다.

체코 대사관 직원이 베카 계곡으로 피크닉을 갔다가 현지 주민들 -사실은 주민들 대부분이 히즈불라에 직접 속해 있거나 동조자들이지만-에게 구금되어 며칠 만에 풀려나기도 하는 등 만 평방킬로미터에 불과한 넓지 않은 레바논 국토의 상당 부분을 자유롭게 여행할 수 없는 형편이었다.

남부 레바논 지역은 이스라엘과 국경을 접한 마자이윤을 중심으로 약 1000평방킬로미터 정도 면적의 접경지대를 말하는데, 이곳은 남부 레바논군이 장악하고 있었다. 이들이 이스라엘군과 일종의 연합군을 형성해 이 지역을 지배하였다.

남부 레바논군은 이스라엘에 동조하는 남부 레바논 지역의 민병대 세력을 말하는데 모두가 기독교인으로 반(反)시리아 친(親)이스라엘적이다. 그리고 남부 레바논에서 대이스라엘 게릴라전을 수행한 것은 히즈불라뿐만 아니라 기타 이슬람 민병대들도 다수 있었는데 병력 규모나 전투 횟수 등은 히즈불라가 가장 많았다. 자연히 전투 주체는 히즈불라가 될 수밖에 없었다.

2000년 봄 드디어 이스라엘군은 남부 레바논에서 철수하였는데 이때까지 거의 매일같이 히즈불라를 중심으로 한 이슬람 저항군과 이스라엘군, 남부 레바논군 연합군과의 전투는 계속되었다.

이스라엘군이 철수한 지금도 레바논 내의 이슬람 세력, 그 중에서도 가장 강력한 집단인 히즈블라는 주변 상황이 악화되면 언제라도 이스라엘 내로 포격을 퍼붓겠다는 경고를 계속하고 있다. 만일 히즈불라의 포탄이 이스라엘 내로 떨어질 경우 이스라엘과 레바논과의 전쟁이 재발할 것은 의심의 여지가 없다. 따라서 레바논 역시 향후 중동전쟁을 발발시킬 수 있는 유력한 인계철선 중의 하나라고 할 수 있겠다.

중동은 아직도 왕정시대

필자는 1981년 10월 6일 사다트 대통령 암살 사건 당시 카이로에 있었다. 당시 이집트 국영 텔레비전은 현장 상황을 생생하게 방송했는데, 대통령이 참석하는 이집트 10월 혁명 기념식 중 사건이 일어났기 때문에 현장 상황이 그대로 중계방송되었던 것이다.

우리나라로 치면 국군의 날에 해당하는 이집트 10월 혁명 기념식은 카이로 시내에서 공항으로 연결되는 헬리오폴리스 국도 옆에 있는, 우리의 여의도 광장과 비슷한 곳에서 매년 열린다.

열병식을 마친 병사들의 분열 행진이 끝나고 그 뒤를 이어 기계화 부대의 차량 대열이 대통령 및 외교사절 등 귀빈들이 도열한 단상을 지나기 시작할 때였다. 단상 앞을 지나던 고사포 부대 소속 트럭 한 대가 돌연 정차하고, 일단의 병사들이 하차했다. 이집트에서 차량 고장은 드문 예가 아니기 때문에 경호원들을 비롯해 모두 별다른 주의를 기울이지 않고, 곧 고장 차량을 치우겠지 하고 생각했다.

공교롭게도 마침 공군 전투기의 에어쇼가 시작되어 모두들 하늘을 바라보고 있었는데, 이때 이집트 현역 장교를 포함한 수명의 테러리스트들이 약 50미터 전방의 귀빈 단상을 향해 돌진했다. 그리고 자동소총과 수류탄을 사다트 대통령을 향해 쏟아부은 것이다.

귀빈석 앞열에 앉아 있던 사다트 대통령은 현장에서 즉사했고, 아부가잘라 국방장관과 무바라크 부통령은 다행히 부상만 입었지만 외빈 중에 스페인 대사가 사망하는 등 많은 사상자가 발생했다.

체포된 테러리스트들은 모두가 이집트군 현역 장교와 병사들로, 이슬람 원리주의의 열렬한 신자들이었다. 사다트 대통령의 이스라엘과의 평화협정 체결과 친미정책에 반대한 테러였다. 테러와 테러범 재판으로 이집트 전역에는 계엄령이 선포되어 어수선한 기간이 계속됐다.

필자는 얼마 후 이집트 대학생들의 친교 만찬에 초대받는 기회가 있었는데 저녁을 먹으면서 이들로부터 사다트 대통령이 암살된 이유에 관해 들을 수 있었다. 아버지가 터키인이고 어머니가 이집트인이라는 한 학생은 자신도 이슬람 원리주의자로서 사다트 암살을 지지한다고 하면서 성서를 펴보였다.

이슬람 교도가 성서도 믿느냐는 질문에 물론이라고 대답한 그 학생은 「이사야」서 19장을 폈다.

> 그 날이 오면, 에집트 사람들은 만군의 야훼께서 자기들을 치시려고 팔을 휘두르시는 것을 보고 여인처럼 두려워하며 떨리라. 에집트 사람은 유다 땅이란 말만 들어도 두렵고, 만군의 야훼께서 에집트를 치실 계획을 세우신 것을 생각만 하여도 떨리리라. (「이사야」 19장 16～17절)

그 학생의 설명에 의하면 사다트 대통령은 이집트의 현대판 독재자 파라오로, 암살사건은 포악한 왕을 죽인 것뿐이라고 했다. 또 지금의 이집트는 이스라엘에 겁을 먹고 떨고 있는 부녀자와 같은 형태가 아니냐고 되물었다. 이집트를 포함해 거의 모든 중동국가의 대통령제는 강력한 권력 집중으로 인해 이슬람 원리주의자들에게는 파라오의 재현으로 간주되기도 하였다.

세계 모든 나라가 정치 경제적인 근대화 과정을 거쳐 현대국가로 면모를 일신했지만 중동만은 예외인 것 같다. 겉으로 보이는 화려한 도시의 외관이야 사우디아라비아나 쿠웨이트, 아랍에미리트 같은 석유부국은 미국이나 유럽에 못지않다. 그러나 정치제도나 사회제도 면에서 살펴보면 중동 아랍국가는 여전히 근대 이전의 7세기 이슬람이 탄생할 당시의 모습을 그대로 간직하고 있다.

그 단적인 예가 국가 권력의 일인 집중이라 할 것이다. 사우디에서는 왕이라는 단어가 주는 비이슬람성 때문에 국왕이라는 말 대신에 메카와 메디나 두 성지의 수호자라는 명칭을 사용하고 있고, 카타르와 바레인 그리고 아랍에미리트에서는 에미르, 오만에서는 술탄이라고 부르고 있다. 하지만 명칭은 달라도 일인 절대권력체제라는 면에서는 다른 게 없다.

이슬람은 인간의 평등을 강조한다. 대통령과 장관들이 금요 예배 시간에는 사원에서 일반 시민들과 같은 자리에 앉아 있어서 얼핏 보면 매우 평등한 사회로 보이기도 한다. 그러나 금요예배를 마치고 실제 정치에서 보면 공화정 국가들도 일인 장기 독재로 절대권력을 독점하는 등 정치체제가 사실상 왕정국가와 다름없어 보인다.

1954년 아랍 최초로 쿠테타를 일으켜 당시 국왕이었던 파루크를 유럽으로 망명시키고 공화국을 수립한 이집트나 그 뒤를 이어 쿠테타를 일으킨 리비아의 카다피, 시리아의 아사드, 그리고 이라크의 후세인 등 여타 공화정 국가들도 혁명 후 50여 년이 지난 지금까지 실질적인 민주국가로의 변모에는 성공하지 못한 것이다.

이집트의 경우 나세르가 1954년부터 집권해 1960년 아랍 정상회의 도중 심장마비로 급서하기까지 절대적인 권력을 보유했었다. 그리고 후계자인 사다트 대통령도 1981년 10월 이집트 10월 혁명 기념식장에서 이슬람 테러리스트 과격 군인들에게 의해 피살당하기까지 21년 간 장기 집권했고, 이후 무바라크 대통령 역시 20년 이상 장기집권하여 현재까지도 통치하고 있다.

리비아에서도 카다피 소령이 1969년 쿠테타에 성공한 뒤 현재까지, 시리아의 아사드 대통령도 1970년 집권 이후 2000년 병사할 때까지 31년 간을 집권하는 등 중동의 공화국의 정체는 사실상 왕정국가와 유사하다.

이라크의 후세인 대통령의 경우도 그렇고, 아라파트 팔레스타인 의장도 1969년 팔레스타인 지도자의 길에 들어선 이래 현재까지 수장 자리를 지키고 있어 적대국인 이스라엘의 지도자 선출과정과 비교되고 있다.

더욱이 시리아의 경우는 세습제의 길을 걸어 아사드가 죽은 후 차남인 30대 미혼의 바샤르 아사드가 헌법상 대통령 취임 연령인 40세가 안 돼 대통령 출마를 못하고 있지만 실질적으로 대통령에 버금가는 권력을 위양받아 중동에서 권력세습의 길을 열어놓은 상태다.

엑소더스의 불기둥, 구름기둥

중동의 강국인 이집트는 국교가 이슬람이고 7000만 국민의 약 85% 가량이 이슬람교도지만 기독교도에게도 중요한 나라다. 이집트 국민의 약 15% 가량이 콥틱이라는 초기 기독교를 믿고 있다.

콥틱은 예수님과 요셉, 마리아 성가족이 이집트에 머물 당시의 행적을 따르는 초기 기독교를 말한다. 바바 시누다로 불리는 자신들의 교황이 있고 예배 형식도 개신교적이라기보다는 가톨릭적이다. 이집트 정부의 고위관리들 중에는 기독교도들도 적지 않아서 정부도 이들을 외교에 적절히 활용하는 지혜를 보이고 있다.

중동에서 개인의 종교는 이름만 봐도 알 수 있다. 모하메드, 알리, 아흐메드 등이 들어가면 이슬람 교도가 틀림없고, 부트로스나 야고보 등이 들어가면 기독교도다. 부트로스는 바위라는 의미로 라틴어로 베드로와 같은 뜻이다.

이집트의 외무장관이었고 유엔 사무총장을 역임했던 부트로스 갈리는 이집트의 유명한 부트로스 가문 출신으로 기독교도다. 부트로스 갈리는 또 부인이 유대계로 독특한 배경을 가지고 있다.

기독교도든 이슬람 교도든 모두 각각 코란이나 성경에 등장하는 인물이나 역사상 유명했던 영웅의 이름을 따서 자녀들의 이름을 짓는다. 예수라는 이름도 있어서 처음 인사를 나누는 한국인들은 어색한 기분이 들기도 한다.

이집트에는 기독교도에게 중요한 장소가 많이 있는데 우선 카이로 근방은 출애굽까지 약 400여 년 간 이스라엘 민족이 거주했던 곳으로 예수님과 마리아, 요셉 성가족이 헤롯왕(헤로데스)의 살해 위험을 피해 3년여 동안 살았던 곳이기도 하다.

성가족이 머물렀던 곳은 카이로 남부 약 20킬로미터에 위치한 나일 강변 마디 근처인데 그곳에는 아브 사르가 교회가 세워져 있으며, 인접한 콥틱 박물관과 함께 관광객들의 방문이 이어지고 있다. 이 지역 일대는 콥틱 교도들만이 살고 있고 콥틱 교도의 공동묘지가 있는 등 콥틱 기독교 전통을 아직도 유지하고 있다.

콥틱 교도들은 자식을 낳으면 곧장 손등에 십자가 문신을 해준다. 그만큼 배교하기 어렵고, 종교는 자손을 통해 계속 전해 내려온다.

또한 이집트에는 모세가 십계명을 받은 시나이 산, 일명 모세산 또는 호렙산이라고도 하는 성산이 있다. 카이로에서 동쪽으로 약 100 킬로미터를 가면 홍해가 나오고 수에즈 운하를 건너 남동으로 약 250 킬로미터를 달리면 시나이 산이 나타난다. 아침 9시경 카이로 시내를 출발하는 버스를 타면 저녁 무렵 시나이 산 부근의 희랍식 정교회 수도원인 성캐더린 수도원에 도착하게 된다.

이집트는 국토면적이 약 100만 평방킬로미터인데 이중 90% 이상이 아프리카 대륙에 속해 있고 나머지가 시나이 반도로 아시아에 속한다. 역삼각형 모양의 시나이 반도는 이집트와 이스라엘 중간에 위치해 있다.

수에즈 운하는 폭 80미터, 길이 162킬로미터로 이집트를 아프리카와 아시아로 갈라놓고 있다. 1869년 프랑스인 레셉스에 의해 개통, 1956년 혁명 이후 이집트 정부에 의해 국유화된 수에즈 운하는 세계 최장의 운하로 1914년 완공된 65킬로미터의 파나마 운하를 2.5배나 능가한다.

시나이 산은 이 수에즈 운하를 지하도로를 통해 넘어가 남동쪽으로 약 250킬로미터 가량 달리면 만나게 된다. 수에즈 운하를 지나 해변도로를 20킬로미터 정도 달리면 야자나무 10여 그루가 높이 솟아 있는 작은 오아시스가 나오는데, 이곳은 마라의 샘물이라고 전해진다. 이스라엘 민족이 출애굽 당시 샘물을 발견했으나 물이 써서 실망하고 모세를 원망하자 모세가 나무를 던져넣어 쓴 물을 달게 만들었다는 곳이다.

처음으로 시나이 반도를 달리는 사람들은 곳곳에서 하늘 높이 솟아오르는 불꽃과 검은 연기를 보고 놀랄 것이다. 이것은 다름아닌 이집트가 생산하고 있는 원유 유정에서 부수적으로 발생하는 불필요한 석유가스를 태우는 광경이다.

「출애굽기」를 살펴보자.

> 야훼께서는 그들이 주야로 행군할 수 있도록 낮에는 구름기둥으로 앞서 가시며 길을 인도하시고 밤에는 불기둥으로 앞길을 비추어 주셨다. 이렇게 낮에는 구름기둥, 밤에는 불기둥이 백성 앞에서 떠나지 않았다. (「출애굽기」 13장 21~22절)

유전 현장에서 가스를 태우는 장면이 연상된다.

또한 성서에는 출애굽한 이스라엘 백성을 추격하던 이집트 군병으로부터 보호하는 구름기둥도 기록되어 있다.

출애굽기 14장 19~20절에는 "이스라엘을 앞서 인도하던 하느님의 천사가 뒤로 돌아가 호위하자 그들 앞에 서 있던 구름기둥도 뒤로 돌아가 에집트의 진과 이스라엘의 진 사이에 섰다. 그러자 구름 때문에 캄캄해져서 서로 가까이 가지도 못하고 밤을 새웠다."

시나이 산을 향해 달리는 도중에 계속 나타나는 원유 채굴 지역의 모습을 본 사람은 누구라도 출애굽 당시 이스라엘 민족을 이끌었던 불기둥과 기름기둥을 연상하지 않을 수 없을 것이다.

망망한 사막에 하늘 높이 타오르는 불기둥과 더불어 시커먼 연기가 공중으로 치솟아 오르는 모습은 낮에는 물론 밤에도 인간에게 최대의 공포심을 준다. 이 불기둥과 구름기둥은 이스라엘 민족으로 하여금 사막 생활의 역경에도 불구하고 더욱 강해지는 믿음을 주었을 게 틀림없다. 그 믿음의 본질이 신에 대한 공포심인지도 모를 정도로.

아라비아 로렌스가 본 중동

모든 사람이 다 꿈을 꾼다. 그러나 똑같지는 않게. 밤에 헛된 꿈을 꾸는 사람들은 아침에 일어나면 그것이 헛됨을 알게 되지만 낮에 꿈꾸는 사람들은 위험한 사람들이다. 그들은 눈 뜬 채로 꿈을 실현시키기 위해 행동할지 모르기 때문이다. 내가 그랬다.

— T.E.로렌스, 『지혜의 일곱기둥』에서

영화 아라비아 로렌스로 유명한 토마스 에드워드 로렌스는 1차대전 당시 영국군 장교로 아라비아 반도에서 터키의 배후를 치는 제2전선을 만들어 활약했다. 로렌스의 자서전을 읽어보면 아라비아에 대한 그의 사랑을 알 수 있다.

로렌스가 인상적인 인물로 남는 것은 그가 단순히 전투만을 수행한 인물이 아니라 사색하는 인물이었고 고대 유적을 연구했고 시를 사랑했던 독특한 인물이었기 때문이다.

로렌스는 무엇 때문에 그렇게도 아라비아에 매료되었을까.

물론 당시 그의 신분이 대영제국의 육군 장교였기 때문에 자신에게 부여된 작전명령을 수행한 것에 불과할 수도 있다. 그러나 그가 쓴 기록을 읽어보면 로렌스에게는 직업의식 또는 조국 영국에 대한 애국심 이상의 그 무엇이 있어 그로 하여금 생명을 걸고 아랍 해방전쟁을 수행하게끔 했다는 생각이 든다.

누군가 그에게 왜 사막을 좋아하냐고 물었다. 그러자 그가 대답했다. 깨끗하니까, 라고. 이상주의자였지만 로맨티스트로서의 일면을 느끼게 하는 대목이다.

로렌스는 1888년 영국의 웨일스에서 태어났다. 옥스퍼드 고등학교와 옥스퍼드의 예수 막달라 대학에서 공부한 뒤, 1910년에서 1914년까지 대영박물관의 근동 지방 발굴 조사단의 일원으로 사우디아라비아와 요르단, 팔레스타인과 시리아 일대를 여행했다.

그는 1차대전이 발발하자 1917년 윙게이트 장군 휘하의 히자즈 지방(사우디아라비아 서부 해안 쪽) 영국군 원정군 참모로 참전, 1918년에는 알렌비 장군 휘하로 전속했다. 영화를 통해 알려졌듯이 중동에서의 그의 활약은 대단했다. 터키의 속령이었던 중동의 아랍 부족들을 규합해 터키의 배후를 공격함으로써 1차대전을 영국의 승리로 이끄는 데 기여한 것이다. 그 중에서도 지금의 요르단 남부 항구도시인 아카바 공략과 시리아의 수도 다마스쿠스 입성은 로렌스 무용담의 절정이다.

그에 관한 기록 중에는 로렌스를 마지막 십자군으로 묘사하면서 그가 다마스쿠스에 입성한 뒤 십자군의 적국이었던 사라센 제국의 왕 살라딘의 무덤 앞에서 깊은 사색에 잠겨 있는 모습을 외경스럽게 쓴 것도 있다.

로렌스는 사막을 사랑한 로맨티스트였고 아랍민족주의를 믿었던 이상주위자였으면 다른 의미에서 휴머니스트였다. 그는 전사이기 이전에 학자였고 문필가였으며 시인이었다. 그는 모두 다섯 권의 책을 썼는데, 1차대전이 끝나고 당시의 전투를 회상한 『지혜의 일곱기둥 Seven Pillars of Wisdom』과 십자군 시대의 성곽 및 유적을 탐방한 『십자군의 성들』『사막의 반란』 등은 유명하다.

로렌스는 서른여덟 살 되던 해인 1926년에 쓴 『지혜의 일곱기둥』 서문에서 아라비아를 향한 애정을 이렇게 적고 있다.

> S.A.에게
>
> 나 그대를 사랑하여 이렇게 많은 사람들을 이끌고 여기와
>
> 별 반짝이는 밤하늘에 내 마음을 걸었네
>
> 우리가 이곳에 와
>
> 지혜의 일곱기둥 안에서 반짝이는 그대의 눈

그대를 자유롭게 하기 위해

우리 가까워질 때까지 그대 기다림을 보았고

죽음은 길 위에서 나의 동반자였네

그대 미소지을 때 슬픈 질투 속에

죽음은 나를 지나쳐 그대를 떼어가네

그 적막함 속으로

그는 이 시를 SA에게 바친다고 적고 있는데, 시의 의미와 또 그가 생애를 바친 아랍 해방전선을 생각하면 SA는 터키가 물러나고 탄생한 Saudi Arabia로 추측된다.

로렌스는 스스로를 영국의 낭만주의 시대의 대시인이었던 블레이크의 제자라고 했던 시인이었다. 모든 시인이 이상주의자이듯 로렌스도 영국 정부가 아랍을 독립시켜 주겠다던 약속을 지키지 않자 대단히 실망한다.

로렌스는 1차대전 종전 후 이름을 Thomas Edward Shaw로 바꾸고 영국 공군에서 근무하다가 1935년 오토바이 과속 사고로 사망했다. 그의 정신세계와 전쟁기록을 떠올리면 단순한 교통사고가 아니라 고의적인 자살이 아닌가 하는 생각도 든다.

여하간 파란만장한 삶을 살다가 47세로 사망한 그의 유해는 그가 자라고 공부하던 고향 도르셋의 웨어햄 교회에 묻혀 있다. 그의 관 위에는 아랍옷을 입은 로렌스의 석상이 덮고 있는데 거기에는 마지막 십자군이라고 쓰여져 있다.

영국 정부는 중동을 석유자원 보유지역으로만 취급했지만 로렌스가 중동에서 본 것은 결코 석유만이 아닐 것이다.

아랍인의 조상은 누구인가

어느 나라가 아랍국이며 누가 아랍인인가 하는 질문에 대해 아랍연맹에서는 이렇게 정의를 내렸다.

"알라를 믿고, 아랍어를 말하며, 아랍의 문화를 사랑하는 자가 곧 아랍인이다."

이것은 유대인의 정의와도 유사한 점이 있다. 현대 유대인을 혈연으로만 규정할 수는 없다.

그런데 과연 아랍인의 조상은 누구일까. 이에 관해서는 최고의 기록이라 할 수 있는 성서를 살펴보지 않으면 안 된다.

본래 중동 지방은 잡다한 신들을 섬기는 다신교의 고장이었다. 그 중에서 가장 유명한 신은 바알이었다. 그러나 여호와 하느님이 이러한 다신교를 없애고 자신만을 유일신으로 섬기도록 하기 위해 하나의 인물을 택한다.

그가 바로 후일 아브라함으로 이름을 바꾸게 되는 아브람이다.

아브람은 지금의 이라크의 남부지역 우르에서 살다가 75세에 본토 친척 아비집을 떠나, '내가 네게 지시할 땅으로 가라. 내가 너로 큰 민족을 이루고 네게 복을 주어 네 이름을 창대케 하리니 너는 복의 근원이 될 것이다' 라는 신의 계시를 받고 길을 떠난다.

아브람은 여호와의 말씀을 좇아 아내 사래와 조카 롯 그리고 모든 재산과 종들을 이끌고 하란을 떠나 우선 가나안 땅, 즉 지금의 이스라엘로 들어간다. 그리고 다시 가뭄 때문에 이집트로 내려갔다가 다시 가나안으로 올라오게 된다. 이집트의 파라오가 자신을 죽이고 부인을 차지할지 모른다는 두려움으로 부인 사래를 자기 동생으로 속였던 유명한 일화도 이때의 일이다.

아브람은 이집트에서 올라오자 조카 롯에게 선택권을 주어 비옥한 요단에서 소알까지 소돔과 고모라를 포함하는 일대를 갖게 하고 자신은 가나안 땅, 지금의 이스라엘에 머물게 된다.

이후 소돔의 성적 방종과 죄악으로 인해 신이 소돔을 멸망시키는 와중에 아내와 두 딸을 데리고 도망 나오다 벌어지는 이야기는 성경에 나오는 유명한 이야기 중에 하나다.

아브람은 부인 사래와의 사이에 자식이 없었으나 100세에 이사악을 낳게 된다. 이전에 아브람은 86세가 될 때까지 아들이 없자 부인 사래의 여종인 이집트 여인 하갈에게서 첫째 아들 이스마엘을 낳는다. 이스마엘은 종의 아들이기 때문에 아브라함의 가계에서 적자로 인정받지는 못했지만 아브람의 유일한 아들이었다. 지금의 아랍 민족의 조상이 되는 인물이다. 그러나 사래에게서 이사악이 출생하자 이스마엘의 위치는 급전직하한다. 정처 사래의 질투가 불같이 타오른 것이다.

잠시 성서를 보자.

아브람이 사래에게 말하였다. "당신의 몸종인데 당신 마음대로 할 수

있지 않소? 당신 좋을 대로 하시오." 사래가 하갈을 박대하자 하갈은
주인 곁을 피하여 도망치는데, 야훼의 천사가 빈들에 있는 샘터에서
하갈을 만났다. 그 샘터는 수르로 가는 길가에 있었다. 그 천사가 "사
래의 종 하갈아! 어디에서 와서 어디로 가는 길이냐?' 하고 물었다.
"나의 주인 사래를 피하여 도망치는 길입니다." 하갈이 이렇게 대답
하자, 야훼의 천사는 주인 곁으로 돌아가 고생을 참고 견디라면서 이
렇게 일러 주는 것이었다. "내가 네 자손을 아무도 셀 수 없을 만큼
많이 불어나게 하리라." 야훼의 천사는 다시 "너는 아들을 배었으니
낳거든 이름을 이스마엘이라 하여라. 네 울부짖음을 야훼께서 들어
주셨다. (「창세기」 16장 6~11절)

이스마엘은 셈계 언어로 들으신다는 뜻이다.
　　아브라함은 99세가 될 때 여호와로부터 아들 이사악을 주실 것이
라는 약속의 말씀을 듣는다.

"나는 너와 나 사이에 계약을 세워 네 후손을 많이 불어나게 하리라."
아브람이 얼굴을 땅에 대고 엎드리자 하느님께서 그에게 다시 말씀
하셨다. "내가 너와 계약을 맺는다. 너는 많은 민족의 조상이 되리라.
내가 너를 많은 민족의 조상으로 삼으리니, 네 이름은 이제 아브람이
아니라 아브라함이라 불리리라. 나는 너에게서 많은 자손이 태어나
큰 민족을 이루게 하고 왕손도 너에게서 나오게 하리라. 나는 너와
네 후손의 하느님이 되어 주기로, 너와 대대로 네 뒤를 이을 후손들
과 나 사이에 나의 계약을 세워 이를 영원한 계약으로 삼으리라. 네

가 몸붙여 살고 있는 가나안 온 땅을 너와 네 후손에게 준다. 나는 그들의 하느님이 되어 주리라."(「창세기」 17장 2~8절)

유대교와 기독교, 이슬람을 막론한 유일신 신앙의 시조로서의 약속인 것이다. 이윽고 아브라함은 유대인의 조상이 되는 적자 이사악의 출생을 보게 된다. 그리고 열네 살 터울의 형제인 이스마엘과 이사악 그리고 정처인 사래와 후처 하갈과의 갈등은 결국 하갈과 이스마엘이 아브라함의 가문에서 추방되는 것으로 이어진다.

아브라함은 아침 일찍 일어나 양식 얼마와 물 한 부대를 하갈에게 메어 주며 아이를 데리고 나가게 하였다. 하갈은 길을 떠나 얼마쯤 가다가 브엘세바 빈들을 헤매게 되었다. 부대의 물이 떨어지자 하갈은 덤불 한 구석에 아들을 내려놓고 "자식이 죽는 것을 어찌 눈 뜨고 보랴"고 탄식하며 화살이 날아가는 거리만큼 떨어져서 주저앉아 이스마엘을 바라보았다. 하갈은 이스마엘이 소리내어 우는데도 주저앉아 그저 바라만 보았다. 하느님께서 그 아이의 울음소리를 들으시고 당신의 천사를 시켜 하늘에서 하갈을 불러 이르셨다. "하갈아 어찌된 일이냐? 걱정하지 말아라. 하느님께서 저기서 네 아들의 울부짖는 소리를 들으셨다. 어서 가서 아이를 안아 일으켜 주어라. 내가 그를 큰 민족이 되게 하리라." 하느님께서 하갈의 눈을 열어주시니, 그의 눈에 샘이 보였다. 하갈은 큰 부대에 물을 채워다가 아이에게 먹였다. 하느님께서 그와 함께 해주셨다. 그는 자라서 사막에서 살며 활을 쏘는 사냥꾼이 되었다. 그는 바란 사막에서 살았는데, 그의 어머

니는 며느리감을 에집트 땅에서 골라 맞아들였다.(「창세기」 21장 14
~21절)

결국 하느님은 하갈에 대한 약속대로 이스마엘의 후손, 즉 아랍
민족도 크게 창성케 하신다. 하갈이 자신의 눈앞에서 죽어가는 아들
이스마엘을 보고 통곡하다가 신이 알려준 우물을 찾아 아들을 살려냈
다는 곳은 이슬람의 성지 메카에 있는 잠잠 우물 주변이라고 전해지
고 있다. 지금도 이슬람의 상징처럼 알려진 검은 휘장에 가려진 직사
각형 모습의 메카 카아바 신전은 아브라함이 하느님께 처음으로 예배
하던 장소로 전해 내려온다.
사우디아라비아의 서쪽 해안 홍해변에 있는 제다에서 약 40킬로
미터 떨어진 곳에 있는 메카는 이런 이유로 이슬람 제1 성지로서 제2
성지인 메디나와 제3성지인 이스라엘 예루살렘의 악사 사원과 더불어
이슬람 3대 성지의 주인공 역할을 하고 있다.
결국 아랍인은 유대인 아버지 아브라함과 이집트인 어머니 하갈
사이에 태어난 이스마엘을 조상으로 지금의 아라비아 반도에서 살아
온 인종을 말하는 것이다.

이스마엘은 백삼십칠 년을 살고 세상을 떠났다. 이스마엘 사람들은
하윌라에서 수르에 이르는 지방에 퍼져 살았다. 수르는 에집트 동쪽
아시리아로 가는 도중에 있다. 이렇게 그들은 모든 골육의 형제들과
맞서 자리를 잡았다.

「창세기」 25장 17~18절의 기록인데, 이는 지금의 아라비아 반도가 된다.

사라센 제국의 영광

살라딘(Salah El-Din)은 12세기 십자군의 아랍 침공 당시 활약한 쿠르드족 출신의 아랍 이슬람 역사의 최대 영웅이다. 그는 당시 십자군 원정군에 맞서 싸워 빼앗긴 예루살렘을 탈환하는 등 존망의 위기에 빠진 이슬람 제국을 구했다.

아랍의 역사가들은 살라딘이 당시 십자군 원정군의 맹장이었던 영국의 사자왕 리처드로부터 존경받을 만큼 전략과 인격을 겸비한 영웅이었다고 기록하고 있다. 여하간 그의 이름을 딴 살라딘 제국 즉 사라센 제국은 7세기부터 13세기 중반까지 인도 서부에서 스페인까지 정복했던 이슬람 제왕국을 통칭해 유럽인들에 알려진다.

사라센 제국이 당시 유럽에 강력한 이슬람 제국으로 부각된 데는 살라딘 자신의 영웅적 카리스마도 크게 작용했던 것으로 보인다.

아랍인들의 심리를 설명할 때 흔히 사용하는 것이 앰비밸런스(Ambivalence)로 심리학에서 말하는 우월감과 열등감이 혼재하는 이중심리다. 이것은 아랍인들이 자신들의 화려한 역사에서는 우월감을 느끼다가 현재 세계에서의 아랍국의 낮은 위상과 부정적 이미지 때문에 느끼게 되는 열등감이 충돌하는 것을 말한다.

기원전 1400년 전 아랍의 조상 이스마엘이 아라비아 반도에 정착한 후 줄곧 사막의 은둔자처럼 감춰져 있던 아랍 민족은 7세기 이슬람의 탄생과 함께 약 1000년 간에 걸쳐 이슬람 문명을 꽃피운다. 이 같은 아랍 이슬람 융성기는 13세기 몽골의 침입과 연이어 중앙 아시아로부터 대규모로 민족이동을 해온 오스만 투르크라는 강력한 집단에 의해 종말을 고한다.

그러나 신이 직접 아랍의 시조인 아브라함의 서자 이스마엘에게 해준 "내가 그를 큰 민족이 되게 하리라"는 약속이 그대로 이루어진 셈이다.

아랍의 긍지를 되살리자는 아랍 민족주의는 1954년 나세르 주도하의 이집트 자유장교단 혁명이 성공하면서 혁명을 정당화해 주는 이론으로 등장한다. 아랍의 왕정은 외세인 유럽 열강을 등에 업고 국민을 착취하는 권력이었으며, 아랍 경제는 매판자본에 허덕여 왔으나 이제 드디어 국권이 아랍 민족 자신에게 돌아옴으로써 발전이 시작되었다는 이론이다.

사실 이러한 해석은 어떤 의미에서는 틀리지 않다. 이집트의 경우 1400년대부터 약 400년 간 마멜룩으로 불리는 오스만 투르크의 무인 정권이 지배했고, 그 이후 1800년대 중반 당시 오스만 투르크의 용병으로 이집트에 발을 디딘 후 드디어 이집트 총독의 자리까지 올랐던 무하마드 알리는 알바니아계였다.

무하마드 알리는 이후 터키로부터 이집트를 독립시켜 화루크 왕조를 세웠으나 총독을 비롯한 전 지배계층은 터키인 또는 터키인과의 사이에서 태어난 혼혈인이었다. 이들의 복장은 터키식이었고 언어도 터키어였기 때문에 피지배계층인 이집트인들이 사용하던 아랍어와는 의사소통도 어려운 실정이었던 것이다.

이집트의 경우를 좀더 살펴보면 7세기 메카의 이슬람군이 시리아와 이집트를 정복할 당시에도 시리아와 이집트의 지배왕조는 비잔틴 제국의 일개 분봉국으로 총독을 비롯한 지배 귀족들은 라틴어를 사용했다.

비잔틴 제국의 폭정에 고통받던 시리아인과 이집트인들은 자신들과 비슷한 외모에 민족적 연대감을 가진 아랍 원정군이 도착하자 자진해서 이들을 지원하고 환영했다. 비록 당시 이집트의 경우 콥틱이라는 고대 언어를 사용했지만 라틴어보다는 아랍어와 유사성이 많았다.

혁명 전의 이집트 역사는 다른 아랍국가에서도 유사한 모습을 보여준다.

비잔틴 제국을 멸망시키고 시리아, 요르단을 지배하던 오스만 투르크는 1차대전 종전 후 1917년, 드디어 이슬람 우마야드 왕조의 영광이 빛나는 다마스쿠스를 아랍인들의 손에 되돌려주기까지 아랍 일대를 지배했다. 사우디, 이라크, 리비아의 역사도 비슷하다.

로마제국에게 기원전 3세기부터 600여 년 동안 지배를 받아오다 잠시 이슬람 제국을 향유한 뒤 다시 15세기부터 약 450년 간을 오스만 투르크의 지배하에 있던 아랍인들은 20세기 중엽에서야 스스로의 국가를 갖게 되었다.

아랍 민족주의는 이슬람을 정신적 지주로 하는 정치 이데올로기다. 이집트 헌법은 1조에 이집트의 국교는 이슬람이라고 명시하고 있

고, 정치적으로는 민주주의를, 경제적으로는 사회주의를 표방한다고
선언하고 있다.

아라비아 반도가 문제다

면적 300만 평방킬로미터의 사우디아라비아 반도의 지도를 자세히
살펴보면 중립지대라고 표기된 장소가 몇 군데 보인다. 다른 지역에
서는 볼 수 없는 특이한 형태의 무국적 지대이다. 사우디아라비아와
쿠웨이트 중간에 중립지대가 있고 또 오만, 아랍에미리트 등지에도
국경선 표시가 분명히 되어 있지 않은 곳이 있다.

아랍에미리트와 이란이 중간섬에 대한 영유권을 서로 주장하고
있다. 아부무사, 대 툰브, 소 툰브 등 3개의 섬을 1971년 11월 이란측
이 불법 점령했다고 아랍에미리트는 강력히 반발하고 있다.

사우디 반도가 문제인 이유는 국경선 때문이다. 1453년 오스만 투
르크는 비잔틴 제국의 수도였던 콘스탄티노플(지금의 이스탄불)을 점
령한 뒤 소아시아는 물론 인접한 아라비아 반도와 이집트까지 포함하
는 대제국을 건설한다.

오스만 투르크 제국의 광대한 영토 안에 포함되어 있는 아랍 각국
들은 당연히 지금과 같은 국경선으로 나뉘어져 있지 않았다. 이러한
상태로 계속 있다가 독일 편에 섰던 터키가 1차대전 종전 후 패전국이
됨으로써 아라비아 반도는 영국과 프랑스 세력에 편입된다.

석유 매장지로서 중동의 중요성을 간파한 영국과 프랑스는 사이크스피코 협약이라는 비밀조약을 맺어 아라비아 반도의 북부 지역인 지금의 이라크, 시리아 등지를 분할 통치한다. 아랍 민족이 스스로 결정하지 않은 국경선이 그대로 자신들을 갈라놓는 분할선이 되어버린 것이다. 아랍 민족이 일치 단결해 단일국가를 세울 경우 예상되는 국제적 파워를 의식한 서방열강이 아랍 민족을 분리 통치하자는 분할안을 낳은 것이다.

한편 사우디 반도에서는 1900년대 초 사우디아라비아 반도의 동부 지역에 근거를 둔 사우드 가문이 숙적 루시드 가문과의 권력투쟁에서 패배해 아라비아 반도의 주요 도시인 리야드로부터 쿠웨이트로 피난해 쿠웨이트 왕가의 보호를 받는다. 이것이 지금까지도 사우디아라비아 왕가와 쿠웨이트 왕가가 거의 형제와 같은 관계를 유지하는 배경이 된다.

사우드 가문의 수장 이븐 사우드는 쿠웨이트에서 절치부심의 세월을 보내다 드디어 1913년 리야드를 무력으로 탈환하게 되는데 이후 아라비아 반도는 동쪽의 이븐 사우드 왕가와 서쪽의 메카를 중심으로 한 하심 가문이 새로운 대립구도를 펼친다.

하심 가문의 수장 압둘라는 이슬람의 시조 모하메드의 후손으로 이러한 명분을 바탕으로 이슬람의 탄생지 메카를 본거지로 자신의 세력을 강화해 나간다. 압둘라는 오스만 투르크가 물러가자 곧바로 자신을 아랍의 왕으로 선언하고 전 아랍 민족의 규합을 도모했다. 하지만 각지에 할거하기 시작한 아랍의 실력자들은 그를 인정하지 않았다. 영국을 비롯한 유럽 열강이 압둘라에 의한 아랍 통일을 원하지 않았던 것은 물론이다.

1924년 영국의 지원에 힘입은 이븐 사우드가 메카를 점령하고 압둘라 왕을 요르단의 암만으로 쫓아내자 아라비아 반도는 거의 사우드 왕가의 영토가 되어버린다. 이러한 역사적 배경 때문에 사우디아라비아는 이슬람 극단주의자들로부터 외세를 등에 업고 이슬람과 선지자 모하메드의 후손을 축출한 배역자라고 비난받게 된다. 요르단의 하심 왕가와 사우디의 사우드 왕가는 이러한 이유로 지금까지도 관계가 소원할 수밖에 없다.

당시 영국은 이슬람의 시조 모하메드의 후손이라는 대의명분을 갖춘 압둘라가 아랍 민족을 통일할 경우 전 아랍 민족이 단결할 것을 두려워하여 반대편인 이븐 사우드를 지원하는 정책을 폈다.

1998년 7월 20일 사우디 남부의 홍해상에 있는 알 수와이마 섬을 지키고 있던 예멘군은 사우디군의 갑작스런 침입에 맞서 싸우다 경비병 3명이 사망하고 다수의 부상자가 발생한 채 패주하였다.

사건 직후 알리 압둘 살레 예멘 대통령은 기자회견을 통해 사우디 해군 소속 9개 부대가 예멘 영토를 강탈했다고 말했다. 예멘과 사우디 사이에는 국경선이 1500킬로미터에 달하는데, 주요 유전이 이 국경선 부근에 매장되어 있어 두 나라 사이의 분쟁의 씨앗이 된다. 게다가 양국 간의 불화의 골은 역사적으로 깊다.

예멘은 아라비아 반도 남부에 오래 전부터 독립 왕국으로 존재해 왔다. 예멘 지역은 고도 1000미터가 넘는 고산 지역으로 아라비아 반도에서 가장 기후가 좋고 비도 적당해 농작물 경작도 가능하며, 향신료 수출지로 유명해 예전부터 아라비아의 천국(arabia felix)이라는 별

칭으로도 불렸다.

기원전 1000년경에는 이스라엘 솔로몬 왕과의 로맨스로 유명한 시바 여왕이 홍해 건너편 에티오피아와 예멘을 함께 통치하면서 번영을 구가했다. 당시 건설된 마리브 댐은 당대 세계 최대 규모의 대형 저수지였고, 아직까지도 방대한 규모의 유적지로 관광객들의 탄성을 자아내고 있다.

사우디와 예멘은 국경선 문제로 종종 군사 충돌까지 야기하면서 분쟁을 계속해 왔다. 당초 사우디의 남부인 아브하 지역은 예멘의 지방 호족 가문이 통치했다. 그러나 사우디가 석유생산으로 부유해지자 예멘 중앙 정부를 배신하고 자신의 통치지역 전부를 갖고 사우디 정부에 투항해 버렸다. 따라서 지금도 예멘에서는 아브하 가문을 역적으로 취급하고 이를 은연중에 부추긴 사우디 정부에 대한 불만이 상당하다.

현재 사우디는 남부 국경 부근의 거대한 산 하나를 요새화해 미사일과 전폭기 기지를 배치해 예멘에 대한 경계심을 늦추지 않고 있다. 또한 사우디는 카타르와도 국경선 획정을 둘러싸고 이견을 보여왔는데 1999년 양국은 장관급 회담을 개최해 국경선 문제에 일단락을 지었다. 뿐만 아니라 사우디는 아라비아 반도 유일의 도서국가인 바레인, 카타르와도 중간지역의 섬을 두고 영유권 분쟁을 계속하고 있다.

시리아와 터키의 불화

프랑스는 1943년 시리아의 일부였던 옛 십자군 원정 당시의 교두보였던 지중해 연안지역을 레바논이라고 명명하여 독립시켰다. 지금도 시리아는 소위 대시리아로 일컬어졌던 지역인 레바논과 요르단에 대한 미련을 버리지 못하고 있다.

압둘라 왕은 아라비아 반도 동쪽 리야드 방면에서 압박해 오는 사우디 왕가의 공세를 피해 메카를 탈출, 요르단의 수도 암만에 둥지를 틀고 요르단 왕국을 세웠다. 요르단 역시 시리아 입장에서는 외지에서 온 압둘라 왕에게 자신의 영토 일부를 빼앗긴 셈인 것이다.

따라서 요르단은 이래저래 자신을 몰아낸 사우디와 이전에 암만을 지배했던 시리아 사이에 끼어 곤란한 처지에 있다. 이러한 요르단의 입장은 요르단으로 하여금 이스라엘과 외교 관계를 수립하여 평화를 모색할 수밖에 없게 만드는 요인이 되었다. 같은 아랍 형제국이지만 자신을 노리는 국가를 견제하기 위해서 이스라엘과 미국을 등에 업을 수밖에 없었던 것이다. 요르단의 후세인 전 국왕, 그리고 그의 아들인 지금의 압둘라 왕 역시 외교적 수완이 비상한 데는 이러한 연유가 있다.

이밖에 시리아와 터키의 분쟁 역시 뿌리가 깊다. 시리아는 이슬람 전성기인 661~750년까지 우마야드 왕조의 수도로 유서깊은 곳이었다. 또한 아랍 이슬람 제국의 영웅 사라센의 무덤이 수도 다마스쿠스에 있는, 자존심 강한 나라다.

시리아 북부에 있는 이스킨다룬 지역은 현재 터키 영토로 되어 있지만 주민 대부분은 터키인이 아니라 시리아인이다. 시리아는 이것을 두고 터키측이 시리아 영토를 강점하고 있는 것이라고 설명하고 있다. 실제로 시리아에서 발간된 지도를 보면 이 지역은 터키 지역이 아니라 시리아 영토로 표시되어 있다. 1차대전이 끝난 뒤 터키가 시리아를 독립시키면서도 전략 요충지인 이스킨다룬은 돌려주지 않았다는 것이다.

그러나 이러한 시리아의 주장에 대해 터키는 전쟁 불사론까지 들먹이며 강력히 반발하고 있다. 터키는 이스킨다룬 지역을 시리아가 자국 영토로 지도상에 표시하고 있는 것에 대해 강력히 경고하고 있다.

라스알바쉬트 등 이 부근을 여행해 보면 아름다운 호수와 나무가 무성한 산 등 대부분이 사막인 시리아에서는 쉽게 찾아볼 수 없는 아름다운 자연을 만나게 된다. 특히 이 지역은 수자원이 풍부한, 전략적 가치를 지닌 지역이기 때문에 터키로서는 1차대전에서 패했지만 이곳만은 손에 쥔 채 내주지 않았던 것이다.

1999년 봄 터키 정부는 터키가 1급 테러리스트로 수배하고 있는 쿠르드민족당의 지도자 오자란을 시리아 정부가 비호하고 있다고 비난하고, 만일 오자란을 조속히 넘겨주지 않으면 전쟁도 불사할 것이라는 최후통첩성 통고를 시리아 정부에 보냈다.

쿠르드족은 이슬람 영웅 살라딘을 배출한 긍지를 자랑하는 민족으로 터키, 시리아, 이라크, 이란 등지에 흩어져 살고 있다. 인구가 약 2000만 명인 쿠르드족은 국가를 갖지 못한 세계 최대의 민족으로 당연히 쿠르드 독립국가 설립을 민족 최대의 목표로 하고 있다. 쿠르드족은 지금도 터키 국내에서 테러 활동을 벌이고 있어 터키로서는 가장 경계하고 있는 소수민족이다.

시리아는 처음에는 터키의 이러한 경고에 대해 무시하는 태도를 보였다. 하지만 실제로 터키군이 시리아 국경 근처에서 육군 병력 수만 명과 전폭기를 동원, 대규모 무력시위를 하고 터키 언론이 연일 전쟁이 임박하다고 엄포를 놓자 오자란이 시리아에 없다는 사실을 해명하며 유화적인 태도를 취했다. 전쟁이 벌어지면 터키를 이길 가능성은 희박했다.

터키는 오자란 체포를 명분으로 그동안 은연중에 쿠르드족을 지원해 온 시리아를 압박함과 동시에 시리아가 계속적으로 주장해 온 이스킨다룬 국경선 문제에 대해 쐐기를 박으려는 것이었다.

한편 오자란은 은신처로 추정되던 시리아나 레바논의 베카 계곡에서가 아니라 아프리카 케냐의 그리스 대사관에서 나와 나이로비 공항으로 가던 중 터키 정보기관에 의해 체포되었다. 이로써 시리아와 터키 간의 전쟁 위험도 일단 사라지게 된다.

후일 미국과 이스라엘이 '장미작전' 이라는 공작을 통해 터키의 오자란 체포를 지원했다는 이야기가 흘러나왔는데, 현재 이스라엘이 터키를 이용해 아랍국을 견제하고 있으니 충분히 개연성 있는 말이다.

시리아는 자신의 힘만으로는 터키와 대항할 수 없기 때문에 터키 내에서 테러활동을 벌이고 있는 쿠르드족을 지원해 왔던 것이다. 하지만 오자란을 둘러싼 터키와의 힘겨루기에서 국력이 떨어지는 시리아가 쿠르드족을 이용하는 데도 한계가 있음을 드러냈다.

오자란을 비호했던 그리스가 쿠르드족 문제에 동정적인 것도 당연한 일이다. 오스만 투르크의 수백 년 간에 걸친 그리스 통치중에 민족적 수난을 겪었으며 독립 후에도 사이프러스 문제 등 터키와 분쟁이 그치지 않았기 때문이다.

공화정 국가 대 왕정 국가

면적 약 300만 평방킬로미터로 북에서 남까지 약 2200킬로미터, 동에서 서까지 약 1200킬로인 사우디아라비아 반도에 강력한 지역 협력 기구가 있다. 걸프협력이사회(GCC; Gulf Cooperation Council)로 이름 붙은 이 기구는 1981년 5월 아라비아 반도 내 왕정 국가인 사우디, 쿠웨이트, 바레인, 오만, 카타르 그리고 아랍에미리트 6개국이 만든 지역 협력 기구다.

GCC 헌장은 아라비아 반도 국가들의 지역경제 협력이 목적이라고 표방했지만 아랍 공화정 국가들로부터의 혁명사상이 침투하는 것을 방지하고 왕정 체제를 수호하기 위한 것이 실제 목적이다.

중동의 대부분 국가들은 공화정 체제로 석유빈국임에 비해 아라비아 반도의 왕정 국가들은 모두가 석유부국들이다. 당연히 왕정 체제 수호에 열심일 수밖에 없다.

1979년 이란의 이슬람 혁명은 아라비아 반도 내 왕정 국가들에게 큰 충격을 주었다. 당시까지 자신들과 같은 왕정 체제로 팔레비 왕의 통치하에 있던 이란 왕정이 일순간 무너진 것이다. 더구나 시아파 과

격 이슬람 사상으로 무장한 이란의 혁명군은 이슬람 혁명사상을 전
아랍국에 수출하겠다고 선언한 것이다.

이란의 이슬람 혁명에 뒤이어 1980년에는 이라크가 이란을 침공,
10년에 걸친 이라크·이란 전쟁이 발발하자 아라비아 반도는 다시금
전란에 휩싸인다. 양대 이슬람 공화국이 전쟁을 벌이고 있는 와중에
언제 전쟁의 불꽃이 국경을 넘어 아라비아 반도로 튀어올지 알 수 없
는 일이었다.

이집트를 시발로 이라크, 이란, 리비아 등 과거 수백 년 동안을 유
지해 오던 왕조들이 하나씩 전복되어 공화정으로 바뀌어 가는 과정을
지켜본 왕정 국가들로서는 자신들의 왕권을 지킬 수 있는 방안을 모
색하기에 바빴다.

아랍권 최대 인구를 자랑하는 이집트를 비롯해서 이라크 등 강력
한 군사력을 보유하고 있는 공화국 국가들의 국력에 필적하지 못하는
왕정 국가들은 석유자원을 통해 벌어들인 자신들의 부를 개별국가의
힘으로는 지킬 수 없다는 사실에 두려움을 떨게 된다. GCC 6개국과
인접 공화국의 인구와 면적, GDP, 무역액과 1인당 국민소득, 특히 군
사력을 비교해 보면 이들 두 국가군의 사정을 여실히 알 수 있다.

현재 GCC에는 아라비아 반도에서 유일하게 예멘만이 제외됐다.
예멘은 GCC회의에 옵서버 자격으로 특사를 파견하고, 수시로 GCC
가입 의사를 강하게 표명하고 있는데 예멘의 가입이 수락될 가능성은
거의 희박하다. 그 이유는 모두 왕정 국가인 GCC회원국이 공화국인
예멘을 회원국으로 받아들일 리 없으며, 특히 사우디와 국경 문제가
완전히 해결되지 않는 한 사우디의 거부권을 피할 수 없기 때문이다.

GCC는 외부의 공화정 국가들과의 대립에 맞서는 강력한 수단으로 GCC 내부의 경제적 통합을 내세우고 있다. 2003년 1월 1일부로 GCC는 역사적인 관세 단일화에 합의했는데 이것은 그간 각국별로 5~20% 정도로 상이한 관세율을 5%로 단일화시킨 것이다.

그리고 GCC국가 간의 교역에는 전혀 관세를 부과하지 않게 되었다. 당연히 GCC국가 간의 경제적 결속이 강화될 수밖에 없다. GCC는 더 나아가 2010년에는 단일화폐를 사용할 계획을 강력히 추진하고 있다. 수많은 내부 갈등 요인이 있지만 성공 여부가 주목된다.

UAE와 이란의 영토분쟁

아랍에미리트 연합국(United Arab Emirates)은 아라비아 반도 동부에 있는 면적 8만 3600평방킬로미터의 별로 크지 않은 나라지만 엄청난 석유자원을 보유하고 있는 석유부국이다. UAE는 아부다비, 두바이, 샤르자, 아지만, 움알카이와인, 라스알카이마, 푸자이라 등 7개의 도시국가가 하나의 연방을 구성한 독특한 정치체제를 가지고 있다. 실제로 UAE는 국가원수의 직함이 국왕이 아니라 대통령이다. 아라비아 반도의 다른 나라와는 사뭇 다른 호칭이다.

가장 큰 도시국가는 아부다비로서 수도 역할을 하지만 경제적으로는 두바이가 중심이 되어 중동의 홍콩이라고 할 정도로 중계무역과 석유수출을 통해 번영을 구가하고 있다. 사실 중동에 대해 다소 낮게

평가하던 사람들도 UAE를 방문해 본 후에는 그 화려한 건물과 잘 꾸며진 도시 경관에 놀라움을 금치 못한다. 사막에 훌륭한 잔디로 덮인 골프장이 펼쳐져 있고, 초현대식 건물들이 늘어서 있는가 하면 바다에는 경주용 모터 보트가 즐비하다.

UAE는 이란과 호르무즈 해협의 아부무사, 대 툰브, 소 툰브 등 3개 섬에 대해 영토분쟁을 계속하고 있다. UAE가 면하고 있는 페르시아만 해협 건너편에는 이란이 위치하고 있는데 석유 운반선이 이곳을 통과하므로 바다 중간에 위치한 몇 개의 섬은 전략적으로 매우 중요하다.

UAE는, 이 섬들에 아랍계와 이란계가 섞여 살고 있었는데 양국 간의 국경이 확정되기 전인 1971년 11월에 이란측이 돌연 군병력을 농원해 일방적으로 점령해 버렸다고 국제사회에 호소하고 있다. 물론 이란은 이를 일고의 가치도 없다고 일축하면서 섬에 비행장을 건설하는 등 영토 점령을 기정사실화하였다.

원래 이란 민족은 아랍계가 아닌 인도·아리안계 인종으로, 언어도 아랍어에서 차용한 페르시아어로 표기하고 있다. 이란은 이슬람 시아파의 종주국으로 순니파 아랍측과의 대결의 선두에 서 있다.

아랍 민족이 아니라는 혈통상의 약점을 안고 있는 이란으로서는 순니파가 주장하는 정통 이슬람 교리보다는 보다 개혁적이고 급진적인 교리를 펴는 시아파를 고집할 수밖에 없다. 그러나 아라비아 반도의 왕정 국가 6개국은 모두 순니파로서 이들은 시아파의 종주국인 이란에 대해 경계심을 늦추지 않고 있다.

물론 이것은 단순한 종교문제가 아닌 정치문제다.

아라비아 반도의 6개 왕정 국가는 소수 집단으로 존재하는 시아파 교도들이 대부분 시아파의 급진적인 교리대로 반왕정의식을 가지고 있어 언제라도 이란의 지원을 받아 쿠테타를 일으킬지도 모른다는 위기의식을 가지고 있다.

사우디아라비아의 경우 시아파는 주로 동부 지역에 분포하고 있는데 지리적으로 이란에 인접해 있고 이란계 주민들도 다수 거주하고 있다. 실제로 동부 지역인 알코바르 지역에서는 1990년대 반왕정을 부르짖는 대규모 민중폭동이 일어난 적이 있다. 당시 사우디 정부는 전폭기까지 동원하여 폭동에 참가한 부락들을 초토화시켰다.

왕정 국가 내의 시아파 이슬람 교도의 존재와 은연중에 이들을 지원하는 이란, 그리고 이에 대해 강력하게 응징하고 있는 사우디를 비롯한 아라비아 반도 내 왕정 국가들의 대결은 아랍권 내부의 갈등의 핵심이다.

중동 분쟁을 양대축으로 보면 팔레스타인과 이스라엘과의 대결이 아랍 대 이스라엘 간 갈등의 하나의 축이라면, 시아파와 순니파와의 대결은 다른 하나의 축인 것이다.

공산주의 다음은 이슬람

『역사의 종언』은 일본계 미국 정치학자 프랜시스 후쿠야마가 쓴 책으로 발표 당시 세계적으로 논란의 대상이 된 바 있다. 역사의 종언이 사실이냐 아니냐, 실제로 인간의 역사에서 이상을 위한 투쟁이 끝난 것인가, 하는 헤겔류의 논쟁이 당시 세계 언론의 주목을 받았다.

현재 존스 홉킨스 대학 교수인 후쿠야마는 미 국무부 정책실장을 역임하기도 한 보수 성향의 학자로 부시 정부의 매파 각료들과도 친분이 두텁다고 알려져 있다.

『역사의 종언』 논쟁에서도 이슬람은 주요 테마가 된다.

후쿠야마는 이데올로기의 종언으로서 공산주의 이후에 대두할 국제적 문제로서 이슬람을 들고 있다. 그는 인류의 역사는 인간에게 목표를 제시하고 이를 위해 행동하도록 이끄는 정치·사회적인 과정이었으며 그 최후의 단계가 자본주의와 공산주의와의 대결이었다고 단정했다.

그는 또 인간을 행복하게 만든다는 의미에서 자본주의 대 공산주의의 싸움은 공산주의의 패배로 끝났고, 소련제국의 붕괴와 사실상 자본주의화하는 중국을 증거로 들었다. 그는 이제 공산주의냐 자본주의냐 하는 이데올로기의 다툼은 끝났고, 인간성을 둘러싼 또 다른 싸움이 기다리고 있으니, 바로 이슬람과 세속화된 문명과의 갈등이라고 예견했다.

현대 과학문명의 발달로 인해 사람들의 마음은 척박해지고 모든 사람들에게 공평하게 부를 분배해 준다는 공산주의의 약속도 실패로 돌아간 이즈음, 인간의 마음을 이끌 수 있는 것은 종교뿐이며 그 중에서도 이슬람이라는 것이다.

더욱이 세계의 지도세력인 백인 국가의 종교인 기독교가 이미 세속화되어 더 이상 타락한 사회를 상대로 싸울 투쟁의지도 상실하고 종교다움을 엿볼 수도 없는 반면에 이슬람은 아직도 원시종교 본연의 순수함을 가지고 있어 사람들은 기독교보다는 이슬람 또는 동양적 신비를 간직한 불교에 빠질 가능성이 다분하다는 것이다. 또한 이슬람은 기독교 국가인 유럽에 의한 침략과 미국, 이스라엘과의 대결로 인해 반제국주의, 반서구문명적 경향을 띠게 될 수밖에 없다고 설명한다.

후쿠야마의 분석은 상당히 수긍할 만한 부분이 있다.

인간에게는 본질적으로 이성만으로는 살아갈 수 없는 감정의 측면이 있는데 이것은 예술과 종교만이 충족시켜 줄 수 있다. 그리고 세속화된 종교는 더 이상 종교일 수 없는 기업화된 문화집단에 불과한 것이다.

소비에트 제국은 붕괴했고 중국도 미국과의 직접적인 충돌을 회피하고 있음에 반해 오직 중동의 이슬람 국가들만이 세계의 유일 초강대국이 된 미국에 대항해 테러활동마저도 감행하는 의지를 보이고 있는 것이다.

리비아의 카다피, 이라크의 후세인, 이란의 이슬람 정권과 레바논의 히즈불라와 이집트의 무슬림 형제단, 팔레스타인 해방을 위한 자폭테러로 유명한 하마스 등 중동지역에는 미국에 저항하는 국가와 무장단체들이 무수히 많다.

후쿠야마가 예견한 대로 이슬람 극렬주의자들은 아프가니스탄에 이슬람 지원병 파견을 시작으로 전세계적인 이슬람 연합전선을 펼치고 있다.

미국 내에서는 반정부주의자에 의한 오클라호마 주정부 청사 폭탄테러과 이슬람에 귀의한 흑인 지도자들의 반정부적 경향이 아랍권 극단주의자들과 연결되는 경향마저 보이고 있다.

말레이시아와 인도네시아, 보르네오 등 동남아시아 이슬람 국가들의 경우에는 이슬람에 관한 국제적인 이슈가 발생할 때마다 아랍권과의 강력한 연대의식을 과시하고 있다. 이들 아시아 이슬람 국가들의 목적은 중동 아랍 국가들과의 연대를 강화해 이들로부터 경제적 지원을 얻는 것이겠지만 동시에 자국 내 이슬람 단체들의 정치적 요구를 무시할 수 없는 이유도 있다. 어찌 되었건 이슬람이 동남 아시아에 강력한 영향력을 행사하고 있는 것은 부정할 수 없는 현실이다.

말레이시아의 마하티르 수상이 강한 반미감정을 표출하는 데 주저하지 않는 데에는 배후에 아랍 이슬람권이 뒤를 받쳐주고 있기 때문이다. 그리고 최근에는 사우디 출신 오사마 빈 라덴의 연쇄 국제테러활동에 세계가 촉각을 곤두세우고 있다.

앞으로 국제 이슬람 세력이 반미제국주의의 기치를 들고 어떻게 연대활동을 벌여갈 것인지 그 방향에 세계의 이목이 집중되고 있다.

4부

3차대전 시나리오

만일 이스라엘이 핵무기를 사용하게 된다면
아랍권은 화학무기를 비롯한 모든 재래식 무기를 사용해 일제히 반격에 나서게 되고,
이렇게 되면 미국과 러시아, 중국마저 개입하지 않을 수 없게 되어
제3차 세계대전이 발발하리라는 것은 매우 개연성 높은 시나리오이다.

흔들리는 중동의 3대축

중동을 지탱하고 있는 세 가지 축은 이슬람과 왕, 그리고 석유다. 이 셋은 종교와 정치 그리고 경제의 세 가지 측면에서 중동을 지배하고 있다.

현존하는 세계의 종교 중 유일신을 숭배하는 유대교와 기독교, 이슬람은 모두 중동에서 탄생했다. 이 3개의 종교는 모두가 아브라함이라는 한 사람을 시조로 하고 있다. 뿌리가 같은 것이다.

중동에 있는 국가들이 국교로 삼고 있는 이슬람은 현실참여 경향이 강하다. 이슬람은 신앙을 위해 목숨을 바치는 순교자를 영웅시하고 현세에서의 순간의 즐거움보다 천국에서의 영원한 행복을 강조한다. 현세의 불만을 내세의 행복으로 보상해 준다는 약속, 이것이 이슬람이 강력한 영향력을 발휘하는 이유다.

중동은 국토의 대부분이 사막으로 이루어져 있어 늘 농작물 부족에 시달린다. 중동의 현실은 풍요로움과는 거리가 멀다. 아랍인들은 이런 생활을 수천년 간 계속해 왔다. 이슬람은 이들의 보상심리를 자극하는 것이다.

중동에서 정치와 종교는 일맥 상통한다. 종교지도자는 정치를 통해 이슬람의 이상이 구현되기를 바라고, 국왕이나 대통령 역시 이슬람을 통해 국민들의 불만이 해소되고 혁명의식이 약해지기를 바란다.

그러나 중동의 단일 폐쇄적 사회체계는 미국이나 유럽에서 귀국한 젊은 유학생들이나 외국으로부터 유입되는 각종 정보로 인해 서서히 변모하고 있다. 왕이나 대통령의 독재 권력으로도 막을 수 없는 자유 분위기가 거침없이 밀려오고 있는 것이다. 특히 인터넷이나 위성방송을 통해 접하게 되는 서구 문화와 기독교 단체들의 위성방송, 그리고 단파라디오 방송은 아랍인들에게 상당한 영향력을 미치고 있다.

1979년 이란의 이슬람 혁명이 성공한 것은 당시 영국 런던에 망명 중이던 호메이니의 설교가 팩스를 통해 전송되고 육성 카세트가 이란 내에 유포된 때문이라는 유명한 일화가 있다.

이슬람 학자들은 인터넷 등 현대의 기술문명이 중동의 독재정권뿐만 아니라 이슬람의 가르침마저도 붕괴시킬지 모른다는 위기감을 토로하고 있다. 점차 저렴해지는 위성 방송 수신기 덕분에 서구의 저급한 심야 오락 프로그램들이 여과없이 보수적인 이슬람 사회에 직접 침투하고 있는 것이 현실이다.

중동에는 아직도 왕정이 존재한다. 물론 아직도 영국이나 네덜란드, 일본, 태국과 같이 국왕제 국가들이 많이 있다. 그러나 마치 고대 정교일치 시대처럼 국왕이 국정 전반에 걸쳐 막강한 결정권을 갖고 있는 나라는 중동 이외에서는 찾아볼 수 없다. 뿐만 아니라 중동에서는 공화정 국가들마저도 대통령이 절대권력을 보유하고 있어 모습만 바꾼 왕정이나 다름없다.

사실 오늘날 중동에서만큼 지도자의 수명이 긴 나라는 거의 없다. 혁명을 통해 집권한 지도자건 선거를 통해 취임한 경우건 거의가 국왕과 유사할 정도로 장기 집권하고, 또 그 자리를 아들에게까지 물려주는 게 바로 중동의 정치현실이다.

그러나 중동에서의 강력한 일인 권력 집중현상은 중동에 불고 있는 자유화 바람 때문에 서서히 변모하고 있다. 해외에서 귀국하는 유학생들을 중심으로 젊은 세대가 각성하고 있으며, 왕정 국가에서 권력 핵심으로부터 소외되어 있는 비왕족 엘리트 관료집단들의 불만 등이 누적되어 민주적 체제 변화를 시도하게 될 가능성이 점차 높아지고 있는 것이다. 더구나 절대권력은 절대로 부패한다는 말과 같이 중동의 절대 권력체제도 수많은 부패 스캔들에 휩싸여 있다. 당연히 국민들의 불만이 은연중 팽배할 수밖에 없다.

오늘날 중동을 세계 열강의 외교 각축장으로 만들고 있는 원인은 역시 석유다. 중동 산유국들은 자신들의 땅 밑에서 오랜 기간 잠자고 있던 석유를 이용해 막대한 금액의 오일달러를 축적했다.

현재 하루 동안 세계에서 움직이는 무역액 가운데 상당 부분이 석유의 수출입으로 인한 것이다. 거대한 규모의 오일머니가 석유생산국과 소비국들을 중심으로 시시각각 움직이고 있는 것이다. 만일 이 막대한 오일달러가 예치은행을 기존 거래선인 미국과 유럽 은행으로부터 빠져나가 일본이나 기타 다른 지역의 은행으로 옮겨간다든가, 은행 아닌 국제증권이나 국채시장으로 움직이게 되면 국제 금융계에는 상당한 지각변동을 겪을 것이다.

또 만일 석유의 거래대금을 미국의 달러화 대신 엔화나 유로화로 바꾼다면 세계 무역의 기축통화 발행국으로서의 미국의 위치는 상상할 수 없는 타격을 받게 된다. 미국으로서는 결코 용납할 수 없는 일이다. 미국 입장에서는 세계 경제의 중심통화로서의 달러화가 위협받는 일 따위는 절대로 없어야 하는 것이다.

중동 산유국이 이와 같이 국제 금융계에서 거대한 위치를 점하고 있으면서도 자신의 부를 지킬 수 있는 힘을 갖고 있지 못하다는 점은 국제관계의 역학에서 수많은 변수를 제공한다. 힘을 수반하지 못한 채 자신의 부를 지킨다는 것은 개인의 경우에 있어서나 국가의 경우에 있어서나 어려운 일이다.

중동 산유국의 이러한 입장 때문에 1차대전 이후부터 지금까지 중동지역은 미국을 비롯한 러시아와 유럽의 이해 각축장이 되어온 것이다. 그들은 제각기 성실한 후견자 역할을 자임하고 다가왔지만, 결국 모든 외국 세력은 중동을 자원 보급 지역으로서만 이용한 셈이다.

현대의 명저 『역사의 종언』에서 프랜시스 후쿠야마가 예견했듯이 오늘날 인류가 역사의 마지막 단계에 와 있는 것인지, 아니면 로마 클럽이 70년대에 예측한 것처럼 세계 에너지 자원의 고갈로 인해 지구의 위기가 목전에 닥친 것인지는 아직 분명하지 않다.

그러나 한 가지 분명한 사실은 현대문명은 석유에 의해 움직여지고 있다는 것과 그리고 만일 석유가 없어진다면 바로 그날 세계는 거대한 카오스 상태에 돌입할 것이라는 점이다.

종교와 왕, 그리고 석유, 이 3개의 키워드는 마치 3개의 다리를 가진 솥과 같이 중동국가를 지탱해 주고 있다. 그러나 오늘날 이 3개의 다리는 점차 흔들리고 있다.

3000년 간 계속되는 명예 살인

중동에는 명예 살인이라는 죄명이 있다. 가문에 혼전 남자 관계가 있는 여자가 있으면 가족 중 누군가가 여자를 살해해도 무죄 방면되는 게 관행이다. 혼전 관계뿐만이 아니다. 남편 외의 남자에게 눈웃음을 쳤다는 이유로 살해된 여자도 있다.

코란에는 이렇게 쓰여져 있다.

> "순종치 아니하고 품행이 단정치 못하다고 생각되는 여성에게는 먼저 충고를 하고, 그 다음으로는 잠자리를 같이하지 말 것이며, 셋째로는 가볍게 때려줄 것이로다."(「니싸아장」 6장)
>
> "(부정한 여인에 대하여) 4명의 증인을 말할지니 만일 그들이 증언할 경우 그녀들은 죽을 때까지 집안에 감금되거나 아니면 하느님께서 다른 방법을 그녀들에게 명할 것이니라."(「니싸아장」 3장)

1999년 10월 요르단 경찰은 3명의 요르단 여성 살해 사건에 관해 발표했다. 이들은 혼전 남자 관계가 있었다는 이유로 가족들에 의해 살해된 것이다. 『요르단 타임스』는, 요르단의 전통적인 유목민 사회에서 전해 내려오는 전통이 아직도 살아 있어서 가문의 명예를 더럽

힌 여성을 살해한 것이라고 보도했다. 살해된 2명 중 하나는 열두 살이었다.

실제 사실에 입각하지 않은 이런 식의 감정적 징벌은 요르단뿐만 아니라 시리아 등 중동지역에 널리 퍼져 있다. 뿐만 아니라 명예 살인으로 불리는 이런 살인은 아랍의 명예를 지키는 전통으로 칭송받기조차 하는데 살해한 남성이 경찰에 구속되어도 대개 3개월 가량 감옥에 수감되어 있다가 석방된다.

1999년 9월 선왕인 후세인 왕의 뒤를 이어 요르단 국왕이 된 압둘라 왕은 이러한 명예살인을 형법상 일반 살인죄와 동일시하자는 안을 정부 주도안으로 만들어 국회심의에 올렸으나 부결되었다.

1999년 한해 동안 요르단에서만 모두 16명의 여성들이 이러한 명예 살인에 의해 살해당한 것으로 보도되고 있다. 위에서 밀한 열두 살짜리 여자아이는 아버지에게, 열세 살짜리는 오빠에게 구타당한 뒤 쇠사슬에 묶여 방에 감금되었다가 죽었는데, 요르단 북부 도시 이르비디에서 일어난 일이었다.

소녀의 아버지는 경찰 조사에서 딸이 허가 없이 거리를 자주 나돌아다니기 때문에 때리고 가뒀다고 진술했다.

한편 34세의 여성은 대낮에 거리에서 총에 맞아 죽었는데, 수도 암만에서 불과 27킬로미터 떨어진 자르카에서 일어난 일이다. 이 여성도 가족들에게 비도덕적 행동을 한다고 비난받은 뒤 가족에 의해 살해되었다. 그 비도덕적 행동이 서구의 보통 기준으로는 그야말로 아무것도 아닌 눈웃음이나 악수 같은 것일지라도 아랍에서는 다르게 해석된다.

　한 무슬림 여성은 기독교인과 결혼했다는 이유로 살해되었고 혼전 임신 때문에 오빠의 총에 죽은 여성도 있다. 중동에서 자유스러운 남녀교제란 사실상 불가능하다. 결혼은 거의가 사촌 등 친척 간에 이루어지고 있으며 자유로운 이성교제 장소는 거의 제공되지 않는다. 일단 양가의 허락이 떨어져 교제가 시작되어도 두 사람 사이에는 어린 조카 등이 끼어 셋이 함께 데이트를 하는 것이 일반적이다.

　실제로 사우디아라비아에서 사우디 병원에 파견된 한국인 여자 간호사가 외국인 의사와 교제하게 되었는데, 두 사람은 맥도널드에서 데이트 도중 종교경찰이 다가와 결혼 증명서를 내보이라는 지시에 아무 대답도 못해 결국 두 사람 다 경찰서로 연행된 적도 있다.

　사우디의 여학교 앞에는 등하교 시간이면 대기중인 자동차 행렬로 북새통을 이룬다. 검은색 아바(페르시아어로는 차도르)로 전신을 가린 여학생들이 수업을 마치고 나오는 때를 맞춰 집에서 보낸 자가용 운전수들이 주인집 딸을 맞느라 분주한 것이다.

　사우디에서 일하고 있는 노동인력의 수는 약 400만 명으로 추산되는데 이것은 사우디 인구 1600만 명의 약 4분의 1에 해당한다.

　외국인 노동력의 상당수는 이들 자가용 운전기사들인데, 사우디의 여성 운전 금지 제도가 이들에게 좋은 고용기회를 창출한 것이다. 물론 사우디에서는 여성들에게 운전면허를 발급하지 않는다. 외국인 여성도 마찬가지다. 그래서 사우디에 사는 한국인 남편들의 가장 큰 임무는 아내의 시장 나들이에 운전기사 노릇을 하는 일이다. 가장의 첫째 책임인 것이다.

사우디 경제의 아킬레스건

사우디아라비아는 대단한 부자나라로 알려져 있다. 두루마기 비슷한 흰색 토바에 머리에는 슈마흐를 두른 사우디 사람들은 곧바로 돈 많은 부유층으로 인식되고 있다.

사람들은 사우디가 막대한 오일달러 때문에 항상 무역액은 흑자고 수출이라야 저절로 땅속에서 솟아오르는 석유를 퍼다 파는 것뿐이니 그야말로 봉이 김선달이 대동강물을 팔아먹듯 어려움 없이 돈을 벌고 있다고 생각한다.

일면 옳은 말이다. 사우디 등 중동 산유국의 수입원의 90% 가량은 석유인 것이다. 이처럼 국가경제의 모든 것을 석유에 의존하고 있다는 점이 사우디 경제의 아킬레스건이다. 사우디 경제의 최대 문제는 석유산업이 국가 산업의 90%가 넘는 높은 석유 의존이다.

국가 산업의 대부분이 업스트림, 즉 원유의 생산 분야와 다운스트림, 즉 정유 및 판매 분야에 속해 있다 보니 경제는 국제 석유가의 추세에 민감한 영향을 받게 된다. 국가경제가 국제 석유가의 등락에 전적으로 연동되어 자생력이 없는 것이다.

또 한 가지 중동 산유국 경제의 문제점은 쉽게 벌어들인 오일달러를 불리는 지혜, 즉 국제금융 기법의 부족과 국가예산의 낭비이다. 쉽게 번 돈은 쉽게 나간다는 말과 같이 국가예산도 막대하게 들어오는 석유수입을 바탕으로 지출 부분을 풍족하게 편성하는 경향을 벗어나기 어렵다.

대학교까지 전액 무상교육을 제공하는 것은 물론이고 국가에서 거두는 세금도 거의 없으니 국민들은 부담이 없어서 좋기는 한데 정부로서는 곤란하다.

일단 풍족한 생활을 하던 사람이 지출을 줄여 내핍 생활을 하기 어렵듯이 국가경제도 마찬가지다. 유가가 떨어져 재정수입이 줄어 들게 되면 국가경제도 어렵게 되지만 일단 방만하게 편성된 예산을 단기간 내 고치기는 여간 어려운 게 아니다.

국제 원유가는 때때로 종잡을 수 없을 만큼 널뛰기를 한다. 그러나 석유산업이 어려움을 당하고 있을 동안 다른 쪽에서 이것을 보완해 주는 산업 부문이 없는 것이다.

어느 나라든 국가예산의 특성상 일단 책정된 예산 항목을 변경하기는 어렵다. 더구나 일단 책정된 지출 항목은 수혜자 그룹이 생기게 마련이고, 소위 이런 기득권 그룹은 이것을 포기하려고 하지 않는다.

국제 원유가의 하락세는 산유국 오일달러의 수입 감소로 직결된다.

그러나 저유가가 장기간 계속될 경우에도 고유가 시기에 책정한 국가예산 지출 항목을 없애기는 어렵다. 식품이나 의약품 보조비 등 국민의 생계보조비 성격의 예산 항목의 경우에는 더욱 그러하다.

대부분의 왕정 국가들은 국민들에게 철저한 생활보장과 안락한 생활을 보장해 주는 대신 왕정을 유지해 왔다. 그러나 저유가로 인한 재정 수입감소로 인해 국민들의 복지에 충분한 지원을 할 수 없게 되면 국민들의 왕정에 대한 반감을 무마할 방법이 없게 된다.

1970~80년대의 고유가 시대에 틀을 잡은 국가예산의 복지 분야

지출을 저유가가 진행되는 시기가 되어도 축소시키기 어렵다. 균형 잡히고 안정된 국가예산을 책정하기가 쉽지 않은 것이다.

아랍에미리트나 사우디에 가보면 잘 정비된 도시시설이나 화려한 빌딩 등 사막에 건설된 첨단 문명에 우선 놀라게 된다. 일단 국가의 인프라는 잘 갖춰져 있다. 그러나 문제는 장래성이고 국가 운영의 소프트웨어다.

금융산업의 낙후 또한 경제 발전의 덜미를 잡는 커다란 약점이다. 이슬람 교리는 이자를 인정하지 않는다. 경제학을 사악시하는 풍조가 아직도 아라비아 반도에 깊게 뿌리 박고 있고, 은행 등 금융제도는 대단히 낙후되어 있다.

코란의 가르침을 보자.

> 고리대금을 취하는 자들은 악마가 스치므로 말미암아 정신을 잃어 말하길 장사는 고리대금과 같도다라고 말하도다. 그러나 하느님께서 장사는 허락하였으되 고리대금은 금지하셨도다.…… 하느님은 이자의 폭리로부터 모든 축복을 앗아가 자선의 행위에 더하시라니 하느님께서는 모든 사악한 불신자들을 사랑하지 않으시기 때문이니라.

지금부터 1300여 년 전 이슬람이 창시될 당시 사우디 반도에서 거주하던 유대인들은 고리대금을 주업으로 했었다. 모하메드는 이슬람의 주적으로 선언한 유대인들을 추방하기 위해 그들의 사업원인 금리사업을 박탈하는 방법을 취했던 것이다.

「니싸아장」 22장의 기록에는 "유대인들의 죄악으로 말미암아 우리는 이전에 그들에게 허락되었던 좋은 것을 금지하였다. 이는 많은 사람이 하느님의 길로 들어감을 방해하였던 죄악이었느니라. 그들은 금지된 이자를 거두어 갔으며 백성들의 자산을 부정하게 삼키었도다"라고 되어 있다.

사우디의 최대 은행은 미국계 사우디 아메리칸 은행이며 순수한 사우디 은행은 규모와 운영면에서 비교가 안 될 정도로 미약하다.

사우디의 막대한 오일달러 수입을 감안하면 이해하기 어려운 대목이다. 자신의 은행은 빈약한 반면 막대한 금액의 석유수출 대금을 미국 은행에 위탁하고 있다는 사실이야말로 사우디의 현실을 잘 웅변해 주고 있다.

유대인은 국제 헤지펀드의 주역으로 비난받고 있는 퀀텀펀드의 조지 소로스를 낳은 민족이고, 경제학은 유대인의 작품이란 말이 있을 정도로 영리에 밝은 민족이다. 하지만 아랍인의 경우에는 이자 개념조차 인정하지 않는 일종의 순수함을 아직도 고집하고 있는 것이다.

아라비아 반도에서는 오직 바레인만이 금융을 중시하고 있으나 이는 바레인에 석유가 나지 않기 때문이다. 하지만 바레인의 은행업 수준은 미국이나 유럽계에 비길 바가 안 된다.

아이러니컬하게도 사우디 등 산유국들은 자신들이 벌어들인 막대한 액수의 오일달러를 자신들이 운용하지 못하고 대부분 미국과 영국의 은행에 예치해 두고 있다.

아랍산유국들이 아랍계 은행에 오일달러를 예치하지 않는 이유는 아랍은행 중에서 국제적으로 신용을 얻은 거대 은행이 없는 것도 이

유겠지만 아랍국 상호 간의 견제 심리, 그리고 자신들의 안보를 책임
져 주고 있는 미국과 유럽국가들과의 관계 등 국제정치적 이유도 크
다. 그리고 사우디 왕실이 왕실의 비자금을 노출시키지 않을 수 있는
해외 은행을 선호하기 때문이기도 하다.

어찌되었건 산유국들은 일정액의 이자소득은 얻고 있으나 현금을
운용하면서 얻는 재테크와 차관 대여국으로서 얻을 수 있는 국제사회
에서의 발언권과 영향력 등 단순히 돈으로 환산할 수 없는 플러스 알
파를 포기하고 있다.

국민 간의 빈부차, 경제적 불공평도 아라비아 반도 산유국들 대부
분의 공통점이다. 왕족을 비롯한 지배계층과 베드윈으로 불리는 사막
거주민들과의 생활 수준 차이는 천양지차다.

실제로 사우디 반도 동부지역인 알코바르 지역에서부터 서부지역
인 제다까지 1300여 킬로미터, 다시 남으로 예멘과의 국경지역인 아
브하 지역으로 1000여 킬로미터를 여행해 보면 국토면적 250만 평방
킬로미터의 광대한 사우디에서 인구 1200만 명에 대한 부의 분배가
제대로 되어 있지 못함을 쉽게 알 수 있다.

위성방송과 인터넷이 허무는 이슬람 제국

중동국가가 당면한 최대의 국가적 위기는 무엇일까.

중동에서는 왕국이건 공화국이건 모두가 일인 지배체제를 유지하

기에 알맞은 폐쇄적인 사회 풍토를 갖고 있다. 어떤 지도자든 이런 상황이 계속되기를 바라고 있지만 현대의 과학기술은 중동의 후진적인 정치상황에 어김없이 균열을 내고 있다.

주범은 최근 비약적으로 발전한 인터넷과 통신위성 등 현대 정보통신 기술이다.

1979년 이란의 이슬람 혁명은 국제전화와 팩스가 성공시켰다는 평가는 일면 타당하다. 당시 이란의 국왕 샤가 지배하는 절대왕정은 철두철미하게 국내의 반왕정 이슬람 지도자들을 체포했지만 유럽에 거주하면서 이란 국내로 이슬람 혁명 사상을 전해오는 해외지도자들은 어떻게 할 수 없었다. 이란 국내가 점차 어수선해지는 와중에 국제전화를 통해 들어오는 호메이니의 설교가 카세트 테이프로 녹음되어 이란 전국에 퍼지고 팩스 전송을 통해 이슬람 혁명사상이 전국으로 전파되는 데에는 이란의 비밀 경찰 사바크도 손 쓸 도리가 없었던 것이다. 1979년 이슬람 혁명이 성공리에 끝나고 그때까지 영국에 거주하면서 혁명을 지도하던 호메이니는 이란으로 돌아온다.

정부 통제가 어려운 인터넷과 위성방송은 중동의 폐쇄사회를 크게 변화시키고 있다. 그러나 해외 유학파나 서구 문물에 호감을 가진 신진 계층을 중심으로 급속도로 퍼지고 있는 인터넷과 위성방송에 대한 보수 세력의 반격도 만만치 않다.

사우디의 종교경찰인 무타와는 머리에 슈마흐를 걸치고(이들의 슈마흐는 가장자리를 두르는 링이 없어 흡사 수건을 그대로 머리에 쓴 것과 같다) 흰색의 아랍식 두루마기인 토바를 발목 위로 짧게 올려 입어 마치 천수백년 전 당시의 행동파 선지자들과 비슷한 풍모를 풍기는 이슬람 경찰들이다.

이들은 위성방송이 설치된 집들을 찾아다니면서 지붕 위에 보이는 안테나들을 돌을 던져 부수는데, 이것이 분명 사유재산의 파괴에 해당하지만 일반 경찰들은 전혀 제지하지 못한다. 물론 고소의 대상도 못된다. 사우디에서의 최고의 법은 이슬람법인 샤리아이기 때문이다.

사우디의 경우 공중파 텔레비전 방송국은 둘밖에 없다. 물론 외국인 거주 컴파운드에는 자체 유선방송 시설이 있기는 하지만 일반 사회에는 2개의 국영 방송 외에 다른 TV방송은 없다.

두 채널은 모두가 이슬람 교리를 바탕으로 한 철저한 종교 방송이다. 쌀라라고 불리는 하루 다섯 번씩의 기도시간을 어김없이 지키고 있어 매번 쌀라시간마다 짧게는 30분, 길게는 한 시간 이상을 코란의 낭송과 메카의 기도 풍경만을 시청하고 있어야 한다.

방송 프로그램도 거의 종교 또는 사회교육 프로그램 일색이고 일부 드라마도 이슬람 역사를 위주로 한 것이다. 일부 미국의 프로그램과 아랍권에서 유일하게 영화와 텔레비전 드라마 산업이 발달한 이집트의 프로그램이 수입 방영되기는 하지만 그나마 방영중 조금이라도 이슬람 교리에 어긋난 장면이 있을 경우 당연히 잘라낸다. 남녀의 얼굴이 조금씩 가까워지면서 다가가면 화면은 다시 두 얼굴이 멀어지는 장면으로 건너뛰는 것이다.

그러나 위성방송의 경우에는 아랍인 시청자들이 거의 기절할 만한 장면이 조금도 여과 없이 그대로 방영되기 때문에 이슬람 국가에서의 반향은 거의 혁명적이다.

이에 대한 이슬람 교계의 공식 반응은 이를 강력히 저지해야 한다는 것이다. 사탄의 문명으로 묘사되는 사악한 서구문화가 그대로 들어오는 것을 좌시할 수 없다는 것이다. 정치권에서도 위성방송과 인터넷을 통해 서구의 자유주의가 밀려오는 것을 두려워하기 때문에 종교경찰과 극단주의자들의 인터넷 수신 감시활동과 위성방송 안테나 파괴활동을 은연중 방관하기도 한다.

미국의 엘 고어 전 부통령이 주창했던 정보고속도로, 세계를 초고속 인터넷망으로 연결한다는 프로젝트에 대해서도 이슬람은 경계심을 표시하고 있다.

유대인의 꿈, 예루살렘 성전

이스라엘의 수도 예루살렘에는 올리브 산과 모리아 산을 비롯해 여러 개의 산이 있다. 올리브 산은 산이라기보다는 우리나라로 치면 높은 언덕 정도로 예수님이 자주 기도하시러 가신 곳이며, 모리아 산은 아브라함이 독생자 이삭을 번제물로 바치려 했던 유명한 성산이다.

이 모리아 산에 세워졌던 예루살렘 성전, 즉 솔로몬 성전은 기원전 965년 이스라엘왕 솔로몬이 7년에 걸쳐 건축한 유대교 최고의 성전이다. 물론 지금은 모두 부서지고 서쪽의 벽만이 남아 '통곡의 벽'으로 세상에 알려졌다.

솔로몬 성전은 전세계 유대인들에게 언젠가 돌아갈 마음의 고향과도 같은 장소다. 바로 이 성전 자리에 지금은 황금사원으로 널리 알려진 이슬람 제3의 성지인 알 악사사원이 세워져 있다. 기원 후 70년, 열심당의 대로마 항쟁이 실패로 끝나고 로마는 예루살렘을 철저히 파괴했다. 예수께서 예루살렘을 보시고 우시며 돌 하나도 돌 위에 남아 있지 않을 것이라고 예언하셨듯 로마의 예루살렘 파괴는 혹독했다. 결국 예루살렘 성전도 완전히 파괴되었다.

구약성서 「열왕기상」 9장에서는 다음과 같이 예루살렘 성전을 하느님의 거소로 칭하였다.

> 야훼께서 기브온에서 나타나셨던 것처럼 솔로몬에게 두 번째 나타나시어 이렇게 말씀하셨다. "나는 네가 나에게 한 간절한 기도를 모두 들었다. 네가 세운 이 전을 성별하여 영원히 나의 것으로 삼으리니 장차 내 눈과 내 마음을 영원히 그곳에 두리라." (2~3절)

이 성전은 솔로몬의 부친 다윗이 건축하기를 간절히 원했으나 다윗이 바쎄바와 간음죄를 저지르고 바쎄바의 남편 우리야를 교묘한 방법으로 죽인 살인죄 때문에 여호와는 다윗의 피묻은 손으로는 성전을 지을 수 없다며 허락하지 않는다. 이 성전은 길이 60규빗(1규빗은 46~56센티미터)이고 폭 20규빗, 높이 30규빗이라고 성경에 기록되어 있는데 성전의 실제 건축자는 레바논 남부의 두로왕 히람이었다.

히람은 솔로몬의 지시에 따라 레바논 산의 백향목을 벌목해 지중해를 통해 예루살렘으로 옮기고 함께 온 건축기술자들을 동원해 성전을 세웠다.

레바논은 국기에도 그려져 있듯이 국가 상징이 백향목이고, 실제 백향목 서식지인 북부 레바논 산맥의 브샤레 인근을 가보면 2000년 전의 거대한 백향목이 그대로 남아 있어 방문객의 마음을 설레게 한다.

솔로몬 성전의 재건은 기원 후 70년 로마 황제 티투스가 예루살렘을 파괴한 이후 전세계로 유랑의 길을 떠난 모든 유대인들에게 사라지지 않는 꿈으로 남게 된다.

유대인 디아스포라가 시작된 후 유대인들은 언젠가 돌아갈 약속의 땅, 그리고 그곳에 솔로몬의 성전을 재건하겠다는 희망을 후손들에게 전해주었다.

이것은 세계적으로 유명한 '프리 메이슨' 조직과도 연결되어 솔로몬의 성전과 지성소 이야기는 많은 전설을 만들어냈다. 스티븐 스필버그는 이 소재를 이용해 영화 「인디아나존스」를 만들기도 했다.

어쨌든 2000년 동안 잠들어 있던 꿈에 그리던 솔로몬 성전의 재건은 드디어 20세기를 맞아 현실화되었다. 영화 「엑소더스」에서 보았던 것과 같이 1차대전 이후 유대인들이 팔레스타인으로 귀환하게 되었고, 드디어 1948년 이스라엘이 정식 국가로 탄생하기에 이른 것이다. 이로써 유대인들의 꿈은 한층 더 불붙기 시작했다.

1988년 1월 『예루살렘 포스트』지에는 이런 기사가 게재되었다.

몇몇 유대인 청년들이 악사 사원을 파괴하기 위해 통곡의 벽 근처에 있는 동굴 속에 다이너마이트 반입을 계획하다가 모의과정에서 발각되어 경찰에 체포되었다는 것이다. 이들의 목적은 악사 사원을 파괴한 뒤 그 자리에 예루살렘 성전을 재건축하는 것이었다.

이와 같은 모의도 아랍인들의 경계심을 고조시켰지만, 아랍인들이 더욱 격노한 것은 당시 법무장관인 샤론의 태도였다.

샤론 장관은 이 유대인 청년들을 증거 미비 등을 이유로 훈방조치한 것이다. 그러자 예루살렘의 모든 이슬람 교도들은 강력히 반발하고 나서 악사 사원과 통곡의 벽을 중심으로 또 한번 유대인들과 일촉즉발의 긴장 상태에 들어갔다. 결국 이스라엘 정부의 사과로 몇 개월에 걸친 대치 상태가 종료되었지만, 그때까지 유대인은 물론 외국인 관광객들도 이 지역을 출입할 수 없었다.

통곡의 벽은 예루살렘 성전벽의 잔해로 길이 150미터 정도로 성벽 앞 광장에 기도처가 남녀, 구역별로 나뉘어져 있다.

벽 왼쪽에는 기도굴이 있는데, 이 굴은 고고학자들의 연구에 따르면 솔로몬 왕 당시 건축된 것으로 모리아 산 밑으로 깊게 들어가 있다고 한다. 공교롭게도 이 굴 바로 위에 이슬람 제3의 성지인 알 악사 사원이 있다. 예루살렘의 관광사진에 자주 등장하는 황금빛 돔을 한 이슬람 사원이다.

유대인 청년들은 이 악사 사원의 밑으로 뚫려 있는 굴을 폭파하여 언덕을 붕괴시켜 산 위의 악사 사원을 파괴하려고 계획했던 것이다.

로마가 예루살렘을 파괴한 후 악사 사원 부근은 오랫동안 공터로 남아 있었다. 그러다 7세기 이슬람이 예루살렘을 정복한 후 알 악사 사원을 건축하였는데, 보통 '바위의 성전(Dome of Rock)'이라고도 불린다.

사원 안으로 들어가 보면 중앙에 지름이 약 10미터 가량 되는 바위가 있다. 사원은 이 바위를 중심으로 세워졌는데, 바로 이 돌 위에서 아브라함이 독생자를 번제로 하느님께 제사를 드리려 했다고 한다.

여기서 재미있는 사실은 유대인들은 번제로 삼은 아들이 이사악이었다고 하는 반면, 아랍인들은 이스마엘이라고 주장한다는 점이다. 그야말로 결정적으로 타협할 수 없는 두 민족 간의 갈등의 골인 셈이다.

유대인들로서는 절대로 아랍민족에게 빼앗길 수 없는 장소이고, 이것은 아랍인들에게도 마찬가지다. 악사 사원은 이슬람의 제1성전인 메카, 제2성전인 메디나에 이어 제3성전으로 전세계 이슬람교도들의 3대 성지로 추앙받고 있다.

1988년의 열혈 유대 청년들의 악사 사원 폭파 계획은 수포로 끝났지만 폭파 계획 사건이 다시 재발할 가능성은 매우 높다. 한편 유대교가 정작 자신의 본거지가 되는 성전을 다른 종교에 빼앗긴 상태 역시 기이한 일이다. 어느 날 갑자기 외신을 통해 악사 사원이 파괴되었다는 보고를 접하는 날이면 바로 그날이 아랍과 이스라엘 사이에 새롭게 전쟁이 터진 날이 될 가능성은 매우 높다.

과연 이스라엘은 핵무기를 사용할 것인가

핵무기는 가공할 만한 병기이다.

유명한 생태학자 콘라드 로렌즈는 자신의 명저 『현대의 일곱 가지 죄』에서 죄의 하나로 핵무기를 들었다. 핵무기는 어린아이로부터 노약자에 이르기까지 대상을 가리지 않고 무차별 살해하고 또 피폭

후유증마저도 가공할 만하다는 점에서 가히 현대인이 만들어낸 악마적 무기라고 해도 과언이 아니다.

1945년 8월 6일 오전 8시 15분, 일본 히로시마에 떨어진 원자폭탄은 TNT 2만 톤 분량이었다는데 이것은 B-29 전폭기 100대분이 적재한 폭탄량과 같다. 그날 히로시마에서 일순간에 7만 8000명이 사망했다. 물론 거의 비무장 민간인들이었다. 그 중 만여 명은 형태마저 찾아볼 수 없이 사라져 버렸다.

피해는 여기에서 그치지 않았다. 3만 7000명이 부상을 입었으며, 수많은 사람들이 그 자손들에게 유전적 결함을 남겨주게 되었다.

1991년 출판사 랜덤하우스가 발간한 『삼손의 선택』은 미국 언론인 세이무르 허쉬가 쓴 책이다. 이 책에 의하면 이스라엘은 현재 수백 기의 전술 핵무기를 보유하고 있으며, 이 중에는 100개의 핵포탄과 수백 기의 중성자탄이 포함되어 있다고 한다.

영국의 유명한 월간 군사잡지 『제인스 인텔리전스 리뷰』도 이스라엘이 이미 핵무기를 보유하고 있다고 분석하고 있다. 1999년 9월 『제인스 인텔리전스 리뷰』는 첩보위성이 찍은 텔아비브 남동쪽에 있는 자카리아 기지를 바로 이스라엘의 핵기지로 판독했다.

이 잡지에 의하면 자카리아 사이트에는 1톤 중량 핵탄두가 약 50기 탑재되어 있다. 제리코 2로 불리는 이 핵탄두는 4800킬로미터 장거리 미사일로 운반이 가능하다.

기사는 이밖에도 이스라엘이 항공기에 의해 운반되는 핵폭탄도 다량 보유하고 있으며 5개의 벙커 속 사이트에는 50메가톤급의 핵탄두를 포함, 약 550여 기의 핵폭탄이 있다고 하였다.

핵무기에 대한 갈망은 비단 이스라엘뿐 아니라 아랍권도 마찬가지다.

80년대 중반 이라크가 핵무기 개발을 목표로 원자력 발전소를 건설했을 때 이스라엘 전폭기 편대가 1500여 킬로미터를 날아서 이라크의 원자로 기지를 폭격했던 사건은 전세계를 놀라게 했다. 이스라엘의 대아랍 핵알레르기를 단적으로 보여준 예였다.

현재 이슬람권에는 파키스탄만이 유일한 핵무기 보유국이다. 파키스탄은 자국의 핵기술을 중동 아랍국으로 수출하지 못하도록 미국으로부터 강력하게 압력을 받고 있지만, 언제까지나 파키스탄이 핵기술을 수출하지 않을 것이라고 단정할 수는 없다. 특히 경제적으로 곤경에 처해 있는 파키스탄으로서는 오일달러를 미끼로 한 중동 아랍국가의 핵기술 전수 제의를 뿌리칠 수만은 없을 것이다.

이스라엘의 주적 가운데 하나인 이란의 핵개발 의지도 강력하다고 하는데, 이스라엘은 이라크에 대한 경계와 동일하게 이란의 핵개발 동향을 예의 주시하고 있다.

미국 유대인위원회와 텔아비브 대학 군사전략 연구가 등은 이란이 핵무기 개발을 완료하게 된다면 이스라엘로서는 모종의 조치를 취해야만 한다는 데 의견을 일치하고 있다. 이 모종의 조치가 이란 핵시설에 대한 이스라엘의 선제공격임은 익히 알 수 있는 일이다.

그리고 만일 이스라엘이 핵무기를 사용하게 된다면 아랍권은 화학무기를 비롯한 모든 재래식 무기를 사용해 일제히 반격에 나서게 되고, 이렇게 되면 미국과 러시아, 중국마저 개입하지 않을 수 없게 되어 제3차 세계대전이 발발하리라는 것은 매우 개연성 높은 시나리오이다.

사우디의 대학에는 정치학과가 없다

사우디아라비아의 대학에는 정치학과가 없다. 뿐만 아니라 비교 사회학같이 외국과 자국의 사회현상을 심층적으로 비교 연구할 수 있는 학과목도 없다. 다른 아랍 왕정 국가도 같은 상황이다. 사회과학 대학에서도 왕정과 이슬람 정치체제를 비난할 가능성이 있는 주제에 대해서는 아예 과목 자체가 개설되지 않는다.

외국계 학교도 발을 붙이기 힘들다. 외국계 학교는 사우디 문교부에서 설립 허가를 거의 내주지 않는다. 간신히 허락받을 수 있는 것은 외국인 자녀를 위한 중등교육 과정까지만이다.

외국계 대학을 허락하지 않는 이유는 남녀공학을 허락할 수 없다는 것이 표면적 이유이지만 실제로는 학과목 통제를 할 수 없기 때문이다. 만일 미국계 대학을 설립토록 허락한다면 이곳의 정치학과나 사회학과를 통해 수많은 반정부 또는 반왕정 엘리트들이 배출될 게 뻔하기 때문이다.

중동에 있는 미국계 대학은 카이로의 카이로아메리칸대학교(American University of Cairo), AUC와 베이루트의 베이루트아메리칸대학교(American University of Beirut), AUB가 유일하다. 그만큼 이집트와 레바논이 중동에서 얼마나 상대적으로 개방적인 국가인가 알 수 있다.

중동의 정치현실을 살펴보면 이같은 우려가 당연하다. 국가원수를 뽑는 선거도, 국회의원을 뽑는 선거도 없으니 정당도 존재하지 않고, 나아가 다음 세대의 정치를 담당할 후진들도 양성되지 않는다.

실제 현실정치를 담당하는 것은 왕족들과 그 자제들뿐이다. 최근 몇 년 전부터 바레인과 쿠웨이트, 그리고 카타르에서 시험적으로 국회가 구성되고 국회의원 선거가 실시되기는 했으나 거의 형식적인 것임은 짐작할 수 있다.

중동에서의 정치수임 계층은 철저하게 출생으로 결정된다.

사우디의 경우에는 약 3000명의 왕자들이 국가를 운영한다는 말이 공공연하다. 인도의 카스트 제도가 철저하게 인간의 신분을 계급화했다고 하지만 그래도 인도의 경우에는 선거제도가 있기 때문에 민의의 대리인이 선출되고, 정당정치가 가능하다. 그러나 중동 아랍국에서는 통하지 않는 이야기다. 선거제도라고 불릴 수 있는 것은 아무 것도 없기 때문이다.

그런 사회도 있을 수 있을까 하고 외부세계에서는 생각하지만 이해할 수 없는 일들이 실제로 일어나는 곳이 중동이다. 중동에 처음 발을 내디딘 외국인들은 마치 이상한 나라에 온 앨리스 같은 기분을 느끼게 된다.

한국의 시를 아랍어로 번역 출판하는 작업 때문에 사우디 제다에 소재한 킹압둘아지즈 대학을 방문한 적이 있었다,

한국이 이기적인 무역국가로만 알려져 있는 사우디의 대학에 한국의 시와 문학을 소개하는 것은 문화외교라는 측면에서 통상 증진을

지원하는 일이라고 생각했던 것이다.

마침 국내에서도 문화외교의 중요성이 강조되고 있던 시점이라, 한국시 번역 작업을 맡을 사우디 대학 교수들에게 예산 걱정 없이 번역료와 출판대금 등을 지불할 수 있었다.

이 일 때문에 여러 차례 방문했던 킹압둘아지즈 대학의 캠퍼스 시설은 깨끗하고 현대적이었다. 하지만 외관만 현대적일 뿐 학교 운영 시스템은 철저히 아랍식이었다.

교수들은 모두 토바라는 흰색 아랍옷을 입고 있었고, 양복을 입은 교수는 단 한 명도 없었다. 남학생과 여학생이 철저히 분리되어 별도의 캠퍼스에서 수업을 받는 것은 두말할 나위가 없었고, 교수들의 학교 브리핑에서도 왕정에 대한 불만은 조금도 들을 수 없었다.

오로지 국왕의 은혜로 이처럼 훌륭한 캠퍼스가 건설되고 학생들과 교수들이 학문을 연구하고 있는 데 대한 찬사뿐이었다. 물론 미국이나 유럽에서 생활하다 돌아오는 교수와 학생들도 많지만 이들은 일단 사우디로 돌아오면 생활양식이나 사고방식을 다시 사우디식으로 바꾼다. 자칫 서구적 사고방식을 그대로 갖고 사우디 국내에서 행동하다가는 종교경찰에 체포당하거나 간접적으로 상당한 불이익을 당한다는 사실을 잘 알고 있기 때문이다.

사우디의 대학에는 비판적 학문이 없으며 오직 현존하는 정치상황만이 존재할 뿐이다.

미국은 이라크의 쿠웨이트 침공을 예상했을까

1990년 8월 이라크는 인접국인 쿠웨이트를 침공해 전격 점령한 뒤 한 달 후에 이라크의 일개 주로 병합해 버렸다. 그로부터 5개월 지난, 1991년 1월 미군을 주축으로 하는 다국적군이 사우디로부터 사막의 폭풍작전을 전개해 쿠웨이트를 해방시킬 때까지 쿠웨이트는 이라크 땅이었다.

당시 이라크의 후세인 대통령의 침공 명분은 악덕 왕정하에서 신음하는 쿠웨이트인을 해방하고 예전부터 이라크의 일부였던 쿠웨이트 지역을 다시 이라크 영토로 회복시킨다는 것이었다.

워낙 아랍국가 간의 국경선 문제는 복잡하기 때문에 쿠웨이트가 이라크 영토에 속해 있었냐 아니냐 하는 데는 여러 가지 해석이 있을 수 있다. 반대로 만일 쿠웨이트가 강력하다면 이라크가 원래 쿠웨이트 영토였다고 주장하면서 이라크에 쳐들어갈 수도 있는 게 아랍역사의 아이러니이다.

당시 일부 매스컴에서는 후세인 대통령이 이라크 주재 미국 대사와의 면담에서 쿠웨이트가 원래 이라크 땅이었다고 주장하면서 은연중 침공을 암시했으며, 이에 대해 미국 대사가 애매하게 대답했다는 설을 인용하며 미국이 후세인으로 하여금 쿠웨이트 침공을 유도했다는 음모론이 보도되기도 했다.

원래 외교 용어는 'Yes'는 'May Be'로, 'May Be'는 'No'를 의미하는 것으로, 'No'라고 대답하는 사람은 외교관이 아니라는 말이 있을 정도로 외교적 수사는 애매한 부분이 많다. 하지만 이 경우에는 미국의 중동정책을 위해 계획적으로 애매하게 대답하여 이라크로 하여금 쿠웨이트를 침략하게 유도한 게 아니냐는 것이다. 이것은 미국의 중동정책, 즉 분쟁을 조장한 뒤 이익을 취한다는 전략이라는 것이다. 이라크의 쿠웨이트 침략의 결과 최대 희생자는, 물론 막대한 인적·물적 피해를 입은 쿠웨이트였다.

쿠웨이트 정부는 지금도 이라크에 억류되어 귀환하지 못하고 있는 600여 쿠웨이트인들의 안전 귀환을 위해 국제사회에 호소하고 있다. 하지만 이라크 역시 영유하지 못할 쿠웨이트를 침공했다가 수십만 명의 인명피해를 입고, 대규모 장비만 손상당하는가 하면 아직도 유엔 제재하에 경제적 곤경을 당하고 있다.

그렇다면 이 분쟁의 최대 이익국은 어디일까. 가만히 살펴본다면 미국이라는 답이 나온다.

미국은 걸프전쟁 때 지출한 파병 비용 전액을 쿠웨이트와 사우디로부터 받았다. 그리고 이집트와 시리아도 약간의 파병 비용을 받았으며, 미국으로부터 군원도 증액받았다. 영국, 프랑스 등도 전비를 보상받았긴 했지만 가장 병력을 많이 파견한 미국이 최대의 전비를 보상받았다. 우리나라도 상당한 금액의 전쟁 부담금을 지불했다.

한편 미국의 전비 부담액이 과다하게 계산되었다는 이야기도 있다. 미국이 대서양을 건너 육해공 군병력을 아라비아 반도에 투입했지만 병력 운송비 등은 어차피 미 국방부의 기동 훈련비에 포함되어 있다는 것이다. 미국으로서는 마치 한반도에서 팀스피리트 훈련을 하듯 어차피 해야 할 기동 훈련을 고스란히 자금을 받아가면서, 그것도 기회가 많지 않은 열사의 아라비아 반도에서 훌륭하게 치렀다는 것이다.

물론 미군 병사의 인명 피해는 안타까운 것이지만 이것은 국제사회에서 경찰 역할을 하는 미국의 이미지를 높여주고 미국인들의 애국심을 고취하는 데 기여한다. 할리우드 영화계에 좋은 소재를 제공해 주는 것 또한 부수적인 효과일 것이다.

게다가 미국의 이익은 단순히 파병 비용 수금만이 아니다. 가장 큰 이익은 걸프전으로 말미암아 미군이 아라비아 반도에 주둔할 수 있는 명분을 확실히 다진 것이다. 아랍 산유국의 안보를 책임져 준다는 것을 쿠웨이트와 사우디 등 아랍 왕정 국가에 분명히 인식시킨 것이다.

물론 이러한 안보를 책임져 주는 대가가 석유자원의 확보와 석유 대금의 미국계 은행 예치임은 두말할 나위가 없다.

사실상 미국이 없다면 쿠웨이트와 사우디, 아랍에미리트, 바레인과 오만 그리고 카타르까지 아라비아 반도의 모든 왕정 국가가 이라크의 탱크에 짓밟히게 될 가능성이 크다.

중동을 육로로 여행해 본 사람은 단번에 알 수 있겠지만 시리아와 이라크로부터 남쪽으로 예멘까지 약 2000킬로미터에 달하는 아라비아 반도에는 산맥이 없이, 거의 완전한 평지가 펼쳐져 있다. 침략을 하기에는 더없이 좋은 자연환경이지만 방어하기에는 그 어떤 우수한 전술가에게도 까다로운 지형이다.

이라크가 패퇴한 뒤 미국은 이라크 영공을 남북으로 삼등분해 이라크 항공기의 비행금지 구역을 설정하는 등 계속 후세인을 압박해 왔지만 완전한 해결을 짓지는 않았다.

당시 미국 내 일부 언론에서는 차제에 바그다드까지 진격해 후세인을 제거하는 것이 옳다는 이상론을 폈으나 미국 정부는 미군의 인명 피해 등을 들어 이 안을 반대했다.

결국 91년 걸프전에서 미국은 후세인을 제거하지 않았다. 후세인의 존재는 미국의 중동에서의 존재 필요성을 입증해 주는 것이 되기 때문이다. 평화로운 중동에서는 미군의 존재와 미국의 이익이 환영받지 못하는 것이다.

미국 내에 막강한 영향력을 행사하고 있는 이스라엘로서도 마찬가지다. 강성 아랍국의 존재는 강온 양대 아랍 진영의 대립을 부추기고 미국의 강경파에게 이스라엘 지원의 명분을 제공해 주기 때문에 이스라엘로서도 감사한 일이다.

1991년 8월부터 시작된 유엔의 이라크 제재는 아직도 계속중이다. 최근 몇년 간 겨우 인도적인 의약품, 식품 등의 대외무역을 위해 6개월마다 수십억 달러 가량의 원유를 국제사회에 판매할 수 있게 했지만 이는 정상적인 경제생활에는 턱없이 부족한 금액이었다.

가장 큰 문제는 의약품 부족, 식품 부족에 허덕이는 이라크 국민의 고통일 것이다. 눈앞에서 페니실린이 없어 죽어가는 자식을 보고 오열하는 이라크 부모의 사진은 이러한 실상을 단적으로 웅변해 준다.

또한 국제사회에서의 고립과 외화 부족으로 인한 이라크 학생의 해외유학 중단은 이라크의 장래를 책임질 다음 세대를 육성할 수 없게 하며, 청년세대의 희망을 박탈한다는 이중의 난관을 의미한다. 이라크의 다음 세대에 어려움이 기다리고 있는 것이다.

2003년 이라크 전쟁의 결과, 이라크에는 새로운 가능성이 찾아왔지만 지난 30년 간 축적된 문제들을 해결해 나가기는 상당히 힘겨울 것이다.

팔레스타인 디아스포라

현재 전세계에 퍼져 있는 팔레스타인 난민은 약 500만 명 가량 된다. 이들 대부분은 1948년 이스라엘의 건국과 함께 벌어진 제1차 이스라엘·아랍 전쟁의 결과 생긴 난민이다. 그리고 이들 팔레스타인 난민 문제야말로 중동 문제의 핵심이다. 2000여 년을 평온하게 살아온 팔레스타인 사람들이 고향에서 쫓겨나면서부터 중동분쟁이 시작되었다.

만일 이스라엘의 건국이 당시 그곳에 거주하던 아랍인들과의 타협에 의해 평화스럽게 이루어졌다면 아마도 지금과 같은 팔레스타인 난민 문제는 야기되지 않았을지도 모른다. 하지만 인류의 역사는 같은 공간에서 두 민족이 공존하기 얼마나 어려운지 여실히 보여주고 있다.

1998년 팔레스타인 통계청 인구조사에 의하면 현재 팔레스타인 사람들은 팔레스타인 자치지역 즉, 웨스트뱅크로 불리는 서안지구에 165만 명, 가자지구 102만 명, 동예루살렘 지역 21만 명 등 총 288만 명과 이집트, 레바논, 시리아 등 아랍국가에 200여 만 명이 살고 있다.

팔레스타인 난민이 거주하고 있는 아랍국은 대부분 팔레스타인 난민에 대해서 이중적 태도를 보이고 있다. 즉 외형적으로는 이들을 아랍 형제의 입장에서 동정하고 최대한의 도움을 베풀겠다는 의사를 표명하고 있지만 실제로는 이들 팔레스타인 난민에 대한 경계를 늦추지 않는다.

1970년 9월, 요르단 정부는 요르단 내 팔레스타인 무장세력에 대해 강제 해산 작전을 폈다. 당시 요르단 왕정은, 독자적으로 무장을 하고 독자적 행동을 하는 팔레스타인 난민들이 치외법권 지역을 자꾸 넓혀가고, 이윽고 언젠가는 쿠테타마저도 감행할지 모른다는 두려움에 사로잡혀 있었다. 그래서 경무장 정도에 불과한 팔레스타인 난민 측을 탱크를 앞세운 요르단 정규군을 동원해 무차별 무장해제를 시켜 이 과정에서 수많은 팔레스타인 난민들이 희생당한 것이다.

그 결과 유명한 팔레스타인 게릴라 단체인 '검은 9월단'이 탄생했다. 지금도 팔레스타인 사람들은 요르단에 대한 감정이 좋지 않다. 결국 요르단은 팔레스타인의 적국인 이스라엘과 국교를 맺고 공존의 길을 택하였다. 그리고 아직도 자국 내에 남아 있는 팔레스타인 사람들에 대한 경계심을 늦추지 않는다.

레바논에서는 1948년 제1차 아랍 · 이스라엘 전쟁이 끝난 뒤부터 팔레스타인 난민들이 이스라엘과의 국경지대인 남부 레바논에 자리를 잡고 대이스라엘 무력항쟁을 계속했다. 지금도 남부 레바논에 있는 에인 엘 힐웨 팔레스타인 캠프에는 수만 명의 난민들이 거주하고 있고, 이들 중 상당수가 무장하고 있는 것으로 보도되고 있다. 더구나 1970년대 요르단으로부터 수천 명의 팔레스타인 무장병력이 유입되자 이들의 세력은 일층 강화되었다.

　팔레스타인 무장세력이 남부 레바논 두로, 시돈 일대에 자리를 잡고 이 지역을 준팔레스타인 국가화하자 1978년 이스라엘군은 남부 레바논을 공격해 이들을 북부 지역으로 축출했다. 이어 이스라엘은 1982년에는 갈릴리 평화작전으로 명명한 대규모 작전을 전개해 수도 베이루트까지 점령하게 되는데 팔레스타인 난민촌 학살 사건과 미국과 유럽인 인질이 속출하게 되는 것이 바로 이 시기였다.

　레바논은 1948년부터 1991년까지 자국 내에서 계속된 각 종파 간의 무력 충돌의 원인을 팔레스타인 난민들에게 돌린다. 1948년 이전에는 레바논 국민의 종교별 비례가 60 대 40 정도로 기독교도가 이슬람교도보다 많아 기독교도 주도의 안정세를 보였다. 하지만 팔레스타인 난민이 유입됨으로써 종파 간 비례가 40 대 60으로 이슬람 교도수가 많아진 것이다. 그리하여 그간 기독교도들이 누렸던 정치, 경제적 기득권을 빼앗가기 위해 이슬람측이 내전을 벌였다는 주장이다.

　지금도 레바논 내 30여 개 캠프에 분산 수용되어 있는 34만여 명의 팔레스타인 난민들은 레바논 내에서 사업, 취직, 학업 등 정상적인 사회생활이 불가능하다. 택시 운전사로 일하려고 해도 레바논 정부의 허가가 나오지 않는 것이다. 은행구좌 개설이 안 되니 사업 개시도 불가능하다.

　이들은 팔레스타인 난민촌 내에서 자급자족 형태의 경제생활을 하고 있지만 자녀 교육 등의 어려움을 겪고 있다. 여권 발급이 안 되니 해외여행도 불가능하다. 팔레스타인 난민은 그야말로 감옥에 갇힌 수인으로 살고 있는 것이다. 유엔 팔레스타인 난민 기구가 레바논 내에서 활동하고 있지만 이 역시 예산 부족과 난민 수용국가의 비협조로 인해 운신의 폭이 너무 좁다.

가장 바람직한 것은 팔레스타인 난민이 현재의 팔레스타인 자치 구역인 서안지구와 가자지구로 귀환하는 것이다. 그러나 이 경우에는 반 아라파트 세력의 국내 귀환을 두려워하는 현 팔레스타인 자치정부가 길을 막고 있다. 아울러 현재 60%가 넘는 높은 실업률에 인구 밀도가 높은 까닭에 팔레스타인 자치정부 역시 실업자 증가 등 문제가 산적해 있다. 인도적 조치가 시급한 팔레스타인 난민 문제에 대해 세계는 아직도 어떠한 해결방법도 내놓지 못하고 있는 상태이다.

일부에서는 수백만 명에 달하는 거대한 팔레스타인 난민 문제에 대해 세계 언론이 침묵하고 있는 것은 세계 유력 언론을 장악하고 있는 유대계의 암묵적 약속 때문이라고 비난하기도 한다. 즉 중동에 계속적으로 불화의 씨앗을 남겨두는 것이 이스라엘의 대아랍 전략임을 미루어보면 중요한 카드인 팔레스타인 난민 문제를 가능하면 장기적으로 미해결 상태로 불씨를 남겨두겠다는 속셈이라는 것이다.

이것은 중동문제라면 자주 등장하는 유대계 음모설의 하나로서 여하튼 중동의 팔레스타인 난민 문제는 쿠르드 난민 문제와 아울러 세계의 양대 미해결 난민 문제로 남아 있다.

가즈와(약탈)는 전통이다

사우디를 비롯한 아라비아 반도의 가옥구조에는 특징이 있다. 완전

밀폐식으로 외부와 격리된 요새식이다. 친척이 찾아올 경우에도 남자는 남자구역에만, 여자는 여자구역에만 들어갈 수 있는 것이 아랍국가의 전통이다. 그럼에도 불구하고 어렵게 남부 사우디의 전통 가옥을 방문해 본 경험이 있었다.

가옥은 원통형으로 만들어진 3층집이었는데 마치 개미집을 연상시키듯 조그만 창문이 층마다 한두 개 나 있을 정도로 거의 밀폐되어 있었다. 허리를 굽혀야만 들어갈 수 있도록 작게 만들어진 대문을 밀고 안으로 들어가 보니 좁은 복도가 나오고 이어 거실이 나왔다.

아랍지역에서는 우리와 같이 좌식 생활을 해왔기 때문에 응접실에도 방바닥에 앉아 벽에 기댈 수 있도록 벽을 따라 길게 두툼한 방석이 벽과 바닥에 붙어 있었다. 손님들은 이곳에서 이야기도 나누고, 아랍식 커피도 마신다.

가옥의 층별 구조는 1층에는 거실과 부엌, 응접실이 있고, 2층에는 여자들 방이, 3층에는 남자들 방이 비좁은 복도와 계단을 통해 연결되어 있다. 그리고 옥상으로 통하는 작은 비상구가 있는데, 정말 요새 같은 구조였다.

아라비아 반도의 가옥구조가 이렇게 폐쇄적인 것은 약탈이 빈번한 사막의 특수성 때문이었다. 인간이 생활하기 열악한 사막이라는 극한 상황이 낳은 산물이다. 다 아는 얘기겠지만 사막에서는 농산물 재배가 불가능하고 물과 소량의 농작물만이 오아시스 주변에서 생산된다. 인구 증가는 필연적인 일이고, 식량을 조달할 수 없는 지역의 부족들은 어떻게 살아가겠는가. 답은 가즈와(습격)라는 아랍 전통이다.

굶어 죽는 것보다는 타 부족이 소유한 잉여의 물건을 약탈해서라도 살아가는 것이다. 아랍의 전통 논리는 부자가 재산을 늘이기 위해 교역물로 내놓은 상품을 습격해 빼앗아 갖는 것은 죄악도 아니고, 범죄행위도 아니다. 타인의 생활보다는 자신의 생존이 앞선다는 논리다.

이슬람의 창시자인 모하메드도 이슬람을 창시하기 전, 또 창시 후에도 인근 메디나의 거상들의 카라반 행렬을 수차례 '가즈와' 했다.

코란의 기록을 잠깐 보자.

> 믿는 자들이여 적들을 경계하고 소부대로 나누어 또는 일제히 모두가 전진하라.…… 주여 당신은 왜 우리로 하여금 전투에 임하도록 하나이까? 우리 생명의 기한을 다소나마 유예하여 주소서라고 말하매 그들에게 이르되 현세의 쾌락은 순간이나 영원한 내세는 하느님을 공경하는 이들에게 더 복이 되니라. 또한 업보는 불평등한 대우를 받지 아니함이라 말하여라.(「니싸아장」 10장)

성스러운 책으로 믿기 어려울 만큼 대단히 전투적이다. 이러한 정신은 국가 건국 과정에도 나타나게 된다.

1913년 리야드에서 라시드 가문을 물리치고, 이윽고 전 아라비아 반도를 정복해 사우디아라비아를 건국한 사우드 가문도 결국은 가즈와의 전통을 이어받은 것이다. 국가 명칭에 자신의 집안 가문의 이름을 붙이는 것도 이상하게 들리지만 아랍의 경우에는 이상한 일이 아니다.

요르단의 경우에도 요르단 하심 왕국(Hasemite Kingdom of Jordan)이라는 국명이 말하듯 하심 가문의 왕국인 것이다.

모로코의 경우도 마찬가지다. 모로코 국왕의 가계가 선지자 모하메드로부터 유래한다는 왕실 계보가 왕실 홍보 책자 첫 부분에 나와 있다.

다마스쿠스에는 강이 없다

미국의 벤자민 프랭클린은 "우물이 마른 다음에야 물 귀한 줄 알게 된다"는 말을 했다. 실제로 사람은 음식을 안 먹고는 한달 이상을 견딜 수 있지만 물을 안 마시고는 단 3일을 버티지 못한다.

프랭클린이 말한 시기는 미국의 물사정이 풍부했던 250년 전이었지만 오늘날 전세계는 새삼스럽게 그의 말을 실감하고 있다. 세계 주요국에서 빈번히 개최되고 있는 세계 물의 대회마다 세계는 물 부족 사태에 직면해 있다는 경고가 속속 등장하고 있다.

지구상에는 태초 공룡이 살던 때와 동일한 양의 물이 공급되고 있다. 그리고 그 중 97%의 물은 바다의 소금물이다. 단지 3%만이 마실 수 있는 물이고, 그 중에서 3분의 2는 빙산이다.

문제를 단순화시켜 보면 세계의 물 문제는 인구 증가에 따르는 부족현상이라고 집약할 수 있다. 인구는 기하급수적으로 불어났고 이들 대부분은 물의 중요성을 모르고, 그야말로 물 쓰듯이 쓰고 있다.

미국의 경우 하루에 하늘에서 내려오는 빗물의 총량은 4조 갤런이다. 그러나 이 중 대부분은 내려온 뒤 증발되거나 지하로 스며들게 되고 강으로 유입되는 빗물은 소량에 불과하다.

미국의 1인당 물소비량은 하루 1300갤런으로 유럽인의 3배, 그리고 보통의 개발도상국 국민들의 수백 배에 달한다. 소고기 8온스를 만들기 위해서는 물이 1000갤런 필요하다는 사실을 안다면 벤자민 프랭클린의 경구가 실감날 것이다.

현재 중동의 물 부족은 세계 최악의 상태다. 우리나라에서 예전에 행해졌던 기우제마저 드리고 있는 형편이다.

1999년 8월 시리아 전역에 두달 가까이 가뭄이 계속되자 아사드 대통령은 특별 명령을 내려 전국의 이슬람 사원에서 기우제를 드리도록 했다. 시리아 전국의 모든 이슬람 사원에서 알라 신께 비를 내려 달라고 기도하도록 한 것이다. 당시 시리아의 수자원 사정은 최악의 상태로 각 가정에 배급되는 수돗물은 며칠 동안 단수되어 물 부족이 극도에 달한 상태였다.

시리아의 수도 다마스쿠스의 400만 인구의 불만이 최고조에 달했지만 소량이나마 비가 내리는 동절기가 시작되는 11월까지는 아직도 몇 개월이나 기다려야 하는 상태였다. 최후의 수단으로 정부는 종교 지도자들의 협조를 얻어 비를 비는 기도회를 전국적으로 시작한 것이다.

다마스쿠스에는 강이 없다. 강이라 하기에는 너무도 빈약한 토라 강이 시내 중심부에 흐르고 있지만 이것으로 400만 시민의 물 수요를 충족시키기에는 턱없이 부족하다. 다소나마 비가 내리는 겨울철에는 형편이 좀 낫지만 거의 매해 여름마다 물 부족 사태를 맞는다.

요르단의 경우도 사정은 마찬가지다.

요르단과 이스라엘 사이에 위치한 요단 강은 넓어봐야 폭이 100 미터 정도로 폭이 좁은 곳은 한두 걸음에 뛰어서 건널 수 있을 정도다. 수량이 많을 수 없고 그나마 이스라엘과 공유해야 한다.

시리아와 요르단은 수자원 확보에 가히 필사적이다.

이라크의 경우에는 그래도 티그리스와 유프라테스 두 강이 있지만 이것도 터키의 아타투르크댐 건설로 수량이 급격히 줄고 있다.

일부 성서학자들 중에는 티그리스와 유프라테스 강의 수량이 극도로 줄어들고 있어 종국에는 「요한계시록」에 계시된 대로 동방의 백만 대군이 최후의 세계전쟁인 아마겟돈이 벌어지는 이스라엘 무깃도 평야를 향해 진격해 오는 육로가 마련될 정도로 마르게 될 것이라고 예고하고 있다.

부족한 물을 얻을 수 있는 길은 하늘에서 비가 내리기를 기다리든가 혹은 바닷물을 담수화시키든가 둘 중 하나뿐이다.

그러나 해수를 담수화하는 것은 엄청난 자금이 필요해서 1톤의 바닷물을 담수화시키는 데 약 20달러가 소요된다. 사우디같이 부유한 나라에서라면 20달러가 드는 담수화 물 1톤을 1달러 정도에 공급하고 있지만 시리아처럼 경제 형편이 어려운 나라에서는 불가능한 일이다.

또한 수도 다마스쿠스는 가장 가까운 바다인 지중해 연안 라타키아 항으로부터 200킬로 정도가 떨어져 있어서 담수화 공장을 라타키아에 세운다 해도 담수화한 물을 수도까지 운반하는 수도관을 매설하는 작업도 난제이다. 이래저래 어려운 일이다.

시리아와 이스라엘, 레바논의 수자원

지중해에 면한 항구도시인 레바논의 수도 베이루트를 출발해 시리아의 수도 다마스쿠스로 향해 동쪽으로 약 15킬로미터 정도 달리다 보면 레바논 산맥을 만난다.

베이루트 항에서 레바논 산맥 초입까지 15킬로미터, 그리고 산맥을 넘어 베카 계곡 최대 도시인 자알레까지 도착하면 약 35킬로미터 가량이 된다. 평지라면 쉽게 갈 수 있는 거리지만 해발 2000미터 정도의 고지를 넘는 것이라 약 한 시간 가량 걸린다.

베카 계곡을 통과해 20킬로미터쯤 더 가면 레바논측 국경도시인 마스나아가 나온다. 이어 레바논 출입국 관리소에서 출국 수속을 밟고 안티 레바논 산맥을 넘어 약 5킬로미터 폭이 되는 양국 간 중간지대를 건너면 시리아측 출입국 관리소와 국경도시인 즈데이다가 나오는데 여기서 수도 다마스쿠스까지는 50킬로미터 거리다.

해발고도 2000미터 이상 되는 레바논 산맥을 넘다보면 멀리 남쪽으로 눈덮인 높은 산 하나가 눈에 띈다. 바로 구약성경에 자주 등장하는 헤르몬 산이다. 이 산은 최고봉이 레바논에 속해 있지만 산자락은 레바논과 시리아, 이스라엘 세 나라에 속해 있다.

「신명기」에는 모세가 출애굽 이후 이스라엘 민족을 이끌고 40년간 시나이 광야를 방랑하다가 드디어 요르단의 느보 산에 올라 건너편 가나안 땅을 바라보고 임종하는 장엄한 광경이 나온다. 헤르몬 산은 모세가 감개무량하게 바라본 바로 그 산이다.

그런데 이 헤르몬 산은 성서적으로뿐만 아니라 전략적으로도 중동에서 핵심적인 곳인데, 그 이유는 바로 이 산이 중동 최대의 수자원인 갈릴리 호수의 수원지이기 때문이다. 여기서 요단 강이 발원해 갈릴리 호수로 흘러 들어가고 다시 여기서 사해를 향해 간다.

이스라엘이 남부 레바논으로부터 철수했어도 마르자이윤으로 불리는 헤르몬 산 일대에만은 이스라엘군을 주둔시키고 있는 이유도 바로 이 때문이다.

이곳을 장악하는 한 갈릴리 호수의 수자원과 골란 고원을 방어할 수 있다. 중동의 소국 레바논은 작지만 무시하지 못할 전략적 위치를 점하고 있는데, 이유는 풍부한 수자원을 보유하고 있기 때문이다. 레바논의 풍부한 강우량이 헤르몬 산을 비롯해 레바논 산맥을 적셔주어 수자원의 원천이 된다.

레바논의 비는 주로 11월에서 4월에 이르는 동절기에 집중되는데 베이루트의 세인트 요셉 대학의 미셸 아프람 교수 등 레바논의 수자원 전문가들은 레바논이 좀더 많은 저수지를 만들어 강우량을 비축하고, 헤르몬 산의 지하 수자원을 제대로 활용하면 상당히 더 많은 물을 활용할 수 있다고 분석하고 있다. 이스라엘, 시리아, 요르단 등 인접국의 수자원 제공도 가능하다는 얘기다. 시리아와 요르단의 물 사정은 최악에 이르고 있다. 요르단은 이스라엘측이 제공해 주는 요단 강물이 없으면 국내 물 부족 사태를 자체적으로 해결할 수 없을 것이다. 1997년에는 점차 심해지는 물 부족 때문에 요르단의 수도 암만에 소재한 각국 대사관에 저수용 물탱크를 만드는 공사가 대대적으로 벌어진 적도 있다.

만성적인 물 부족에 시달리는 시리아의 경우도 자체 해결이 어려운 상태인데 이스라엘과의 평화적 타협에 의한 수자원 분배가 불가능한 현재 상황은 시리아의 입장을 더욱 어렵게 만들고 있다.

욥의 시련과 미국의 장래

『타임』지는 미국 독립 200주년 기념 특집기사에서 이렇게 쓴 바 있다.

"미국은 아마도 역사상 최단기간 단명한 나라로 기록될지도 모른다. 왜냐하면 미국은 욥의 고난을 경험하지 못했기 때문이다."

『타임』지는 어째서 미국의 장래를 우려하면서 그 이유를 욥처럼 고난을 겪지 못했기 때문이라고 했을까.

욥은 구약성서에 나오는 인물이다.

구약성서 「욥기」에 "그 사람은 순전하고 정직하여 하느님을 경외하며 악에서 떠난 자더라"라고 기록되어 있듯 욥이라는 인물은 온전한 신앙을 가진 사람의 대명사처럼 알려져 있다.

욥은 완전한 사람이었으나 사탄은 이런 욥을 질투한다.

다시 「욥기」 1장을 보자.

하루는 하늘의 영들이 야훼 앞에 모여 왔다. 사탄이 그들 가운데 끼어 있는 것을 보시고 야훼께서 사탄에게 물으셨다. "너는 어디 갔다 오느냐?" 사탄이 대답하였다. "땅 위를 이리저리 돌아다니다가 왔습니다." 야훼께서 사탄에게 "그래, 너는 내 종 욥을 눈여겨 보았느냐? 그만큼 온전하고 진실하며 하느님을 두려워하고 악한 일은 거들떠 보지도 않는 사람은 땅 위에 다시 없다."

그러자 사탄이 빈정거리는 투로 이유를 단다.

"욥이 어찌 까닭 없이 하느님을 두려워하겠습니까? 당신께서 친히 그와 그의 집과 그의 소유를 울타리로 감싸 주시지 않으셨습니까? 그가 손으로 하는 모든 일을 축복해 주셨고 그의 가축을 땅 위에 번성하게 해주시지 않으셨습니까?"

사탄은 욥의 성품을 그의 부유한 생활 때문이라고 일축한다. 그리고 하느님에게 내기를 건다.

"이제 손을 들어 그의 모든 소유를 쳐보십시오. 그는 반드시 당신께 면전에서 욕을 할 것입니다."

하느님은 사탄의 도전을 받아들인다.

"좋다! 이제 내가 그의 소유를 모두 네 손에 붙인다. 그러나 그의 몸 에만은 손을 대지 말아라."

이후 욥은 자녀들이 모두 죽고 모은 재산이 다 없어지는 재난을 만나고 급기야는 자신의 온몸에 종기가 돋아 가려움병이 생겨 재 위에 앉아 기와로 몸을 긁는 고통의 날을 보내게 된다. 그러나 이런 고난에도 불구하고 여호와를 경외하는 욥의 마음은 변치 않아 결국 여호와의 인정을 받고 잃어버렸던 복도 다시 찾게 된다는 것이 「욥기」의 줄거리다.

그런데 왜 『타임』지는 미국이 욥의 고난을 경험하지 못했기 때문에 미국의 번영이 단기간에 그칠지도 모른다고 예견했던 것일까.

미국은 전쟁을 바탕으로 발전한 나라다. 영국과의 독립전쟁을 치르며 나라를 세웠고 그 이후 전쟁의 연속이었다. 클린턴 대통령은 미국은 단지 이익만을 위해 싸우는 나라가 아니라고 말한 바 있지만 여기에는 많은 반대의견이 있을 수 있다.

20세기에 들어와서도 세계 무역의 기축통화로서 달러화를 유지하기 위한 전쟁을 미국이 계속하고 있다고 보는 시각도 있는 것이다.

미국은 스페인과의 전쟁에서 필리핀과 미국의 중서부 지역을 얻었고, 멕시코와의 전쟁으로 뉴멕시코와 캘리포니아를 획득했으며, 이후에도 1, 2차 세계대전을 통해 거대한 국부를 축적하게 된다. 유럽 국가에 대한 군수물자 수출과 전쟁을 계기로 한 미국 군수산업의 발전은 미국경제를 확고히 해주었다.

실제로 미국 경제의 주축은 군수산업과 금융기업이라고도 할 수 있다.

미국의 가전제품이 세계의 쇼윈도를 장식하지 않고, 미제 자동차가 외국에서 별로 굴러다니지 않는다고 해서 놀랄 일은 아니다. 미국은 그보다 훨씬 강력하고 부가가치가 높은 군수산업과 금융업을 통해 세계를 통제하고 있기 때문이다.

전쟁을 통해서 이룩한 부와 그 부를 유지하기 위해서 부단히 또 다른 전쟁을 기대하고 있어야만 하는 군수산업을 국가의 주요 산업으로 유지하고 있는 국가는 고통과 고난을 겪었다 해도 실제로는 욥과 같은 고난을 겪었다고 말할 수는 없을 것이다.

아마도 『타임』지는 미국이 실상은 이런 과정을 통해 강대국으로 발전했지만 정신적인 성숙성은 이루지 못했다는 의미에서 이런 우려를 기술해 놓은 것인지도 모른다.

인디펜던트 석유회사의 베팅 가능성

기업의 성공은 기회를 포착하는 데 있다. 석유회사의 경우 이것은 국제 석유가 인상의 시기를 포착하는 일이 될 것이다. 중동에서 분쟁이 발생할 경우 국제 석유가는 틀림없이 상승하고 이것은 석유회사에 일확천금이 들어오는 천재일우의 기회를 제공한다.

중동전이 발생할지도 모른다는 위기감이 외신만 타도 세계 각국은 앞다투어 석유 비축량을 늘이고 석유가는 급상승한다. 산유국도 수출고가 늘고 국제 석유회사에도 매출액 증가를 가져다 주는 덕분에 자국이 전쟁터가 되지 않는 이상 나쁠 게 없다.

1979년 12월, 이란의 이슬람 혁명 당시에는 배럴당 12.7달러에서 41달러로, 73년 10월 중동전 당시에는 배럴당 5달러에서 17달러로

300%나 점프했다. 또 1980년 8월 이란 · 이라크전 당시에 원유가는 배럴당 34달러로 뛰어올랐다.

1990년 걸프전쟁 당시에도 석유가가 급등했다. 즉 중동에서 어떤 형태로든 정변이 생기면 국제 원유가는 뜀박질을 시작한다. 중동에서의 전쟁발발은 그야말로 이유가 타당하든 타당하지 않든 즉각적인 국제 원유가 폭등으로 직결된다.

국제 석유가를 결정하는 것은 소비자들의 심리적인 요소가 거의 절대적이다. 중동의 산유국 전체가 전쟁에 참여한다면 모르지만 한 두 개 산유국이 개입되는 국지전의 경우에도 국제 원유가 전체가 뛰어오른다는 것은 아무래도 국제 석유회사들의 원유가 인상작전인 감이 짙다.

한두 나라에서 생산 차질이 생긴다면 다른 산유국에서 그만큼의 물량을 증산해 국제 원유시장에 공급하면 평균 원유가를 지킬 수 있는 것이다. 그러나 다른 산유국들로서도 현재의 공급량을 유지하면 인상된 원유가를 받을 수 있기 때문에 구태여 초과 생산을 해가며 원유가를 유지시킬 필요가 전혀 없는 것이다. 또 국제 석유회사들의 경우에는 원유가 인상이 막대한 이익을 가져다주기 때문에 원유시장의 안정을 바랄 이유가 없다.

특히 소규모 자본으로 설립된 인디펜던트 석유회사의 경우에는 이미 거대 다국적 기업으로 성장해 버린, 소위 세븐 시스터스들인 국제 석유기업들보다 중동전으로 인한 유가인상에서 얻을 수 있는 막대한 이익에 매력을 느끼지 않을 수 없을 것이다. 인디펜던트 석유회사들은 설립 당시부터 그와 같은 모험정신을 바탕으로 베팅에 능하기 때문에 일확천금의 가능성을 은연중 기대하는 기업 심리가 있다.

전쟁의 비참함은 두말할 나위 없는 것이지만 동시에 전쟁과 같은 비상사태야말로 모험가들에게는 일확천금의 기회를 제공해 주는 절호의 기회다.

기상이변에 따른 식량 위기

1999년 7월 미국 환경단체 월드워치연구소는 가까운 장래에 전세계의 곡물 생산이 10% 감산되고, 기아 폭동이 우려된다는 보고서를 발표했다. 이는 물 부족으로 인한 식량난이 원인으로 앞으로 수년 내에 지구촌의 곡물 생산이 10% 가량 줄어들리라 예상된다는 것이다.

월드워치연구소는 매년 물소비가 늘어나면서 지구촌의 곡물 생산의 40%를 차지하는 각국의 관개농지로 공급되던 물이 큰 폭으로 줄어들고 있다고 우려하면서, 물 부족 사태의 시급한 해결을 요청했다.

현재 인류에게 부족한 물은 연간 1000억 평방미터로 세계 인구의 44% 정도가 물분쟁 지역에 거주하고 있는데, 2025년경에는 인류의 75% 정도가 수자원과 관련된 분쟁지역에 살게 될 거라고 한다.

세계 인구의 4분의 1에 해당하는 거대한 인구를 보유한 중국은, 97년 한해 동안 수자원의 주공급원인 황하의 하류지역에서 226일 간 심각한 고갈 상태가 나타났다. 또 91~96년 사이 북부 농업지역 지하수면이 연평균 1.5미터씩 낮아져서 농업용수 확보가 시급한 형편이다. 12억 인구의 중국은 아직까지는 식량 자급이 가능하지만 앞으로 식량 부족 사태가 없으리라는 보장이 없다.

월드워치연구소에 의하면 12억 인구의 중국은 2025년부터 연 1억 7500만 톤의 곡물을 수입하지 않으면 안 된다고 하였다. 세계 제1의 인구 대국인 중국의 식량 부족 현상은 중국만의 문제가 아닌 세계적인 문제이다.

중동의 경우도 수자원 및 식량 문제 해결이 시급하다. 중동 주요 국가의 식량 수입비율은 요르단 91%, 이스라엘 87%, 리비아 85%, 사우디 50%, 이집트 40%에 달한다.

말할 것도 없이 대부분 사막으로 이루어진 중동국가들의 식량 부족 원인은 물 부족 때문이다. 현재 나일 강을 둘러싼 이집트와 수단 간의 분쟁, 티그리스와 유프라테스 강을 둘러싼 터키와 중동 국가 사이의 분쟁 등 수자원을 둘러싼 국제분쟁이 세계적으로 큰 문제가 되고 있다.

한편 기상이변에 의한 식량난도 예견된다. 1997년 7월에는 국제적 환경보호단체인 그린피스가 베링 빙하의 면적이 100년 간 130평방 킬로미터나 줄어들었다는 내용의 보고서를 발표했다. 지구온난화의 가공할 만한 결과가 담긴 충격적인 보고서였다.

세계 각국이 석유, 석탄 등 화석연료의 사용을 억제하지 않으면 가까운 장래에 인류는 해수면 상승으로 인한 대재앙에 직면하게 될 것이라는 경고를 담고 있다. 이 보고서에는 알래스카의 베링 빙하가 녹아 무너져 내리고 있는 사진도 포함되어 있어 전세계에 큰 충격을 주었다.

또 국제기후변화회의(IPCCP)도 1997년 6월 보고서를 통해 온실가스의 증가로 인해 세계에 홍수와 한발, 그리고 전염병의 증가가 우려된다고 경고하였다.

기후변화에 대한 대응책을 마련하기 위해 1988년에 유엔환경계획(UNEP)와 세계기상기구(WMO)가 공동으로 설치한 IPCCP는 온실가스의 지속적인 증가로 2100년에는 지구표면 온도가 섭씨 1~3.5도 올라가고, 해수면이 15~95센티미터 상승할 것으로 예상했다.

보고서는 또 대기권의 온실 가스 증가로 토양 습도와 강우량에 변화를 일으켜 해안지대가 사라지고 전염병이 창궐할 것이라고 우려하고 있다.

한국, 일본, 중국, 몽골, 러시아 등이 포함된 동북아 온대지역은 산림의 생산성이 크게 떨어질 것이며, 영구 동토지대인 툰드라가 약 50% 줄어들면서 이산화탄소와 메탄가스의 방출이 크게 증가해 지구 온난화에 10배나 더 큰 영향을 미친다는 것이다.

일본은 지구온난화로 해수면이 1미터 상승할 경우 산업생산 시설의 50% 가량이 집중돼 있는 도쿄, 오사카, 나고야 등 3대 도시의 주요 지역이 해수로 덮일 것으로 예측된다. 오사카의 경우 남북으로 100킬로미터 정도의 길이에 미츠이 석유산업기지를 비롯한 공업단지들이 집중 배치되어 있다. 이 공업단지들은 해면으로부터 불과 1미터 정도밖에 높지 않은 지표면에 위치해 있다. 만일 이것들이 모두 물에 잠기게 되면 일본은 더 이상 국제사회에서 경제대국으로 불리기 어렵게 될 것이다. 일본이 쿄토의정서로 불리는 세계적 환경보호체제 구축에 국가적인 노력을 경주하는 데는 그만한 이유가 있는 것이다.

성서에 나오는, 환경오염과 비슷한 상황에 대해 살펴보자.

성서에 나오는 이 같은 예언이 지구의 환경변화로 인한 대기오염과 해양오염 등 환경오염으로 나타날 것이며, 이로 인해 피부병 등 각종 질병이 유행하고, 지구의 농산물 피해가 심각할 것이라는 해석을 하고 있는 사람들도 많다.

한 가지 더 덧붙이자면 「요한계시록」에는 농산물의 수확 감소로 인해 식량 가격이 폭등하게 된다는 예언도 등장한다.

실제상황이 되어 우리 주변에 닥치게 된다면 두렵기만 한 일이다.

터키의 아타투르크댐

무스타파 카말은 터키의 국부로 불리는 인물이다.

1차대전 당시 1915년 4월 25일 영국과 프랑스, 호주, 뉴질랜드 연합군의 상륙작전에 맞서 싸운 유명한 갈리폴리 전투에서 카말은 터키 병사들에게 "나는 제군들에게 공격하라고 부탁하고 있는 것이 아니다. 나는 제군들에게 죽어줄 것을 부탁하고 있는 것이다"라는 유명한 연설을 했다.

용장 밑에 약졸이 없다는 말대로 터키군은 이 갈리폴리 전투에서 승리를 거둬 터키를 존망의 위기로부터 구하게 된다. 전장에서 쓰러진 터키 병사들이 흘린 핏물에 비친 밤하늘의 초승달과 별을 형상화한 터키의 국기가 등장하는 것도 이즈음이다.

당시 8개월 반에 걸친 갈리폴리 원정에서 호주는 8700명을 잃었고 뉴질랜드는 2700명 그리고 영국은 2만 1000명 그리고 프랑스는 1만 8000명을 잃고 이들 연합군을 상대로 싸운 터키군도 8만 6000명 이상 전사했다. 당시 전쟁터였던 갈리폴리에서는 매년 전몰자 추도식이 열리고 있는데 1996년 4월의 기념식에 참석한 한 호주 인사는 종전 후

카말의 연설 중 유명한 한 구절을 인용해 중동의 평화를 기원했다.

"먼 나라로 아들을 떠나보냈던 어머니들이여. 눈물을 그치십시오. 당신의 아들들은 이제 우리의 품속에 평안히 누워 있습니다. 이생을 끝내고 이제 그들은 우리의 아들들이기도 합니다."

중동 평화를 비는 소원에도 불구하고, 1990년대 초 터키 정부는 남부 아나톨리아 프로젝트(Southeastern Anatolia Project)라고 하는 일련의 거대 댐 건설에 착수했다. 이 프로젝트는 22개의 댐, 17개의 수력 발전소와 운하 및 터널을 만들어 터키 남부지방 일대 3만 평방마일의 농경지를 새롭게 개척하겠다는 것이었다.

완공될 경우 연간 60 억 달러 상당의 식량이 생산되고, 지역 개인 소득의 5% 상승을 가져올 터키 건국 이래 최대 규모의 국책 수자원 공사였던 셈이다. 그러나 이 댐이 터키에는 분명 상당한 이익을 주겠지만 주변 아랍국들로서는 자신들의 수자원을 빼앗기는 것이 된다.

이 거대 프로젝트 중 하나인 아타투르크 댐은 바로 터키의 국부 카말 아타투르크의 이름을 붙인 것이다. 이 댐은 진도 8도의 지진에도 견딜 수 있도록 설계된 대형 댐으로 담수량은 487억 평방미터이며 저수지 면적은 817평방미터, 댐 높이는 지상 169미터이고 강수면 166미터, 댐의 길이 1664미터에 폭 15미터로서 규모면에서 세계 5위를 자랑한다. 이 댐에는 8개의 터빈 발전기가 설치되어 연간 8900GWh의 전력을 생산하게 되는데 이 댐의 건설로 야기되는 물 부족 문제 때문에 터키는 인접국인 시리아, 이라크와 분쟁을 일으키고 있다.

터키의 아나톨리아 고원으로부터 발원해 시리아와 이라크로 흘러가는 티그리스, 유프라테스 강의 수량이 대폭 줄어들게 된 것이다. 비록 터키측이 아타투르크 댐 완공 6주일 전에 시리아와 이라크로 공급하는 강물량을 50% 증가시킨 후 댐을 완공시켰으나 이들 국가 간의 물 분쟁은 미래의 중동분쟁을 단적으로 상징하는 것이라고 할 수 있다. 시리아와 이라크는 터키에 대해 수자원이 고갈될 경우 전쟁까지도 발생할 수 있다고 경고하고 있고, 터키도 이라크와 시리아가 터키 내의 쿠르드족 반군을 지원하고 있다고 맹렬히 비난하고 있다.

남부 아나톨리아 프로젝트가 계획중인 총 22개의 댐이 가로막게 될 중동 최대의 강은 유프라테스로서 프로젝트가 모두 완성된 후에는 시리아와 이라크로 유입되는 강물은 대폭 줄어들게 된다. 물의 양이 줄어드는 것뿐만 아니라 자국에 공급되는 수자원을 터키의 통제하에 두게 되는 수자원 종속국의 위치에 서게 되는 것이다.

이런 점에서 볼 때 이라크와 시리아 정부가 거국적으로 터키의 댐 건설을 반대하고 나서는 것은 당연한 일이다.

이라크의 물 사정

우리나라의 연간 평균 강우량은 1270밀리미터로 1인당 강수량은 2800입방미터이다. 강수총량은 연간 강수량에 국토 면적을 곱해 산출하고, 1인당 강수총량은 이를 다시 총 인구수로 나눈 것이다. 세계의 연간 평균 강수량은 973밀리미터로 1인당 강수총량은 3만 4000입방미터다. 세계 주요국가별 1인당 강수총량은 영국이 4600입방미터, 프랑스가 7800입방미터, 일본 5500입방미터, 중국 7600입방미터로 우리나라도 물 사정이 풍족한 것만은 아니다.

그러나 중동의 물 사정은 우리와 비교할 바가 아니다.

이라크는 750~1258년 동안 이슬람 시대 압바스 왕조의 수도였던 유서 깊은 나라다. 국토 면적은 43만 5000평방미터로 대부분이 사막 또는 산간 지역으로 이루어져 있다. 전국이 5개 지역으로 구분되는 이라크 주요 지역의 물 사정을 살펴보면 해발고도 500~3700미터의 동북부 산간 지역은 국토의 18.3%를 차지하고 있으며 연강수량은 500~1270밀리미터이나 지역적 특성 때문에 농경지까지 수자원의 이동이 어렵고 대부분 유실되고 있다.

광야지역은 국토의 9.6%를 차지하고 해발고도 100~450미터로 연강수량은 300~500밀리미터 정도이다.

국토의 6%를 차지하고 있는 알자지라 지역은 유프라테스와 티그리스 강 중간에 놓여 있다. 주요 농경지가 위치한 이 지역의 연강수량은 200~400밀리미터 정도다. 충적층 지역은 국토의 23.6%를 차지하는데 이곳의 연강수량은 150밀리미터 이내다. 서부 광야 지역은 해발고도 100~1000미터로 국토의 42.5%를 차지하고 연강수량은 100밀리미터 이내다.

이라크 인구는 2200만 명으로 연 3%의 인구증가율을 보이는데 2025년에는 5600만 명에 육박하게 될 것으로 물 부족 현상은 심각해질 것이다. 물론 이라크 정부도 1939년 알쿠트 수자원 관리소를 설치해 1959년 건설한 도칸 댐으로부터 시작해 1999년에는 알아드헴 댐을 건설하는 등 상당수의 저수지를 완공시켜 물 부족에 대비하고 있다.

그러나 댐의 규모가 작고 터키로부터 유프라테스 강에 공급되는 물의 양이 점차 줄어들고 있어 난관에 봉착해 있다.

터키, 시리아, 이라크 3개국에 걸친 티그리스 강은 총 길이는 1900킬로미터이고, 강 유역의 면적은 23만 5000평방 킬로미터이다. 이 가운데 이라크에 소재한 부분은 45%로서 이라크 내의 강 길이는 1415킬로미터에 달한다.

유프라테스 강은 전체 길이 2940킬로미터로 이 중 1176킬로미터는 터키 내에 있으며, 604킬로미터가 시리아 내에, 그리고 1160킬로미터가 이라크 내에 걸쳐 있다. 유프라테스 강 유역의 면적은 44만 4000평방킬로미터로 이 중 40%가 이라크 내에 있다.

터키와 시리아를 거쳐 이라크 영내로 유입되는 수량은 터키의 케반 댐과 시리아의 알톱카 댐이 1974년 완공됨으로 3분의 1 분량 정도로 줄었다. 그리고 1990년 터키의 아타투르크 댐의 건설을 비롯해 터키와 시리아가 댐 건설 프로젝트를 계속 추진하고 있기 때문에 이라크의 강수량 감소 추세는 더욱 심화되고 있다. 결국 이라크의 물 부족 사태는 피할 수 없는 것으로 보인다.

이라크에는 인류 최고의 도시로 간주되는 우르 지역을 비롯하여 티그리스 강, 유프라테스 강을 주변으로 고대 메소포타미아 시대의 유적들이 산적해 있다. 교황 요한 바오로 2세도 가 보고 싶어했던 곳들로 언젠가 이라크의 경제제재 조치가 해제되고 생활 여건이 나아진다면 많은 관광객들이 찾게 될 것이다. 그러나 인간생활에 필수불가결한 물이 없다는 이유 때문에 이라크의 장래는 결코 낙관할 수 없을 것이다.

　　한편 사우디아라비아의 경우 강우량은 서부 항구도시 제다가 연
평균 50~100밀리미터로 겨울에 약간 내리고 있고, 리야드는 연평균
100~200밀리미터, 그리고 남부 아시르 아브하 지역은 연 200~600밀
리미터로 모두가 인간의 거주에나 식물의 재배에는 불충분한 조건
이다.

5부

신들의 전쟁, 중동의 종교

레바논의 이슬람 민병대와 기독교 민병대 간의 분쟁,
인도의 힌두교와 파키스탄의 이슬람의 분쟁,
영국 성공회와 아일랜드 가톨릭 간의 분쟁,
보스니아와 헤르체고비나의 기독교도 대 이슬람교도의 분쟁,
이란의 시아파 이슬람과 이라크의 순니파 이슬람의 분쟁 등
세계 곳곳에서 종교의 이름을 내세운 피비린내 나는 전쟁이 계속되고 있다.
유대교와 이슬람의 갈등은 세계 종교분쟁의 핵심이다.

알라냐 여호와냐

이슬람에 대해 처음 갖게 되는 의문은 그들은 과연 어떤 신을 믿고 있는가 하는 것이다. 즉 이슬람교도들은 알라신을 믿는다는데 그 알라신이란 과연 어떤 신인가 하는 의문이다.

간단히 말해 보면 중동에서 발생한 3대 유일신 종교 즉 유대교, 기독교, 이슬람이 숭배하는 신은 동일한 대상으로 보인다. 유대교나 기독교나 이슬람이나 믿음의 조상으로 일컬어지는 아브라함이라는 한 사람으로부터 시작하게 되었다는 것은 널리 알려진 사실이다.

이 선택받은 자 아브라함이 만난 존재를 유대교도와 기독교도는 여호와라 부르고 이슬람에서는 알라라 부르는데 존칭만 다를 뿐 그 대상은 동일하다. 여호와란 「창세기」에 나오는 설명대로 '스스로 있는 자(I am who I am)' 란 뜻이다. 알라는 영어의 정관사 The에 해당하는 아랍어 알(Al)에 '그에 속하다(To him)' 는 의미인 라후(Lahu)가 붙어 알라(Allah)가 되었다. 알라 역시 여호와와 비슷한 의미이다.

하느님이 세상을 창조할 당시의 아담과 이브 이야기와 노아의 홍

수, 그리고 아브라함, 야곱과 요셉의 이야기 등 구약성서의 많은 부분이 이슬람의 성서인 코란에도 기록되어 있다. 다만 상당 부분이 조금씩 변형되어 있어 유대교도들과 기독교도들은 이슬람측이 이슬람을 창시할 당시 초기 자료를 제대로 입수하지 못했거나 악의로 왜곡했다고 비판하고 있다. 그러나 이러한 비판에 대해 이슬람에서는 역으로 유대교도들이 왜곡해 놓은 기록을 자신들이 다시 정정했을 뿐이라고 주장한다.

다음은 성서에 관한 코란의 해석이다.

"이스라엘 자손들이여 내가 너희에게 베푼 은총을 기억하고 나에게 약속한 나와의 약속을 이행하라. 내가 너희와의 약속을 이행하리라.……진리를 부정으로 왜곡하지 말고 진리를 숨기지 말 것이니 너희는 알고 있지 않느뇨."

"그들(유대인) 중에는 글을 알지 못하여 그 성서를 알지 못하매 그들의 희망에 불과했도다. 그들은 단지 추측을 했을 뿐이라. 그들 손으로 그 성서를 써서 이것은 하느님으로부터 온 것이니 값싸게 사소서라고 말하는 그들에게 재앙이 있을 것이며 그것을 쓴 그들의 손에 또 재앙이 올 것이며 그로서 금전을 모으는 자들에게 또한 큰 재앙이 있을 것이라."

"유대인이나 나스라이윤이 아니면 천국에 들어가지 못하도다라고 그들은 말하나 그것은 그들의 상상에 불과하도다. 일러 가로되 그들이 진실이라면 증거를 입증하라 말할지어다:

유대인들은 나스라는 진실이 아닌 것을 따르고 있도다라고 말하고 나스라는 유대인들이 진실이 아닌 것을 따르고 있다고 말하며 그들은 그 성서를 읽고 있도다.……성서를 받은 그들이 이슬람에 귀의하여 올바르게 성서를 낭송할 때 그들이야말로 믿음을 올바로 가진 자들이며 이를 불신한 자 이들은 멸망하리라."

여기서 나스라는 초기 기독교도를 말하고 나스라이윤이란 나스라의 복수명사다. 유대교나 기독교가 아니라 이슬람이야말로 올바른 종교임을 설명하는 내용으로 코란의 열렬한 자기변호라 할 것이다. 유대교도와 기독교도, 이슬람교도 간의 분쟁이 최고도에 달하는 부분은 아마도 아브라함이 독자를 하느님께 바치는 장면이 될 것이다. 아브라함이 자신의 가장 소중한 독생자마저도 신을 위해 희생함으로써 신의 인정을 받게 되는 결정적인 순간이기 때문이다.

그러나 이 부분에서 유대교와 기독교는 아브라함이 바치려 했던 아들이 이사악이라고 하고 있으나 이슬람교는 이삭이 아니라 당시 열세 살이었던 이스마엘이라고 주장하고 있다. 이슬람교도들은 이스마엘과 열세 살 차이가 나는 이사악이 태어나기 전까지는 이스마엘이 아브라함의 독생자였기 때문에 아브라함이 독생자를 바쳤다는 기록이야말로 이스마엘이 번제물로 제단에 올라갔던 아들인 게 틀림없다고 주장한다. 물론 이에 대해 유대교도와 기독교도들이 경악하고 맹렬히 반격하는 것은 두말할 나위가 없다.

코란의 기록을 보면 「사파트장」 37장에 이렇게 쓰여 있다.

아들의 나이가 그(아브라함)와 함께 일할 나이에 이르렀을 때, 그(아

브라함)가 말하길 내 아들아 너를 제단에 올리라는 명령을 내가 꿈에
서 보았느니라 너의 생각이 어떤지 알고 싶구나 라고 하니 아들이 말
하길 아버지 당신께서 명령받은 대로 하옵소서 하느님께서 인내하는
종으로부터 원하신다면 당신(아버지)께서 저를 발견할 것입니다 하
였더라.

그리하여 그 둘이서 하느님께 순종하고 그(아브라함)는 그(이스마엘)
로 하여금 그의 이마를 숙이도록 했을 때 우리(하느님)는 그를 불러
아브라함아 그대는 이미 그 꿈을 이행하였느니라 우리(하느님)는 이
렇듯 선을 행하는 이들에게 보상을 내리니라.

독생자를 바친 장소도 유대교와 기독교에서는 이스라엘의 예루살
렘에 있는 모리아 산이라 하고, 이슬람의 일부 종파들은 사우디의 메
카에 있는 아라랏 산이라고 주장하는 등 유대인과 아랍인 간의 분쟁
은 끝이 없다.

하느님 앞에 제물로 바쳐졌던 아들이 이삭이냐 아니면 이스마엘
이냐 하는 문제야말로 신이 개입하기 전까지는 정말로 해결이 불가능
한 문제라고 할 것이다.

사우디의 종교경찰, 무타와

사우디에서는 여자들이 자동차를 운전할 수 없다. 여자들에게는 운전

면허증이 나오지 않기 때문이다. 이것은 여자들의 사회활동을 극도로 제약하는 이슬람 교리에 의한 것이므로 사우디 여성들로부터 많은 비난을 받고 있다.

걸프전 당시 여성단체는 이라크군이 사우디까지 침공할 경우 도주하기 위해 여자들에게도 운전면허증을 내어 줘야 한다고 요구했으나 결국은 성사되지 않았다. 운전과는 다른 이야기지만 이슬람에서는 여자들의 정숙한 품행을 엄격히 요구한다.

사우디에는 다른 나라에는 없는 무타와라는 종교경찰이 있다. 이들은 정식 경찰 편제상의 조직으로 다른 모든 분야, 교통 경찰이나 일반 경찰보다 월등한 권한을 행사한다. 대부분 무타와들은 이슬람 신학교 출신들로 구성되어 있는데 이들은 복장부터 일반 경찰의 복장이 아니라 아랍식 흰색 토바를 걷기 편하게 발목 위 정도까지 짧게 입는다. 그리고 머리에 두르는 슈마흐도 띠를 두르지 않고 그냥 걸치고 다녀 마치 선지자 비슷한 느낌을 준다.

이들 무타와들이 일반 시민들의 신앙을 점검하고 여성들의 품행 위반을 제재하는 일 등을 한다. 무타와의 주요 임무 중에 하나가 시민들의 살라 시간 준수 여부를 감시하는 일이다. 이슬람 국가에서는 하루에 다섯 차례의 기도 시간이 있다. 살라라고 하는 이 기도 시간은 짧으면 30분, 길게는 1시간 30분 정도로 무슬림들은 살라 시간에는 모두가 하던 일을 멈추고 코란 낭송 소리를 들으면서 기도해야 한다. 심지어 군대에서 보초를 서는 군인들마저도 살라 시간을 지킨다.

살라를 이용한 상술도 활기를 띠어 일본의 시계 회사에서는 살라 시간을 알려주는 특수 시계를 제작 판매하고 있고, 이란의 카페트 회

사에서는 1인용 기도 카페트를 고가에 판매하고 있다. 하지만 외국인
들에게 살라 시간은 불편한 것이 사실이다. 상점에서는 살라 시간이
되면 영업을 중단하고 상점문을 닫는다. 식당에서도 문을 닫고 새 손
님은 받지 않고 이미 들어온 손님들은 빨리 식사를 하고 나가도록 안
내해 주고 있다.

　업무상 거래처 사무실을 방문하려고 할 때 모르고 살라 시간 중에
찾아간다면 한 시간쯤은 기다릴 각오를 해야 한다. 실제로 이슬람 국
가에서는 매일 신문에 나오는 살라 시간표를 메모해 그 날의 약속 시
간을 정하는 것이 필수적이다. 쇼핑을 하러 나가는 경우에도 난감하
다. 만약 살라 시간 직전에 상점에 도착하면 눈앞에서 상점 문이 닫히
는 것을 보고 어쩔 수 없이 한 시간 가량을 가게 앞에서 서성거려야 하
는 것이다.

　사우디의 경우 외식을 할 수 있는 식당은 있지만 남자 구역과 가
족 구역으로 나눠져 별도로 출입하게 되어 있다. 여자들은 가족 구역
에만 출입할 수 있다. 무타와들은 이들 식당이나 상점이 남녀 구별 구
역을 지키지 않거나 살라 시간을 어기면 적발하는데, 적발될 경우에
는 상당한 금액의 벌금을 매기거나 심하면 영업 허가를 취소하기도
한다. 외국인 상점도 예외가 아니다. 태국인이 경영하는 태국식당이
살라 시간을 어기고 손님을 받았다가 엄청난 액수의 벌금과 몇 개월
영업 정지를 받은 적도 있다.

　유럽에도 중세 암흑기에 가톨릭 교회가 실제적으로 국가권력을
행사하던 시대에 종교경찰이 있었지만 사우디에 종교경찰이 21세기
에도 존재한다는 의미는 어쩌면 시대착오적인 것이기도 하다. 하지만

198 석유전쟁

사우디의 종교경찰은 사우디 사회의 보수성을 신앙적으로가 아니라
물리적으로 지켜주고 있는 최후의 방파제라 할 것이다.

종교전쟁

헌팅턴의 저서 『문명의 충돌』은 기독교와 이슬람의 충돌 가능성을 제
시했고, 미국의 역사 철학자 겸 국제 정치 분석가인 프랜시스 후쿠야
마의 『역사의 종언』은 공산주의의 위협이 사라진 후의 서구에 대한
위협으로 이슬람을 들었다.

서구 기독교 국가와 중동 이슬람 국가의 충돌은 7세기 아라비아
반도 사막 한가운데서 탄생한 이슬람군의 예루살렘 점령을 시발로 북
아프리카 지브롤타 해협을 건너 스페인 대부분 지역을 점령해 수세기
동안 스페인의 이슬람화를 도모하기에 이르렀다. 이후 유럽 기독교
국가들은 성지 예루살렘을 이교도로부터 탈환해야 한다는 강박관념
에 쫓기게 된다.

이런 열망은 11세기 십자군의 원정으로 본격적으로 불이 붙었고,
15세기에는 비잔틴 제국이 오스만 투르크에 의해 이슬람화됨으로써
두 종교의 충돌은 그 절정에 달했다.

수세기 동안 이슬람의 지배를 받았던 스페인에는 지금도 이슬람
유적이 많이 남아 있다. 유명한 알함브라(붉음이라는 뜻) 궁전도 대표
적인 이슬람 양식이다.

1453년에 있었던 오스만 투르크 이슬람군의 콘스탄티노플 공성전은 역사상 가장 유명한 전투 중의 하나로 손꼽힌다. 비잔틴 제국의 수도를 지키는 난공불락의 성을 함락시키기 위해 이슬람군은 운하를 파서 보스포로스 해협의 바닷물길을 성 안으로 돌려 수공을 퍼붓는다. 이슬람군은 이 물길을 따라 소형 함선을 타고 들어와 성 안에 불을 놓고 화약을 터뜨려 비잔틴군의 장렬한 저항에도 불구하고 1453년 5월 29일 드디어 성을 함락시켰던 것이다.

당시 비잔틴군은 무거운 철갑옷으로 무장한 중기병 위주의 편제였는데 오스만군은 간편한 복장의 경기병 위주로 날랜 기동력으로 비잔틴군을 제압했다고 한다. 특히 중국에서부터 들어온 폭약은 공성전에서 위력을 발휘했고, 우리의 국궁과 흡사한 오스만 궁사대의 강궁은 원거리에서도 비잔틴군을 효과적으로 공략했다.

총 면적 535평방킬로미터로 서울보다 약간 작은 이스탄불에는 지금도 당시 성을 방어하기 위해 마실 식수를 저장하던 거대한 지하 저수지가 그대로 보존되어 있다. 8만 입방미터의 물을 저장할 수 있는 엄청난 규모의 지하 석실은 길이 140미터에 폭 70미터의 지하 천장을 336개의 대형 석주가 받치고 있어 가히 장관을 이룬다.

시대가 바뀐 오늘에 와서도 종교전쟁은 계속되고 있다. 실제로는 종교를 빙자한 정치와 민족, 경제 전쟁이지만 신문지상을 장식하는 명목상의 이름은 이슬람 민병대와 기독교 민병대의 전쟁이다.

레바논의 이슬람 민병대와 기독교 민병대 간의 분쟁, 인도의 힌두교와 파키스탄의 이슬람의 분쟁, 영국 성공회와 아일랜드 가톨릭 간의 분쟁, 보스니아와 헤르체고비나의 기독교도 대 이슬람교도의 분쟁, 이란의 시아파 이슬람과 이라크의 순니파 이슬람의 분쟁 등 세계 곳곳에서 종교의 이름을 내세운 피비린내 나는 전쟁이 계속되고 있다.

유대교와 이슬람의 갈등은 세계 종교분쟁의 핵심이다.

1948년 이스라엘의 건국으로 시작된 이스라엘과 아랍국가들과의 전쟁은 수차례 계속되어 아직껏 이스라엘은 대부분 아랍국가들과 평화협정을 체결하지 못하고 있다. 팔레스타인 자치정부와 이스라엘과의 무력충돌도 끝없이 이어지고 있다. 아랍 20개국 가운데 이스라엘과 국교를 수립한 나라는 이집트와 요르단 2개국뿐이고 나머지는 모두 잠재적 적국으로 남아 있다. 모두 언제 터질지 모르는 폭탄 같은 상황이다.

유대교, 선교하지 않는 유일한 종교

세계의 모든 종교들은 선교를 중시한다. 자신들의 종교를 전파하는 것을 일종의 사명으로 삼고 있다.

그러나 유대교만은 선교를 하지 않는다. 선교가 필요 없을 정도로 자신들의 아이덴티티가 확고하고, 선민의식과 혈통을 벗어난 선교는 불필요하다는 논리 등은 매우 중요한 점을 시사한다. 유대교도들은 자신들이 인류사의 중심을 형성하고 있으며 여호와로부터 부여받은 인간성의 순수한 부분을 간직하고 있다고 믿으면서 언젠가 올 메시아를 기다리고 있는 것이다.

유대교는 종교라기보다는 정치이며 생활 그 자체다. 유대교도들의 말과 같이 신앙이 생활과 별도로 떨어져 존재하는 것이 아니라 일상 생활 속에서 신과 함께 호흡하듯 살아가는 것이 바로 유대교이다. 종교가 아니라 생활 습관, 살아가는 방법 자체가 바로 유대교인 것이다.

유대교도의 사명은 메시아를 기다리는 것이지 자신들의 종교를 다른 민족들에게 전파하는 것이 아니다.

종교는 이미 그들 자신에게 생활 자체이기 때문에 유대교를 전도한다는 것은 다른 민족의 기존 생활양식을 유대교식으로 바꿔야 한다는 것을 의미한다. 그들은 생활로서의 유대교를 다른 민족에게 전하는 게 거의 불가능하다는 것을 잘 알고 있다.

하나의 예로 코세르라고 하는 독특한 유대인의 식생활 관습을 유대인 이외의 민족에게 가르칠 수는 없을 것이다. 코세르는 유대식 음식 조리법과 식용법으로 유대교 랍비 중에는 코세르만을 전공한 랍비가 있을 정도로 간단치가 않다. 그 중에는 소고기를 먹기 위해 소를 죽일 때 피를 완전히 제거하는 방법도 있다.

이스라엘 대학의 학과 중에는 음식물 섭취가 인간성에 미치는 영향을 연구하는 식품심리학(Food Psychology)이라는 학과도 있다.

구약성서에 자세히 기록되어 있듯이 유대인들에게는 먹을 수 있는 음식과 먹어서는 안 되는 음식이 확실히 구분되어 있다. 식생활 습관 하나만 봐도 유대식 생활방식을 전파하기 무척 어렵다는 것을 알 수 있다.

한국인들은 이스라엘에 대해 막연한 호감을 가지고 있다.

기독교도들에게는 신구약 성서의 주인공들의 무대며 예수 그리스도의 고향이라는 친밀감이 배어 있는 나라이다. 교회와 기독교 단체에서 주관하는 성지 순례 여행도 활발하다.

일부 교회는 이스라엘 순례중에 수백 명이 예루살렘 거리에서 대규모 노방전도를 벌여 이스라엘 정부로부터 항의를 받은 적이 있다.

사실 우리의 이스라엘에 대한 감정적 친근감은 어떤 면에서 현실적인 인식이 부족한 것일 수 있다. 비근한 예로 이스라엘인들에도 여러 부류가 있는 것이다.

이집트에 있는 이스라엘 대사관을 방문했을 때의 일이다. 이미 알려진 대로 이스라엘은 테러 위협에 대한 방어기술이 세계 최고이다. 독일 뮌헨 올림픽 당시 이스라엘 선수단이 테러를 당한 것처럼 이스라엘 사람들은 수없이 많이 테러공격의 대상이 되어 왔기 때문이다.

이집트의 이스라엘 대사관도 보안시설이 매우 철저하다. 일단 20층 건물의 중간층 전체를 대사관으로 사용하기 때문에 단독 건물일 때 있을 수 있는 차량 폭탄 테러를 일단 피할 수 있다(만약 폭파한다면 수많은 이집트인들이 죽고 다칠 것이기 때문에). 그리고 거대 건물을 폭파하려면 엄청난 분량의 폭약을 옮겨와야 하기 때문에 테러 계획을 사전에 적발하기 쉽게 돼 있다. 더구나 건물 앞은 도로구조상 대형 차량의 진입이 아예 불가능하다.

뿐만 아니라 건물 현관과 엘리베이터를 시작으로 벽마다 부착된 감시 카메라가 출입자를 경계하고 있고, 복도는 복잡하게 연결되어 있다. 일단 대사관 내부로 들어가면 미로에 들어온 것 같아 처음 들어가는 사람은 길을 찾기도 힘들다.

모든 창문은 두꺼운 방탄 유리로 되어 있고, 각 사무실은 구역별로 잘 나뉘어 좁은 복도로 연결되어 있어서 침입자는 복잡한 내부에서 갈피를 잡지 못할 구조이다. 만일 테러리스트가 인질을 잡거나 폭탄으로 위협한다고 해도 그곳 한 군데만 격리시키면 다른 곳에는 피해가 미치지 않을 것 같다. 마치 잠수함 내부 비슷한 느낌을 받았다.

이윽고 찾아들어간 이스라엘 문화원장의 방에는 이스라엘의 독립선언문이 걸려 있었다.

"시온의 바위에 맹세하여 여기 우리는 이스라엘의 독립을 선언한다."

언뜻 읽어본 독립선언문은 감동적인 문장으로 시작되고 있었다.

단조로운 사무실에는 컴퓨터와 잘 정돈된 자료 디스켓 함이 함께 놓여 있고, 서가의 많은 책들이 인상적이었다.

공식적인 업무가 끝나고 개인적인 질문임을 전제로 종교가 뭐냐고 묻자 놀랍게도 자신은 신을 믿지 않는다고 했다. 그는 현대 이스라엘 사람은 세 가지 유형으로 나뉜다고 했다. 고대 유대이즘 정통 신앙을 믿는 사람들과 현대 유대이즘-이 둘은 유대교 율법 해석상 차이가 많다-을 믿는 사람, 그리고 신을 믿지 않는 사람.

무신론자 이스라엘인을 만나 놀랐다고 말하자 문화원장은 이스라엘의 신이란 민족적 생존 욕구가 형상화된 것이며, 이제 이스라엘이 완전히 국가 형성을 하고 외부로부터의 위협에서 벗어나게 되면 무신론자의 수는 더욱 많아질 것이라고 말했다.

실제로 무신론 공산주의 사회가 구현된 소비에트 공화국 건설에 수많은 유대인들이 참여하지 않았느냐는 것이다.

문화원 서가에는 수많은 책들이 꽂혀 있는데 그 중 20권짜리 전집

『유대민족 백과사전 Encyclopeadea Judaica』도 있었다. 한 권을 뽑아 보니 겉표지에는 보라색과 초록색이 섞인 신비로운 빛에 타오르는 불꽃 형상으로 글자를 배열한 문장이 튀어 나왔다.

> "자, 올라가자. 야훼의 산으로, 야곱의 하느님께서 계신 전으로! 사는 길을 그에게 배우고 그 길을 따라가자."

「이사야서」 2장의 글이었다.

유대인의 유형이 여러 부류라 해도 역시 이스라엘의 국가 주류는 정통 유대이즘이라는 점에는 변함이 없을 것이다.

또 한 가지 이스라엘의 수도 텔아비브에 있는 해외 거주 이스라엘인을 위해 설립된 세계유대인 기구를 방문했을 때 벽에 걸린 그림도 인상적이었다.

역사에 영향을 준 유명한 유대인들의 얼굴을 모자이크한 그림이었는데 수없이 많은 얼굴 중에 공산주의를 창시한 마르크스와 소비에트 혁명 당시의 혁명가들도 끼어 있었다. 1818년 유대인 부모에게서 태어난 마르크스는 무신론과 공산주의 사상으로 20세기 인류사에 최대의 영향을 끼친 인물이 아닌가.

흔히 유대인과 이스라엘인은 다르다고 말한다. 유대인은 전세계에 퍼져 있는 유대 민족을 말하고, 이스라엘인은 현재 이스라엘에 살고 있는 이스라엘 국민을 말한다. 이스라엘인이 아직도 전통주의적이라면 세계에 분포된 유대인은 코스모폴리탄적이다. 그리고 이 양자에는 분명히 유대교의 랍비와 골수 공산주의자만큼의 차이가 있다.

또 한 가지 잊어서는 안 될 것은 현대 미국을 움직이고 있는 소위 이스터블리시먼트로 불리는 엘리트 집단, 미국의 언론과 금융, 영화 산업을 장악하고 있는 세력은 상당수가 유대인들이라는 것이다.

이스라엘의 테러 노이로제

이스라엘의 수도 텔아비브 근교에 위치한 벤구리온 공항에 내리면 커다란 조각품 하나가 눈에 띈다. 1972년 5월, 당시 일본 적군파와 팔레스타인 게릴라의 연합으로 저지른 벤구리온 공항 테러사건 때 희생된 사람들을 위한 기념 조각이다. 마치 맷돌을 세워놓은 듯한 원형의 돌 중심에 시계바늘 같은 막대기가 꽂혀 있다. 마치 언제까지나 그 일을 기억하리라는 듯 끝없이 돌고 있다.

당시 일본 적군파의 행동대장으로 현장에서 기관총을 난사했던 일본인 오카모토는 나중에 레바논에서 잡힌 이스라엘 군인들과 포로 교환을 해서 지금껏 레바논에 살고 있다.

이스라엘은 테러의 피해국이지만 테러에 대한 보복도 유명하다.

예루살렘에 있는 홀로코스트 기념관인 야드 바솀('신의 손'이라는 뜻)을 방문하면 입구 옆에 "기억 속에 구원이 있고 망각 속에 파멸이 있다"라고 쓰인 석판이 보인다. 기억이 없이는 보복도 없을 것이다. 그리고 입구 홀 한복판에는 항상 꺼지지 않는 성화가 불타고 있어 방문객의 눈길을 사로 잡는다.

이스라엘과 아랍 사이의 보복이 악순환되기 때문에 외국인이 중동에서 임대주택을 구할 때 제일 먼저 고려해야 할 사항이 건물 안에 이스라엘 사람이 사는지 확인하는 일이다. 이스라엘 사람이 살지 않는 집을 구해야 한다.

테러에 대한 경계심 때문에 텔아비브와 카이로 간을 취항하는 이스라엘 국영 항공 엘알(EL AL)은 다른 항공기들이 운행하지 않는 밤 2시에 중무장한 군인들이 삼엄하게 경계하는 가운데 카이로 공항에 이착륙하곤 했다.

필자가 탑승한 경험이 있는데, 거의 다른 손님을 찾아보기 힘든 심야에 착륙, 승객에 대한 보안 검색도 함께 타고 온 이스라엘 보안 검색 요원들이 신속하고 철저하게 실시한다. 그후 그들은 이번에는 탑승객들을 태우고 다시 되돌아가는 식이었다.

엘알의 체크인 카운터와 탑승 게이트 위치마저도 거의 출발시간에 임박해서야 승객들에게 알려졌다. 카이로 공항을 떠나 텔아비브 공항까지 걸리는 시간은 한 시간 남짓에 불과하지만, 그 한 시간의 비행시간이 그렇게 길게 느껴질 수가 없었다.

카이로의 마디 지역은 한국 대사관저, 미국 대사관저와 카이로 아메리칸 고등학교 등이 있는 외국인 촌으로 한남동 외국인 타운과 비슷한 곳이다.

마디에는 이스라엘 대사관저와 우리 대사관저가 100미터 정도로 인접해 있다. 어느 나라 대사관이나 공관원 주택은 공관장 관저 근처에 자리를 잡는 게 통례라 우리 공관원들의 주택도 이스라엘 공관원들과 인접할 수밖에 없었기 때문에 집을 구할 때 여간 신경이 쓰이는 게 아니었다.

　필자가 카이로에 근무하던 때의 일이다. 어느 날 출근길에 이스라엘 대사관저와 우리 관저의 중간쯤에 부서진 BMW 한 대가 서 있는 게 보였다. 초록색 번호판은 외교단 번호판이라 대사관 소속 차량인가 보다 생각하고 지나갔는데, 출근해서 뉴스를 통해 들으니 바로 그곳이 이스라엘 대사관원에 대한 테러 현장이었다.

　우리 대사 관저에 근무하는 이집트인 청소부가 이 사건을 목격했는데, 이스라엘 대사관저에서 빠져나온 차량이 골목길을 돌아 큰길로 나가려고 잠시 정지하는 순간 길가에 주차해 있던 차 안에서 기관총을 난사했다는 것이다. 탄창 서너 개 정도 분량의 총탄을 순식간에 퍼부은 테러 차량은 겁에 질려 땅에 엎드린 청소부 앞을 쏜살같이 지나며 달아났다고 했다.

　범인들은 이스라엘 대사관의 공보관을 대상으로 했는데 부인과 두 아이는 죽고 정작 공보관은 부상을 입은 채 살아났다.

　이스라엘 대사관원들은 테러 공격을 피하기 위해 순간 추발 속도가 빠른 BMW를 애용하는 것으로 알려져 있는데, 이것으로도 만반의 준비를 하고 공격해 오는 테러리스트를 막기 어려운 듯하다.

　이스라엘은 테러도 많이 당하지만 역테러에 해당하는 응징으로도 유명하다. 한번은 이런 사건이 있었다.

　이스라엘과 이집트 국경을 경비하는 이집트 국경 경비대원 한 사람이 국경을 넘어 이스라엘 지역에서 수영하던 이스라엘인 한 가족을 사살하였다. 당시 그 가족들은 평온하게 휴식을 즐기던 중이었고, 이집트 경비대원을 자극할 만한 어떠한 접촉도 없었음에 비추어 이집트

당국은 범인을 정신병자로 판정하고 경찰병원 내에 가두었다. 그로부터 몇 개월 후 범인은 병원 내 독방 안에서 목을 맨 체 시체로 발견되었다.

이집트 당국으로서는 범인을 재판하여 엄벌하라는 이스라엘측 요구와 국내의 반이스라엘 감정에 편승한 범인 동조 여론의 틈바구니에서 시달리던 터라 오히려 잘 된 일이라 한숨을 돌렸다. 그러나 제일 안전한 경찰 병원 안에서 범인이 자살한 것은 사실은 이집트 내 이스라엘 모사드 요원에 의해 양국을 모두 만족시키는 가장 적당한 방법으로 범인을 처리한 것이라는 설이 한동안 외국인들 사이에 퍼졌었다.

무적 이스라엘군의 신화

무적 이스라엘군, 상승 이스라엘군이라는 신화가 있다. 1948년 건국 이래 수차례의 대아랍 전쟁을 모두 승리로 이끈 이스라엘군은 분명히 아랍세계에 공포감을 줄 만큼 강력하다.

구약성서 「민수기」 13장에는 당시 선주민이었던 가나안인에 대한 공포감을 이렇게 기록하고 있다.

그러나 그와 함께 갔다 온 사람들은, 그들이 자기들보다 훨씬 더 강하기 때문에 도저히 올라가지 못한다고 하면서 자기들이 가서 정탐

한 고장은 사람이 살지 못할 곳이라는 소문을 이스라엘 백성들에게 퍼뜨렸다. "우리가 정탐하고 온 땅에 들어가 살려다가는 도리어 잡혀먹힐 것이다. 거기에는 키가 장대 같은 사람들이 있더라. 우리가 만난 거인들 가운데는 아나킴 말고도 다른 거인족이 또 있더라. 우리는 스스로 보기에도 메뚜기 같았지만 그 사람들 보기에도 그랬을 것이다."(「민수기」 13장 31~33절)

이스라엘 민족이 치른 최초의 이민족과의 전투였던 가나안 전투가 이와 같았지만 지금은 완전히 역전되었다. 아랍 군대에 공포감을 주는 이스라엘군의 강한 전투력은 우수한 장비와 지휘관의 솔선수범, 병사들의 정신력이 삼위일체가 된 결과일 것이다.

첨단장비를 갖춘 최신예 전투기들과 전차, 전자장비에 의한 조기경보 시설 감청 능력 등은 이스라엘군으로 하여금 아랍국가의 군사동향을 손바닥 들여다보듯 알 수 있게 해주었고, 유사시 빠른 시간 안에 적군을 강타할 수 있는 능력을 주었다.

물론 이것은 미국의 철저한 군사 지원에 의한 것이다. 병사의 개별 능력에 앞서 장비와 화력의 우열이 전세를 좌우하는 현대전에서 이스라엘군에 필적할 아랍군은 아직 존재하지 않는다.

이스라엘군 지휘관의 솔선 수범은 유명하다.

1967년에 벌어진 6일 전쟁 때, 당시 국방장관이었던 모세 다얀 장군의 딸은 이스라엘 종군기자로 참전, 이집트군의 패배는 장비나 물자 부족 때문이 아니라 지휘관의 무능력과 장교와 사병 간의 불화 등으로 인한 정신력과 사기 저하 때문이었다고 하였다.

그녀가 시나이 반도로 전진하는 이스라엘군을 따라 패주한 이집트군 막사 안에 들어섰을 때 장교 막사에는 반짝 반짝 윤나는 가죽 장화와 값비싼 천으로 된 깨끗이 세탁된 장교복들이 걸려 있었다. 하지만 사병 막사에는 천이 터진 운동화와 낡은 전투복만이 있었다는 것이다.

장교 식당과 사병 식당도 극심한 차이를 보였는데 장교 식당 안에는 미처 챙겨가지 못한 고기와 식품들이 가득한 반면에 사병 식당에서는 신문지로 싼 묵은 빵만 나왔던 것이다.

이에 반해 이스라엘군은 지휘 통솔 이외에는 장교와 사병 간의 차별이 거의 없으며, 장교와 사병 식당을 따로 두지 않을 정도였으니, 이스라엘군에게는 이집트군 내부의 엄격한 계급차별은 악선전의 대상이 되기에 충분했다.

예전에 세미나 때문에 이스라엘을 방문했던 한 국내 인사는, 세미나가 끝난 뒤 이스라엘의 장관과 함께 식사를 하는데 같은 식탁에서 식사를 하는 한 사람의 얼굴이 매우 낯익었다고 한다. 누굴까 궁금해하던 그는 호텔로 돌아오는 차 안에서야 비로소 그가 장관의 차를 모는 운전기사라는 사실을 알고 깜짝 놀랐다고 했다.

장관과 운전기사가 한 식탁에 앉아 식사를 하는 그런 공동체 정신이 당시 이스라엘군을 강하게 만들었던 원동력이 되었을 것 같다. 실제로 이스라엘의 각료회의는 정장이 아니라 간편한 옷차림으로 매우 자연스러운 분위기에서 진행되었고, 장관들도 보통 정장보다는 편한 옷을 즐겨입는데 이런 점 역시 자칫 경직되기 쉬운 관료적 분위기를 막는 데 일조하는 것 같다. 부드럽고 자연스러운 분위기야말로 창의적인 브레인 스토밍을 위해 중요하고, 그래야 비로소 민주적인 의견 교환이 가능할 것이다.

이스라엘군은 신병 교육훈련이 끝나는 날 마사다 언덕을 오른다. 마사다는 사해에서 25킬로미터 정도 떨어진, 높이 400미터 산 위에 있는 천혜의 요새다. 기원 후 66년부터 73년까지 7년 간 계속된 유대전쟁 당시 로마제국에 대항해 싸우다 최후에 남은 960명이 이곳에서 목숨을 끊은 것으로 유명한 곳이다.

횃불이 성터를 밝히는 가운데 이제 전선에 배치될 신병들은 교관으로부터 마지막 훈시를 듣는다.

"자유의 대가는 죽음이다. 살아서 우리와 가족들이 적의 노예가 되느니 자유인으로 죽자!"

로마군의 총공격을 목전에 두고 벤 야이르는 이렇게 연설했다.

유대 역사가 요세푸스의 기록에 따르면, 미처 숨이 끊어지지 않은 사람을 마지막으로 죽인 뒤 최후에 남은 두 사람은 서로의 가슴을 찌르고 죽었다고 숨어 있던 잔류자가 증언하였다고 했다.

이슬람, 떠도는 영혼

이슬람은 마호메트(아라비아어로는 무하마드)가 사우디아라비아 메카 근처 히라 산 동굴에서 신의 계시를 받아 코란을 계시하기 시작해 622년 추종자를 모아 이슬람을 창시함으로써 시작되었다.

이슬람이란 뜻은 아랍어로 '완전한 복종'을 뜻한다. 즉 신 앞에서 철저히 자신을 비우고 완전히 신의 의지에 맡긴다는 의미이다. 그리고 무슬림은 '이슬람을 따르는 사람들'이라는 뜻이다. 아랍어에서는 동사에 M의 음가를 붙여 동명사로 만든다.

마호메트는 570년 메카 근처의 호족인 쿠라이시의 하심 가문에서 유복자로 태어났다. 그는 모친마저 사망하자 할아버지와 숙부 밑에서 성장해 당시 메카의 유력 가문으로 카라반 무역을 통해 상당한 부를 축적한, 연상의 미망인 하디자를 아내로 맞아 안정된 생활을 하게 된다.

당시 아라비아 반도에 사는 아랍인들은 여러 신들을 믿고 있었다. 그 중에는 유대인들과 하니프라고 불리는 유일신 교도들도 있었다. 어릴 때부터 종교심이 강했던 마호메트는 소년기에 시리아인 하니프를 만나 유일신에 대해 알게 되었다. 신앙에 깊이 몰입하게 된 마호메트는 아브라함의 아들이며 자신들의 시조인 이스마엘의 본향인 메카가 다신교를 좇고 있음을 비판하면서 신앙 지도자로 나섰다.

마호메트는 아브라함이 신에게 이스마엘을 바친 제단이었던 메카의 흑석을 정화하자고 외치지만 3년 동안 가족을 포함해서 40명, 10년 동안 겨우 100명의 신도밖에 얻지 못했다. 마호메트의 설교가 점차 격렬해지고 조금씩 추종자들이 늘어나자 당시 메카의 실권을 장악하고 있던 쿠라이시족은 마호메트를 박해하기 시작했다.

쿠라이시족을 비롯해서 메카의 상인 집단들과 분쟁이 격화되자 마호메트는 이들 기존 세력과 전투를 벌였다. 이슬람 창시 초기에 마호메트는 상인으로, 또는 군사 전략가로서 뛰어난 수완을 보이는데 때로는 주변의 유대인 세력을 이용하고 때로는 기독교 세력과도 결탁하면서 이슬람군을 조직해 결국 쿠라이시족을 복종시키고 만다.

물론 이슬람의 세력이 공고히 된 후 마호메트는 그때까지 손잡았던 유대인과 기독교 세력을 제거하였다. 당시 소아시아와 북아프리카, 이집트, 시리아 등지를 지배하던 비잔틴 제국은 제국 건설 당시의 기독교의 순수성을 상실한 채 세속적인 영화를 추구하고 아랍민족을 포함한 피정복 민족을 백안시하고 있었다.

또한 유대인들은 예수를 못박은 민족이라는 이유로 비잔틴 제국의 핍박을 받고 있으면서도 타고난 상술을 바탕으로 아라비아 반도의 경제를 장악하고 있었다.

지금 우리가 쓰는 율리우스력으로 계산해 622년 7월 16일 마호메트는 메카 지역 호족들의 살해 위협을 피해 추종자들과 함께 메카 북방 400킬로미터에 있는 메디나로 도망친다. 이것이 이슬람의 원년인 히즈라(이주의 뜻)가 되는데, 이슬람 역사가 시작된 해다.

이슬람 달력인 히즈라력은 음력으로 일년이 열두 달로 되어 있고, 그 중의 11개월은 서로 교대로 30일인 달이 6회, 29일인 달이 5회인데 12월만은 29일 또는 30일이 왔다갔다 한다.

29일이냐 30일이냐를 정하는 법칙이 있는데 30년 중 30일의 경우가 11회, 29일이 19회 있다. 따라서 1년은 354일 또는 355일로 태양력에 비해 10일 이상 짧기 때문에 연초도, 각 달도 계절과 점점 어긋나게 된다.

히즈라력은 음력이라서 현재 세계적으로 사용되는 양력인 그레고리력과는 1년에 10일 또는 11일 차이가 난다. 중동의 명절인 라마단이나 하지 등이 어떤 때는 한여름에 있고 어떤 때는 한겨울에 있는 것도 이 때문이다.

히즈라 이후 마호메트는 메디나의 호족들과 연합해 메카 세력을 축출해 나갔다. 지하드라고 불리는 이슬람의 성전을 선포해 630년 1월에는 드디어 메카를 정복하고 아브라함의 카바 신전을 다신교 신전으로부터 유일신 알라의 신전으로 탈바꿈시킨다.

마호메트는 632년 6월 메디나의 자택에서 병으로 사망하지만 그의 사후 후계자인 칼리프들은 마호메트의 유지를 받들어 지하드를 계속한다. 부패한 세계를 이슬람으로 정화시킨다는 목표였다.

이슬람군은 아라비아 반도를 통일한 후 당시 비잔틴 제국의 영토였던 이집트와 시리아를 정복, 서진을 계속했다. 이들 새로운 세력은 북아프리카를 휩쓸고 마침내 711년에는 북아프리카의 서쪽 끝으로 유럽 대륙을 마주 보는 지브롤터 해협을 건너 스페인을 침공하였다. 그리고 732년에는 프랑스 일부까지 침략했으나 피레네 산맥에 막혀 멈추게 되었다.

스페인이 자신의 영토 내 마지막 이슬람의 거점이던 그라나다를 회복하는 것은 1492년이 되어서였다. 이때에야 이슬람이 유럽에서 물러나게 된다. 유명한 스페인의 영웅 엘시드가 등장하는 것도 이즈음이었다.

또 이슬람군은 751년 탈라스 강 전투에서 중국 당나라 군사와 격돌한 뒤 동양으로 계속 진출하여 말레이시아와 인도네시아의 국교를 이슬람으로 만들고, 필리핀 일부를 이슬람화하는 등 세계적인 제국을 건설하였다.

초기 이슬람의 포교는 지하드, 즉 전쟁으로 이루어졌는데 이 점이 이슬람의 독특한 성격을 말해준다. 한 손에 칼, 다른 한 손엔 코란, 믿을 것이냐 죽을 것이냐는 말로 상징되는 이슬람의 이미지는 이렇게 탄생되었다.

하지, 이슬람의 성지순례

전세계 무슬림들에게는 5대 의무가 있다.

즉 신앙고백('라일라 일랄라 무하마드 라술라' 즉, 알라 이외에 신이 없고 마호메트는 그 사도다)과 예배(하루 다섯 차례 성지 메카를 향해 예배하는 것), 헌금(자카트라고 불리는 자선 또는 희사 행위로 가난하고 불쌍한 사람들에게 금전이나 물품을 제공하는 것), 단식(라마단 1개월 동안 낮에 음식을 먹지 않는 것), 그리고 성지순례(하지라고 불리는 이슬람력 12월의 순례)다.

모든 무슬림은 일생에 한 번은 성지 메카를 순례해야 하는 데 이것을 하지라고 부른다. 코란 제22장 「하지장」에는 "줄하지 달 즉 12월 첫 10일 간을 하지 성지순례의 기간으로 한다"고 명시되어 있다.

아브라함이 아들을 하느님께 바친 것을 기념하기 위해 실시하는 것으로 이둘 아드하(희생의 기념제)라고도 한다. 줄하지 달 10일에 맞는 이둘 아드하 때는 하느님의 이름으로 양을 도살하고 제단에 올렸던 고기는 가난한 자들에게 나눠주는 것이 전통이다.

사우디아라비아의 최대 항구도시인 제다 공항에 내려서 동쪽으로 약 40킬로미터를 달리면 메카 입구가 나온다. 이슬람의 성지 메카로 진입하는 두 개의 도로가 뻗어 있다. 잘 닦여진 진입도로 앞에는 커다란 안내판이 세워져 있는데 이렇게 쓰여 있다.

"무슬림 신자 이외에는 더 이상 들어갈 수 없음."

메카는 전세계 이슬람 교도들의 성지로 1년에 한번씩 하지 달이 되면 수백만 명의 성지 순례자들이 몰린다. 그리고 하지순례를 끝낸 무슬림에게는 이름 앞에 하지라는 존칭이 붙게 된다.

또 메카는 하지 달이 아니더라도 일년 내내 성지 순례자들로 붐비는 도시다. 메카로 진입하는 2개의 도로 중 본도로는 무슬림을 위한 도로고, 그 이면으로 작게 난 초라한 도로는 비무슬림인 외국인들 중에서 공사나 다른 이유로 메카에 들어가는 사람을 위한 길이다. 현지에서는 애니멀 로드, 즉 동물의 길이라고 부른다. 이슬람의 성지에서 비이슬람 교도는 인간일 수 없는 것이다.

이슬람에서는 인간을 세 종류로 구분한다. 첫째는 신적 인간(God-like Men), 이는 최초 하느님이 창조한 인간성을 그대로 유지하고 있는 종류로 이슬람 교도들이 이에 속한다. 둘째는 기계적 인간(Machine-like Men), 이는 현대 서구 문명에 물든 영리적이고 타산적인 컴퓨터와 같은 인간, 그리고 자신들 이외의 다른 사람들은 이용의 대상으로밖에는 생각하지 않는 이기적인 인간들을 말한다. 그리고 셋째로는 동물적 인간(Animal-like Men)인데 이는 6,70년대 히피족들이나 이와 유사한 부류로서 인간성을 극단적으로 단순화시켜 마약과 같은 약물에 의존하거나 프리섹스를 주장하는 인간들로 인간성에 내재하는 신성을 부인하는 인간들을 말한다.

이슬람 교도들은 오늘날 세계에 존재하는 이런 세 종류의 인간들 중에서 자신들만이 창조 당시의 인간성의 순수함을 지닌 선택된 자들이라고 설명한다. 그리고 이러한 자신들은 신이 부여한 속성을 잃어버린 다른 종류의 인간들을 벌해도 상관없고 오히려 이것은 인간성을 정화시키는 일이라고 주장하기도 한다.

한번은 무슬림 친구에게 메카 구경을 하고 싶다고 했더니 무슬림으로 개종하기만 하면 된다는 대답이 돌아왔다. 하지만 메카 구경을 한 다음에 본래의 종교인 기독교로 되돌아오겠다고 하자 그 친구의 다음 대답이 무시무시했다. 그럴 경우 성지 모독으로 죽을 수도 있다는 것이다. 어떻게 그럴 수 있느냐며 농담 아니냐고 묻자, 그는 진지한 표정으로 이슬람을 모독하는 인간은 죽여도 신의 벌을 받지 않는다고 대답했다.

목숨을 걸고 메카 구경을 하느니 집에 편히 앉아서 텔레비전으로 메카 구경을 하기로 마음을 바꿨다.

아랍민족주의와 이슬람

어느 민족에게나 그렇겠지만 아랍민족에게도 민족주의가 있다. 그리고 아랍 민족주의의 경우에는 다른 민족의 경우와 다르게 신앙, 즉 이슬람과 결부되어 독특한 형태를 보인다.

　　종교를 구별하는 방법에는 몇 가지가 있을 것이다. 먼저 종교의 창시자를 비교하고, 다음에는 그 종교의 초기 형성 및 발전과정을 비교해 보고, 그리고 무엇보다 경전을 비교해 보는 게 필요하다.

　　이슬람의 성전은 코란이다. 이슬람 학자들에 의하면 코란은 마호메트가 일종의 입신 상태에서 하느님으로부터 계시를 받아 구술한 것이라고 한다. 코란은 아랍어로 낭독이라는 뜻이다.

　　이슬람력으로 9월인 라마단 달에 마호메트는 메카 근처의 히라 산 동굴에서 단식기도를 계속하고 있었다. 라마단 마지막날 드디어 하느님의 계시가 그에게 나타나 코란 구술이 시작된 것이다.

　　지금도 이슬람 교도의 최대의 명절인 라마단은 이런 이유로 탄생한 것이다. 무슬림들은 이 라마단 한달 간을 금식하고—낮에만 단식을 하고 해가 진 뒤에는 식사를 한다—라마단 달의 마지막 주일을 이드알피트르(금식의 명절) 축제로 기념하고 있다.

　　외국인들이 라마단 기간중에 중동을 방문할 때는 몇 가지 사항을 주의해야 한다. 우선 낮에는 아무것도 먹지 못하기 때문에 모두 신경이 날카로워진 상태임을 명심해야 한다. 심지어 지역에 따라서는 물조차 마시지 않기 때문에 공복 상태로 극도의 피로 상태에서 운전하는 차 때문에 교통사고가 많이 일어나기도 한다.

　　또 식당이 모두 문을 닫기 때문에 식사할 데를 찾기 매우 힘들다. 상점에서 빵이라도 사서 먹게 될 경우에는 호텔방처럼 남의 눈에 안 띄는 곳에서 몰래 먹을 필요가 있다. 모든 시민이 금식중이라서 아무리 외국인이라도 사람들 앞에서 음식을 먹으면 눈총을 받기 때문이다.

성서는 구약 39권, 신약 27권, 총 66권으로 이루어져 있으나 코란은 114개의 장으로 돼 있다. 길이가 제일 짧은 것에서부터 긴 순서로 편집되어 있다.

코란은 마호메트의 메카에서 메디나로의 이주, 즉 이슬람 원년이 되는 히즈라를 경계로 메카 장과 메디나 장으로 구분된다.

유대인의 시각에서는 마호메트가 유년시절 카라반을 따라 중동지역을 여행하던 중 시리아에서 만난 기독교 수도사로부터 전해 들은 신구약 이야기와 어떤 경로에선지 모르겠지만 초기 성경 자료를 입수해 독학하던 중 아랍인 스스로의 종교를 만들 필요성을 깨달아 이슬람을 창시하게 되었을 거라고 본다.

즉 당시 아라비아 반도에 거주하던 아랍인들은 잡다한 신들을 믿으며 부족한 식품과 물 때문에 아이들이 출생하면 노동력과 전투력이 없는 여아는 죽이는 등 열악한 환경에서 생활하는 상태였다. 또 경제적 부는 소수의 유대인들이 장악하고 있었고, 기독교도들로부터 아랍인들은 멸시를 받고 있었다.

마호메트는 이러한 유대인 세력과 기독교 세력의 틈새에서 이스마엘의 후손으로서의 아랍인들의 자존심을 회복하고 싶었을 것이라는 해석이다. 코란의 기록을 보면 마호메트가 알라의 계시를 전하면서 수시로 유대인과 기독교 세력을 이용하기도 하고 다시 또 제거하는 과정이 나온다.

이슬람을 창시하여 똑같은 아브라함의 자손인 유대 민족과 결별하고 아랍 민족의 아이덴티티를 확립했다는 점에서 마호메트는 어쩌면 최초의 아랍 민족주의자라고 볼 수도 있겠다. 사실 이슬람이 없었다면 아랍 민족은 영원히 아브라함의 서자로, 정통성 없는 하등민족으로밖에 존재할 수 없었을 것이다.

근대에 들어 아랍 민족주의를 부르짖은 정치가는 제2차 세계대전 후의 이집트의 나세르 대통령이었다. 1954년 나세르가 이끄는 자유장교단의 쿠테타가 성공해 당시 파루크 국왕을 이탈리아로 망명시키고 이집트를 아랍 이집트 공화국으로 이름지을 당시 자유장교단의 표어가 아랍인에 의한 아랍국가 건설, 즉 아랍 민족주의였다.

나세르는 그동안 이민족에 의해 통치받던 아랍국가를 드디어 아랍 민족 스스로 통치하게 되었다고 선전했다. 이후 나세르를 본받아 리비아의 카다피, 시리아의 아사드, 이라크의 후세인 등 아랍 각국에서는 아랍 민족주의를 표방한 쿠테타가 줄을 잇는다.

모두들 화려했던 과거의 아랍의 영광을 부활시키겠다는 명분을 내세웠다. 이러한 아랍 민족주의의 역사는 이슬람 창시 당시에 그 근원을 두고 있다고 보아야 할 것이다. 아랍이 세계적으로 위세를 떨쳤던 시기는 바로 이슬람의 창시와 그후의 확장과 궤적을 같이 하고 있기 때문이다.

이슬람교가 전투적인 이유

어느 종교든 경전에서 전투방식을 지도하는 경우는 없을 것이다. 그러나 코란에는 이슬람의 전투성이 적나라하게 드러난다.

「니싸아」 15장 102절에는 "그대가 전시에 그들 가운데서 예배를 드릴 때 일부는 무기를 소유한 채 적을 향하여 경계토록 하고, 그 일부가 예배를 마쳤을 때 다른 일부를 그들의 위치로 오게 하여 그대의 후미에서 예배하도록 하며, 무기를 소유하고 경계를 하도록 함이거늘 불신자들은 너희가 무기와 장비에 소홀히 하기를 바라매 너희를 일격에 공격하고자 함이니라"라고 하면서 야전에서의 예배 방법에 대해 구체적으로 밝히고 있다.

또한 전장에서 병사들의 심리를 다루는 심리전에 관해서도 기술하고 있다. 「니싸아」 15장 104절에는 "적을 추적할 때 약한 마음을 갖지 말라. 너희가 고난을 당할 때 그들도 그와 같은 고난을 당하느니라. 그러나 너희는 하느님으로부터 희망을 갖으나 그들은 그렇지 못하나니 하느님은 지식과 지혜로 충만하심이라"고 쓰여 있다.

그리고 「안팔」 2장 15절에는 "믿는 자들이여 너희가 싸움터에서 불신자들을 만날 때 그들로부터 너희 등을 돌리지 말라……. 그들을 살해한 것은 너희가 아니라 하느님께서 그들을 멸망케 하였으며 그들에게 던진 것은 그대가 아니라 하느님께서 던지셨음이라"라고 하여 전장에서의 살인에 대해 죄의식을 갖지 않도록 선무하고 있다.

또한 「타우바」 1장 5절에는 "금지된 달이 지나면 너희가 발견하는 불신자들마다 살해하고 그들을 포로로 잡거나 그들을 포위할 것이며 그들에 대비하여 복병하라"고 작전 명령을 내린다.

이밖에도 코란에는 전쟁과 관련한 부분이 많이 있고 그 중에는 전쟁에서 획득한 전리품을 어떻게 나누라는 세부적인 내용까지 명시돼 있다.

왜 이슬람은 전투적일까.

지리적인 요인과 이슬람 탄생 당시의 절박한 상황에 답이 있을 것이다. 주지하다시피 아라비아 반도 사막의 생존 조건은 가혹하다. 섭씨 50도를 육박하는 한낮의 태양열과 밤의 차가운 기온 속에서 인간이 살아남으려면 아무리 초인적으로 노력한다 해도 생명을 유지하기 어렵다. 식품과 물이 거의 없는 사막에서 살아 남기 위해서는 타인이 가진 것을 빼앗는 방법밖에 없다. 이것이 사막의 율법인 것이다.

이러한 생존의 법칙은 아랍 민족의 민족 형성과 발전에 그대로 반영된 것 같다. 또한 아브라함의 서자 이스마엘의 후손으로서 자신의 아이덴티티를 찾는 과정은 필연적으로 적자인 이삭과 정통성을 다투는 투쟁이 될 수밖에 없다.

이미 살펴본 바와 같이 아랍인들의 원형질 속에는 이스마엘이라는 선조가 자리잡고 있다. 아브라함의 적자는 이사악으로 아브라함이 100세에 본처 사라를 통해 얻은 외아들이다. 그러나 이사악보다 13년 먼저 태어나 아브라함의 사랑을 받아왔던 이스마엘은 자신의 사랑을 빼앗아간 이사악이 무척이나 원망스러웠을 것이다.

「창세기」 21장의 기록을 잠시 살펴보자.

아기가 자라나 젖을 뗄 때가 되었다. 이사악이 젖을 떼던 날 아브라함은 큰 잔치를 베풀었다. 그런데 사라는 에집트 여자 하갈이 아브라함에게 낳아준 아들이 자기 아들 이사악과 함께 노는 것을 보고 아브라함에게 말하였다. "그 계집종과 아들을 내쫓아 주십시오. 그 계집종의 아들이 내 아들 이사악과 함께 상속자가 될 수는 없습니다." 이

말을 듣고 아브라함은 마음이 몹시 괴로웠다. 이스마엘도 자기 혈육이었기 때문이다.…… 아브라함은 아침 일찍 일어나 양식 얼마와 물 한 부대를 하갈에게 메어 주며 아이를 데리고 나가게 하였다. 하갈은 길을 떠나 얼마쯤 가다가 브엘세바 빈들을 헤매게 되었다. 부대의 물이 떨어지자 하갈은 덤불 한 구석에 아들을 내려놓고 "자식이 죽는 것을 어찌 눈 뜨고 보랴" 고 탄식하며 화살이 날아가는 거리만큼 떨어져서 주저앉아 이스마엘을 바라보았다.

본시 사라의 여종이었으나 아들을 낳아 아브라함의 사랑을 받았던 하갈은 결국 이사악의 탄생으로 아들 이스마엘과 함께 사막으로 내쫓기게 된다. 하나뿐인 아들이 갈증으로 모래 위에 쓰러져 죽어가는 모습을 바라보는 하갈의 심정은 처절했을 것이다.

어느 민족에게나 원형질과도 같은 본능이 내재해 있다고 하지만 아마도 아랍 민족의 혈관 속에는 이 같은 하갈과 이스마엘의 증오와 슬픔, 갈망이 녹아들어 있는지도 모른다.

그러나 신은 이스마엘을 그대로 버려두지 않는다.

가죽부대에 물을 채워 이스마엘에게 주었으며, 활을 쏘는 자가 되어 광야에 살게 해주었다.

이스마엘이 활을 쏘며 생활 근거를 삼던 곳은 바로 지금의 메카 근처로 전해진다. 또한 '큰 민족을 이루게 하리라' 는 약속도 지키셨다. 메카에 있는 카아바 신전의 검은 돌은 아브라함이 이스마엘을 위해 세운 기념석이고, 근처에 있는 잠잠 샘물은 바로 갈증으로 죽어가는 이스마엘의 소리를 들으시고 신이 알려준 샘물이라고 무슬림들은 믿고 있다.

이렇듯 아랍 민족의 조상은 셈족인 유대인으로서의 아브라함을 아버지로, 함족인 이집트 여인 하갈을 어머니로 하여 이집트 여인을 통해 번성하게 된 이스마엘이다. 그리고 이스마엘에게 큰 민족을 이루게 하리라던 여호와의 약속은 그대로 이루어진 셈이다.

이슬람이 4명의 부인을 허락하는 이유

흔히 이슬람은 일부 다처를 허용하고 있기 때문에 미개한 종교라고 비난하는 경우가 많다. 이슬람에서는 부인을 4명까지 허용하고 있다. 이 때문에 인간으로의 도덕윤리를 어긴 호색가들의 종교라는 맹렬한 공격도 받는다. 그러나 여기에는 이슬람 나름대로의 이유가 있다.

지하드로 불리는 이슬람의 포교 전쟁에서는 수많은 전사자들이 나왔다. 이들이 남긴 가족, 과부들과 고아들을 보호하는 제도적 장치가 필요했던 것이다.

현대전에서도 마찬가지겠지만 과거에도 1개 부대가 특정한 작전에 참가할 경우 사상자가 발생할 확률이 있을 것이다. 지금처럼 막강한 화력으로 상대를 거의 초토화시키는 게 아니라 창칼로 무장하여 접전하고 불리하면 후퇴하는 재래전에서는 사상자가 얼만큼 발생할지 추측이 가능했을 것이다. 아마도 이슬람 확장 당시 전투 사상자 발생률이 참전자 4명 중 3명 가량이 아니었을까.

양로원이나 고아원 제도가 없었던 당시에 마호메트가 과부와 고아들을 돌보는 방법은 이 방법밖에 없었을 것이다. 요즘으로 치자면 일종의 개별적 사회보장 제도라고도 할 수 있다.

물론 이슬람의 포교전쟁이 끝난 다음 평화시대에는 이 같은 초기의 취지가 사라지고 부자와 호색가들이 제도를 악용한 폐단이 있는 것도 사실이다. 하지만 적어도 본래 취지는 그게 아니라는 사실이다.

초기 이슬람 전파 과정에서 이슬람군이 파죽지세로 비잔틴 제국으로 밀려들어가 승리를 거둔 비결은 무엇이었을까.

아군의 병력을 집중시켜 분산된 적을 공격하는 것이 전승의 비결이라는 것은 동서고금을 통해 전술의 기본이다. 이슬람군은 각개 부족이 모여 대규모 군단을 형성했고, 당시 비잔틴군은 분산된 지역 주둔 병력이었다. 따라서 비잔틴군을 각개 격파하기 쉬웠을 거라는 설이 유력하다.

또한 이집트와 시리아 등 공격전 때에는 피지배 민족이던 아랍족 또는 함족들이 지배민족이던 유럽의 비잔틴 귀족들의 폭정에 반발해 성 안에서 아랍 이슬람 공격군과 내통한 경우도 많았다고 이슬람 사가들은 말한다.

여기에 뜨거운 사막 기후에 단련된, 가벼운 복장의 경기병을 중심으로 편제된 아랍 이슬람군이 비잔틴 제국의 중기병의 둔중함에 비해 기동력을 발휘할 수 있었을 것이다. 또한 혹독한 사막에서 출발한 이슬람 원정군이 물과 초원이 있고, 꽃과 과일이 풍성한 유럽의 땅에 오면서 고무되었을 것이라는 견해도 있다.

황량한 광야와 사막에서 살던 아랍 이슬람군이 비잔틴 문명이 화려하게 꽃핀 도성들을 함락시킬 때마다 만나게 되는 많은 음식과 아름다운 미녀들의 모습은 침략군의 사기를 높일 수밖에 없었으리라.

이것은 어느 군대의 원정에서나 마찬가지일지 모른다.

프랑스 원정군을 이끌고 알프스 산맥을 넘을 때 나폴레옹은 장병들에게 유명한 연설을 하지 않았던가.

"제군들, 저곳에는 맛있는 음식과 술 그리고 아름다운 미녀들이 여러분을 기다리고 있다."

한 사가는 이를 통해 허기지고 목말랐던 프랑스 병사들의 입에 침이 돌아 갈증을 면할 수 있었다고 쓰고 있다.

아라비아 반도에는 가즈와로 불리는 약탈의 전통이 있다. 이것은 식품과 물이 부족한 사막에서 살아 남기 위한 생존의 수단으로 필연적인 것이다.

결혼 상대가 부족하면 다른 부족을 습격해 잡아오는 여인 약탈 풍습도 마찬가지다. 당시 아랍 부족에는 전투력과 노동력을 결핍한 여아가 집안에 태어날 경우 산 채로 매장하던 습관도 있었던 것이다.

또한 사막의 검고 거친 피부의 아랍인들에게 있어서 비잔틴 제국의 문명을 향수하던 백인 여성들의 백옥같이 흰 피부와 이국적인 매력은 코란이 약속한 천국의 시녀들과도 같이 강력한 유혹이었을지도 모른다.

호사가적인 상상일지 모르겠으나 이슬람군이 목숨을 초개같이 버려가면서 유럽으로 몰려들어간 배경에는 이런 인간적인 이유도 있지 않았을까 하는 생각이 든다.

예루살렘은 이슬람의 최초 성지

어느 종교에나 성지가 있다. 기독교의 예루살렘, 가톨릭의 바티칸, 불교의 비나레스와 같이 성스러운 장소가 있다. 이슬람에도 성지가 있다. 무슬림들은 이곳을 향해 기도한다. 그 기도 방향을 키블라라고 한다. 현재 전세계 무슬림들의 키블라는 사우디의 메카다.

성지 메카를 알리는 특수 나침반이 제작되어 팔리고 있다.

그러나 최초 이슬람의 키블라는 예루살렘이었다. 이것이 얼마 후 메카로 바뀌게 된 것이다.

코란의 기록을 보자.

> 어리석은 백성이 말하도다. 그들이 예배하던 키블라를 무엇이 바꾸었느뇨. 우리(하느님)는 하늘을 향한 그대의 얼굴을 보고 있었느니라. 이제 그대가 원하는 키블라를 향하게 하리라. 그대의 고개를 영원한 경배의 장소로 향하라. 어디에 있든지 그쪽으로 고개를 향할지니…… 그대가 어디로 여행을 하든 마스지드 하람으로 고개를 돌릴지어다.

마호메트가 알라 신의 계시라고 하면서 기도 방향을 바꾼 사건은 당시로는 혁명적인 사건이었을 것이다. 통상적인 인간적인 방법으로는 결코 바꿀 수 없는 성격의 것이다.

그러나 예루살렘을 향해 머리를 숙여 기도하고 있는 한 이슬람 교도로서의 새로운 출발은 불가능하다. 유대인의 성지인 예루살렘을 이슬람 교도가 함께 예배한다는 것은 영원한 서자의 자리에 있음을 재확인하는 것에 지나지 않는다.

기도 방향의 변경은 그 계시를 전한 신으로부터 다시 새로운 계시를 받는 방법 외에는 결코 있을 수 없다. 이것을 마호메트는 그렇게 새로운 계시를 받았다고 주장하면서 바꾼 것이다. 가히 혁명적인 일이다.

마호메트가 기도 방향을 예루살렘에서 메카로 바꾼 사실은 유대교 및 기독교로부터의 독립을 의미하는 데 그치지 않고, 이로부터 양대 종교가 서로 자신이 신의 적자임을 주장하기 시작한 것이 된다. 피할 수 없는 인류 역사 최대의 대결이 시작된 것이다.

현재 이슬람에는 3개의 성지가 있다. 메카 사원과 메디나 사원, 그리고 제3의 성지인 예루살렘의 악사 사원이다.

최초에는 제1의 성지로 기도 방향이었던 예루살렘이 제3의 위치로 격하된 것이다.

마호메트와 예수의 차이점

마호메트와 예수는 여러 가지 면에서 다르다. 우선 예수의 출생 당시의 신비는 코란도 인정하고 있는 부분이다.

그리하여 그녀는 잉태하고 멀리 떨어진 곳으로 옮겨갔도다. 진통이 심하여 그녀는 나클 나무 줄기에 기대고 말하길 이전에 죽어버렸다면 조용히 잊어버릴 수 있는 일인데……. 얼마 후 그녀가 아들을 안고서 사람들에게 오니, 마리아 너는 이상한 것을 가지고 왔구나라고 조롱하더라.……이때 그 애가 말하길 나는 하느님의 종으로 그분께서 내게 성서를 주시고 나를 예언자로 하셨습니다, 말하더라.……그것이 바로 마리아의 아들 예수에 대한 이야기로 이것은 그들이 논쟁하는 것에 대한 진리의 말이라.

위에 인용한 것을 보면 코란은 예수의 신비로운 출생을 인정하지만 그 내용은 베들레헴에서의 출생기록인 성서와는 전혀 다르다. 더구나 태어나자마자 말을 했다는 부분은 코란에만 있고 성서에는 없다.

마호메트는 사우디아라비아 반도의 메카 지역 쿠라이시족의 한 부족인 하심가에서 유복자로 태어났다. 그리고 부유한 과부 하디자와의 결혼으로 가문을 일으키기 전까지는 삼촌에 의탁해 살면서 매우 어려운 생활을 했다.

예수의 경우 유아기 때 이집트에 잠시 피신했던 기록이 성서에 있지만 공생애를 시작하기 전인 열두 살부터 서른 살까지의 행적은 기록에 없다.

예수는 결혼을 하지 않았다. 그러나 마호메트는 첫째 부인인 하디자와의 결혼으로 생활의 안정을 취한 후 여러 차례 결혼을 한다. 물론 이슬람에서는 이를 부족 간의 화합을 이루기 위한 방편으로 설명하고 있다.

그러나 어쨌든 이러한 마호메트의 행적은 당시 주변 인물들의 오해와 질시를 받을 법도 하다. 마호메트는 거의 부녀지간만큼 나이 차이가 많은 결혼을 한 경우도 있었다.

예수는 설교를 하고 이적을 행했지만 전투 경험은 없다. 칼로 서는 자는 칼로 망한다고 했다. 그러나 마호메트는 설교와 동시에 계속적인 전투를 통해 이슬람을 전파한다. 그리고 이슬람의 조직을 확립하기 위한 뛰어난 행정가적인 모습을 보인다.

두 사람의 죽음도 다르다. 예수의 죽음은 당시 유대인 종교지도자들의 고발로 로마군에 의해 십자가에 달려 죽은 뒤 사흘 후 부활해 제자들에게 나타났다가 이후 제자들이 보는 앞에서 승천한 것으로 성경은 기록하고 있다. 그러나 마호메트는 이슬람을 확립시킨 뒤 632년 아들 없이 딸 파티마 하나만을 세상에 남긴 채 메디나에서 병사한다.

이때 후계자인 칼리프로 교단 장로인 아부 바크르가 선출되고, 마호메트의 종형제이며 사위인 알리가 칼리프로 선출되지 않아 이후 시아파와 순니파의 분열의 씨앗이 되었다.

두 인물은 탄생과 활동, 그리고 죽음 등 모든 면에서 매우 대조적인 모습을 보인다.

양대 종교의 발전과정을 살펴보면 더욱 확연한 차이가 있다.

예수의 죽음 그리고 부활 후 12명의 사도들은 모두 순교하고 기독교는 로마제국의 대대적인 박해를 받고 300여 년이 흐른 뒤에야 콘스탄티누스 황제의 칙령에 의해 로마의 국교가 된다.

이슬람은 마호메트에 의해 아라비아 반도가 이슬람으로 통일된 후 외부로 뻗어가기 시작한 교세가 불과 1세기가 지나지 않아 시리아,

요르단 그리고 이집트와 북아프리카 지역 일대를 포함하는 거대한 제국으로 성장한다. 그러나 이러한 확장은 무력에 의한 것이다.

기독교의 경우에는 예수의 부활 승천 후 12사도가 순교하고, 로마 제국의 탄압 아래서 베드로와 바울의 목숨을 건 포교가 시작되었으나 이슬람의 경우에는 마호메트 사후 이미 제국으로 성장한 이슬람의 지도자인 칼리프 자리를 놓고 후계자 간의 싸움이 시작된 이래 이슬람의 초기 역사는 전투로 점철된다.

661년 제4대 칼리프인 알리가 이라크의 쿠파에서 이단파인 팔리주파의 암살자에게 암살되어 이때부터 알리를 추종하는 시아파가 탄생하게 된다. 이슬람은 초기 4대까지만 정통 칼리프 시대가 되고 이후는 계속 분열의 역사를 이룬다.

코란에서 예수에 관해 언급한 부분은 2, 3, 4,5, 6, 9, 21, 23, 33, 42, 43, 57, 61, 66장 등 상당히 많다. 예수의 존재는 이슬람교에서도 대단히 중요한 위치를 점하고 있는 것이다.

코란에 나타나는 예수의 행적은 친척 관계, 마리아의 수태고지, 그리고 탄생과 이적, 예수의 존재, 십자가 사건 등이다.

코란은 예수의 명칭을 압드(종), 나비(선지자), 라술(사도), 루흐(성령) 등으로 표현된다.

코란에서 예수는 하느님의 특별한 창조행위로 아버지가 없이 이므란의 딸이고 동정녀인 마리아로부터 출생한 선지자로 묘사된다. 또 예수는 하느님으로부터 성경인 복음서를 계시받았으며 이를 인간들에게 전하기 위해 많은 기적을 행했으며, 마지막으로 올 최후의 예언자 아흐마드의 도래를 예언했다고 설명된다.

즉 코란은 예수를 아브라함, 이삭, 야곱, 모세 등과 같은 선지자 가운데 하나로 간주하고 마지막 선지자의 반열에 마호메트를 놓는 것이다.

이슬람과 기독교의 예수에 대한 관점 중 가장 중요한 차이점은 코란은 예수를 하느님의 아들이 아니며 결코 하느님과 같은 신적인 존재로 보지 않는다는 점이다. 단지 하느님을 위해 일했던 선지자 중의 한 사람으로만 본다. 바로 이 점에서 기독교가 이슬람을 이단이라고 단정하고 1000년이 넘는 동안 종교 싸움을 계속하게 되는 원점인 것이다.

또한 코란에 의하면 유대인들이 예수를 증오하고 의심해 결국은 예수를 십자가에 못박아 처형하려 했으나 마지막 순간에 하느님께서 그를 들어올리어 그의 곁에 두셨다고 다르게 설명한다.

코란과 성경

성서는 기원전 1400년경부터 기록을 시작하여 수십 명의 저자들이 기록한 책이다. 특히 구약성서 제1권인 「창세기」부터 「출애굽기」, 「레위기」, 「민수기」, 「신명기」까지 다섯 권의 책은 출애굽을 인도한 모세가 기록한 것으로 알려져 있다. 이것은 '토라'라고 부르는 유대교의 경전이기도 하다.

정통 보수 기독교도들은 성서가 하느님의 영감으로만 기록된 일

점무오의 책이라고 말한다. 비록 성서의 내용 중 중복되는 부분이 있고 다소 상이한 듯 보이는 부분들이 있지만 그것은 별 문제가 아니라고 설명한다.

이슬람의 성전인 코란은 632년 마호메트의 사망 후 650년경 제3대 칼리파인 오스만이 마호메트의 생전의 가르침을 기억하는 사람들을 모아 기록한 책이다. 코란이라는 말 자체가 낭독한다는 뜻으로 마호메트가 신의 계시를 받은 무아 상태에서 구술했다는 데서 유래한다.

무슬림들도 당연히 코란을 알라 신의 영감에 의해 마호메트가 계시한 완전무결한 책이라고 말한다.

코란과 성서 사이에는 유사성이 많은 반면 다른 점도 많다.

몇 가지를 살펴보기로 하자.

코란의 10번째장인 「요나장」은 이렇게 말하고 있다.

> 이 코란은 하느님이 아닌 다른 것으로 인하여 있을 수 없으며, 이전에 계시된 것을 확증하고, 그 성서의 말씀을 설명하기 위해 계시되었으니 이는 만유의 주님으로부터 온 것임을 의심할 바 없느니라. 그가 그것을 위조하였다 말하더뇨. 일러 가로되 그와 같은 말씀을 가져오라 하고 너희의 힘을 다하여 하느님 외에 구원을 하여 보라. 너희가 진정 진실한 자들인가.

당시 마호메트의 설교를 유대교와 기독교의 교리를 일부 훔쳐 도용한 것에 불과하다고 비판하던 데 대한 반박이다.

또한 같은 「요나장」에는 "인간들이여, 너희가 나의 종교에 의심하나 나는 너희가 하느님 외에 섬기는 우상을 숭배하지 아니하며, 너희를 운명케 하시는 하느님을 믿게 명령을 받았느니라"라고 변호하고 있다.

코란에는 성서와 주제는 같으나 구체적인 내용에서는 다른 부분이 꽤 많다.

코란 제12장 '요셉의 장'에서는 요셉이 애굽으로 팔려가는 경위가 단지 우물 속에 던져버려진 것으로 나온다. 그리하여 대상들이 우연히 요셉을 발견하는 것으로 나오는데, 구약성서에는 요셉의 다른 형제들이 요셉을 죽이려고 하다가 다가오는 대상에게 팔아 넘기는 것으로 되어 있다.

또 코란에는 요셉이 애굽 총리가 된 후 형제들을 만나고 아버지 야곱을 불러오는 과정이 구약성서와는 다르게 간략하게 기록되어 있다. 이러한 점 때문에 당시뿐만 아니라 지금까지도 코란이 구약성서를 부분적으로 도용한 위작이라고 비판받는 구실이 되고 있다.

또한 이스라엘 민족의 출애굽 당시 파라오에게 나타내 보인 10개의 표징도 코란에는 모세의 지팡이, 광채 나는 손, 가뭄과 물 부족, 홍작, 전염병, 메뚜기, 이, 개구리, 피로 변한 물 등 9개의 징표로만 기록되어 있다.

코란 28장 「끼싸스장」에는, "파라오의 아내는 말하였더라. 이 아이는 나와 당신을 위한 기둥이니 이 아이를 살해하지 마소서"라고 돼 있는데, 나일 강에 떠워진 모세의 생명을 구한 게 파라오의 누이가 아니라 아내로 기술되어 있다. 이것 역시 성서와는 상이한 부분이다.

그러나 아마 가장 중요한 차이는 하느님 앞에 독생자를 바친 사건에 관해 두 종교가 다른 주장을 하는 것이다.

기독교도라면 누구나 알고 있는 사실, 즉 아브라함이 자신의 독생자보다 하느님을 더 사랑하여 독생자인 이삭을 하느님 앞에 번제로 바치려고 한 이야기이다. 하느님께서 아브라함의 믿음을 보시고 대신 번제물로 양을 보내주셨다는 「창세기」의 기록이 코란에서는 전혀 다른 모습으로 나타난다.

번제물로 제단에 올랐던 아들이 이삭이 아니라 이스마엘로 돼 있다. 코란의 37번째장인 「사파트장」 102절에는 그때 이스마엘의 나이가 열세 살이었으며, 메카 또는 메카 근처에서 일어난 일이라고 보았다.

> 아들의 나이가 그(아브라함)와 함께 일할 나이에 이르렀을 때, 그(아브라함)가 말하길, 내 아들아 너를 제단에 올리라는 명령을 내가 꿈에서 보았느니라. 너의 생각이 어떤지 알고 싶구나, 라고 하자 아들이 말하길 아버지 당신께서 명령받은 대로 하옵소서. 하느님께서 인내하는 종으로부터 원하신다면 당신(아버지)께서 저를 발견할 것입니다, 하였더라. 그리하여 그 둘이서 하느님께 순종하고 그(아브라함)는 그(이스마엘)로 하여금 그의 이마를 숙이도록 했을 때 우리(하느님)는 그를 불러 아브라함아. 그대는 이미 그 꿈을 이행하였느니라 우리(하느님)는 이렇듯 선을 행하는 이들에게 보상을 내리니라.

아브라함이 하늘의 별과 같은 축복을 받게 되고 믿는 자들의 조상이 된 것은 자신의 독생자보다 더 하느님을 사랑했고 순종했기 때문이다. 또한 그 아들도 역시 자신의 목숨보다 아버지를, 또 하느님을 더 사랑했기 때문에 말없이 제단 위로 올랐다.

이러한 아버지와 아들 간의 믿음의 전승을 두고 유대인들과 아랍인들은 서로가 자신들의 조상에 관한 사실이었다고 주장한다. 결국 여기서 두 민족 사이에는 메울 수 없는 분쟁의 깊은 계곡이 생기는 것이다.

당시 유대인들은 코란과 성서의 이러한 여러 차이점에 대해 지적하면서 마호메트의 코란 계시를 마호메트가 이전에 들었던 이야기들을 다시 기억해 내는 과정에서 누락시킨 부분이 있어서 생긴 일들이라고 신랄하게 비판을 퍼부었다.

물론 이슬람측에서는 그러한 신의 계시가 실제로 있었다고 완강히 주장한다.

언제, 어디서, 누가 전쟁을 일으킬 것인가

중동에서 전쟁 발발의 가능성은 언제나 존재해 왔다. 중동은 역사적으로 갈등요소가 다른 어느 곳보다 복잡하게 얽혀 있는 곳이기 때문에 세계에서 가장 불안정한 곳이다.

중동전쟁의 불길을 당기는 인계철선은 명분과 실리가 만나는 지점이 될 것이다.

구체적으로 보면 이슬람과 유대교라는 아랍과 이스라엘 두 민족 간의 종교 충돌이 분쟁을 촉발시키고, 이것은 국제 석유가의 인상과 연결될 것이며, 여기서 얻어지는 다국적 석유회사와 아랍 산유국들의 실리가 어우러져 분쟁이 확산되는 시나리오다.

중동에서 분쟁을 촉발시킬 만한 장소를 선정한다면, 먼저 두 민족의 종교의 이해가 교차하는 곳이고, 일단 분쟁이 발생하면 세계의 초점이 모일 만한 센세이셔널한 곳이어야 한다.

아랍과 이스라엘뿐만 아니라 세계 모든 나라의 관심을 불러일으킬 수 있는 극적인 장소가 어디일까. 이슬람과 유대교, 그리고 기독교가 함께 이해관계를 가진 곳, 답은 당연히 예루살렘이다.

이슬람과 유대교, 그리고 기독교까지 세계 3대 종교의 이해가 부딪히는 곳은 예루살렘에서도 어디일까. 결정적으로 장소를 압축시켜 보면 바로 예루살렘 성 내 솔로몬 성지가 있던 곳, 그리고 지금은 이슬람 제3의 성소인 악사 사원이 서 있는 언덕이다. 바로 통곡의 벽 바로 위쪽이다.

만일 이 악사 사원이 파괴된다면 전세계 이슬람 교도들의 분노는 그야말로 엄청날 것이다. 그리고 만일 폭파의 책임이 이스라엘에게 있다면 전 이슬람 국가들이 대이스라엘 전면전을 선포하는 계기가 될 것이다. 여기에 바로 이스라엘의 딜레마가 있다.

민족적 숙원인 솔로몬 성전 재건의 꿈을 위해서는 악사 사원을 파괴해야 하는 게 절대적인 숙제인데, 만일 그렇게 할 경우 아랍국 전체를 상대로 또다시 전쟁을 벌여야 하는 것이다.

여기서 하나의 역설적이면서도 가능한 전쟁 시나리오를 만들어낼 수 있다. 즉 이슬람의 성지 악사 사원을 유대인이 아닌, 아랍 이슬람교도 스스로가 파괴하게 만드는 것이다.

이슬람 극단주의자들의 줄기찬 요구는 전 아랍국의 대이스라엘 성전선포다. 이들은 이 목표를 위해 줄기차게 테러공격을 하고, 자살특공마저 감행해 왔다. 유일한 목표는 오직 이스라엘을 멸절하기 위한 전쟁 발발뿐이다.

일단 폭파사건이 터지면 누가 폭파시켰는가는 중요한 문제가 아닐 수 있다. 누구든 일단 악사 사원을 폭파시킨 뒤 그 책임을 이스라엘 측에 전가시키기만 하면 목표가 달성되는 것이다. 조작된 증거와 증인을 내세우고 언론을 적절히 이용하면 불가능한 일도 아니다.

유대교 극단주의자들의 폭파 가능성도 마찬가지다. 실제로 미국이 지정한 세계 테러리스트 집단 중에는 이스라엘의 극단주의 단체도 포함되어 있다. 이스라엘은 결코 성전 재건의 꿈을 버리지 않고 있으며, 실제로 유대교 극단주의자들에 의한 악사 사원 폭파 시도도 끊이지 않았다. 자신들의 목적 달성을 위해 테러리스트들이 기만적인 술책을 사용하는 것은 예상 못할 일이 아니다.

이스라엘 민족의 염원인 예루살렘 성전 재건을 위해 폭파를 감행하는 극단주의 유대교도가 나타날지도 모르는 일이다.

1948년 이스라엘 건국 당시 유엔은 팔레스타인이 아니라 아프리카의 우간다 근방에 땅을 제공해 줄 테니 이곳에 새로운 국가를 건국하라는 권고안을 내밀었으나, 이스라엘은 수락하지 않았다. 신으로부터 약속 받은 땅 가나안을 결코 바꿀 수 없었던 것이다. 더구나 성전은 건축될 때부터 신으로부터 장소를 지시받은 곳이었다. 다른 곳에 새로운 자리를 찾아 성전을 세울 수는 없다.

아랍측 상황은 또 다르다. 일단 악사 사원이 폭파되는 것은 손실이다. 이슬람의 제3성지가 파괴되는 것이기 때문이다. 그리고 전쟁 발발도 큰 손실임에는 틀림없다. 하지만 그럼에도 불구하고 얻을 게 있다면 문제는 달라진다.

결국 종국에는 이스라엘의 멸절이 아랍 민족의 역사적 숙원인 것이다.

실질적으로는 황금사원이 부서지고, 이스라엘과의 전면전이 발발하면 국제 유가는 폭등하게 될 것이다. 그리고 이것은 결국 아랍 산유국의 수입을 극대화시킬 것이다.

아랍 산유국이 모은 오일달러는 비산유 아랍국들에게 유무상 원조 또는 형제국 간 공여의 형식으로 움직이는 게 근대 아랍외교의 역사다. 어찌되었건 중동전으로 인한 석유가의 폭등은 아랍국의 경제에 플러스 효과를 가져다 줄 것이다.

전쟁 결과 이스라엘을 멸망시킬 수만 있다면 황금사원 파괴의 목적은 완전히 달성되는 것이다. 아랍측은 미국의 도움만 없다면 이스라엘과의 전쟁에 승산이 있다고 생각한다.

아랍은 이제 전쟁을 두려워하지 않는다

그간 네 차례에 걸친 아랍 · 이스라엘 간의 전쟁은 모두 이스라엘의 승리로 끝났다. 이스라엘군에게 필승 신화가 생겨나기도 했다.

그러나 1967년의 6일 전쟁에서 아랍측의 패배에 뒤이어, 1973년 10월 4차 전쟁으로 이스라엘의 일방적 우위는 끝이 난다. 이집트의 선제 기습 공격이 성공한 것이다.

1973년 10월 6일, 이집트군은 수에즈 운하 일대에 도강 작전을 감행한다. 미그 전투기의 기습 공습으로 초기 제공권을 장악한 이집트군의 맹공 앞에 시나이 반도의 방어진지인 바레브선이 무너지고 이스라엘군은 대아랍전 사상 처음으로 패전, 후퇴하게 된다.

수에즈 운하의 폭은 겨우 100여 미터밖에 되지 않는다. 150킬로미터에 이르는 수에즈 운하 전반에서 불시에 도강 작전을 감행한 이집트군은 바레브선을 방어하던 이스라엘군을 쉽게 격파할 수 있었다.

더욱이 그날은 욤키프르라는 이스라엘의 명절로, 이스라엘 사람들은 하루를 경건하게 보내고 있었다. 1967년 전쟁에서 빼앗은 시나이 반도를 6년 간이나 문제 없이 지켜온 이스라엘군으로서는 전혀 예상치 못했던 기습이었다. 그만큼 아랍측의 능력을 경시했던 것이다. 그러나 상대를 얕잡아 보는 한 전쟁에서 패전하게 된다는 것은 역사의 교훈이다.

이스라엘이 욤키프르 전쟁이라고 부르는 10월전쟁을 이집트를 비롯한 아랍국에서는 아랍군의 역사적 전승기념일로 부르고 각처에 기념물을 세웠다.

이집트의 수도 카이로를 가로지르는 나일 강의 중심 대교 이름도 '10월 6일교' 이다.

이스라엘군을 격파하고 시나이 반도를 회복한 아랍측으로서는 정말 역사적인 사건이 아닐 수 없다.

10월 전쟁 후 아랍 각국은 대대적인 국민교육을 통해 학생 등 청년세대에게 더 이상 이스라엘에 대한 막연한 두려움을 갖지 않도록 교육시키고 있다.

이스라엘군이 초기 중동전쟁에서 연승을 거둔 데에는 이유가 있었다. 정보력과 군사장비, 심리전에서 절대적인 우위에 있었다. 미국의 절대적인 지원을 받는 이스라엘군의 각종 군사장비는 아랍군이 보유한 소련 및 중국산 중고품 군사장비로는 상대가 되지 않았다. 각종 첨단 전자 장비로 무장한 이스라엘군은 세계 제1급 수준의 군사력을 발휘할 수 있었던 것이다.

현대전은 개별 병사의 각개 전투 능력이 별로 중요하지 않다. 대규모 화력을 집중시킬 수 있는 포격 능력, 미사일과 전자장비의 우열이 전쟁의 승패를 좌우하는 것이다.

아직까지는 그래도 이스라엘군의 장비가 아랍측보다 우위를 점하고 있지만 그러나 아랍국측의 장비도 이제는 예전과는 비교할 수 없을 만큼 상당한 수준이다. 그만큼 아랍군의 사기도 오른 것이다.

캠프 데이비드 협정 이후 이스라엘과 평화체제가 확립되면서 이집트의 군사장비는 러시아제와 중국제에서 미국제로 바뀌었다. 그리고 사우디를 비롯한 아라비아 반도국가들도 모두 군사장비를 미제로 바꾸었다. 물론 최고 수준의 첨단 전자장비처럼 고도의 기밀장비는 미국이 아랍측에 제공하지 않겠지만, 적어도 자신들도 세계 제1의 미제 무기로 무장하고 있다는 사실은 아랍 병사들의 사기를 올리기에 충분한 것이다.

2003년 2월 16일 아사히 신문 기사에 의하면, 2003년 2월 15일 이스라엘이 세계 최강으로 자랑하던 메르카바 전차가 이슬람 비정규군인 하마스에 기습작전에 의해 가자 인근 지역에서 파괴되었다고 한다. 아랍은 이재 이스라엘을 공포의 대상으로만 바라보지 않는 것이다.

이스라엘의 좁은 국토 면적도 아랍측의 전략 수립에 유리하다. 전쟁의 목적이 상대의 전투의욕을 꺾어 상대로 하여금 자신의 의사를 받아들이도록 하는 것이라고 볼 때 이스라엘의 국토 면적은 1만여 평방 킬로미터에 불과해 방어에 불리하다. 지상군에 의한 공격뿐만 아니라 미사일 등 공중 공격에 결정적으로 취약한 것이다.

전세가 불리하게 될 경우 국민의 종전 여론이 높아지고 병사들의 전투의욕이 떨어지게 되는 것은 자명한 일이다. 핵무기나 화학무기 몇 발이면 큰 타격을 입을 게 분명하다.

국토의 대부분을 차지하는 네게브 사막과 광야를 제외하면 대부분의 국민들은 텔아비브를 위시한 몇 군데 주요 도시에 집중해서 살고 있다. 당연히 전쟁이 일어나면 공격 목표도 축소될 수밖에 없을 것이다. 이 점을 잘 알고 있는 이스라엘인들의 공포심은 짐작하기 어렵지 않다.

아랍국들의 미사일 개발 경쟁은 가히 필사적이다. 아직 핵무기를 보유하지 못한 아랍국들로서는 핵무기는 아니더라도 이에 필적하는 위력을 지닌 생화학탄의 위력에 사활을 걸고 있으며, 이스라엘의 좁은 국토를 노려 미사일 공격을 주전략으로 삼고 있다.

현재 이스라엘의 제1주적으로 볼 수 있는 시리아의 수도 다마스쿠스와 예루살렘 간의 거리는 200여 킬로미터에 불과하다. 일단 미사일이 발사되면 불과 몇 분 안에 이스라엘에 닿을 것이다. 패트리어트 미사일의 방공망이 이것을 효율적으로 방어할 수 있을지 의문이다.

이스라엘과 이라크 간의 거리도 1000여 킬로미터 정도다.

이집트의 수도 카이로와 이스라엘의 수도 텔아비브 간의 거리도 약 300킬로미터밖에 안 된다. 그러니 만일 인접 아랍국에서 일제히 미사일 공격을 개시하면 이스라엘로서는 완전히 방어하기 매우 어려울 것이다.

대부분 주요 아랍국들이 사정거리 1500킬로미터 정도의 미사일 사정거리 안에 이스라엘을 놓고 있다. 주변국이 일제히 미사일 공격을 개시한다면 이스라엘로서는 방공망을 최대한 편다 해도 방어하기 어렵다. 적어도 이스라엘 국민들의 패닉 현상은 극도에 달할 것이다.

북한은 이미 시리아에 약 300여 기의 미사일을 수출하는 등 예멘, 이라크, 이란 등 아랍국에 미사일 수출을 계속해 온 것으로 알려져 있다. 시리아의 경우에는 수도 다마스쿠스 근교의 미사일 공장에서 북한제 미사일에 대한 분해 연구를 활발히 하고 있다. 이미 상당 수준의 자체 제작 능력을 보유하고 있는 것으로 알려져 있다.

아랍측의 궁극적인 목표는 미사일 수입보다는 이것을 연구개발해 독자적인 미사일을 제조하는 것이다. 이란과 이라크도 중국산 실크웜 미사일과 북한제 노동 미사일을 모델로 미사일을 제조하고 있다. 아마 주요 부품은 수입해야 하는 수준이겠지만 이스라엘로서 가장 경계하고 있는 부분이 바로 아랍의 미사일 개발이다.

무엇보다 가장 중요한 점은 아랍국가들이 이제 이스라엘을 두려위하지 않게 되었다는 것이다. 이 말은 즉, 전쟁을 겁내지 않게 되었다는 얘기다. 오히려 경제적 곤란에 빠지게 될 때 불황의 탈출구로 은연중 대이스라엘 개전을 바라는 아랍국이 없으리라는 보장이 없다는 것이다.

6부

이슬람의 성전, 지하드

빈 라덴은 미국 주도하의 대이라크 경제제재 때문에
100만 명이 넘는 이라크 어린이들이 사망했고,
이 모든 일들은 미국의 이익 추구 때문이라고 비난했다.
빈 라덴에 의하면 미국은 세계 제1의 강대국이라기보다는
세계 제1의 도둑이며 테러리스트이다.
그러므로 빈 라덴 자신은 아랍의 전통적인 대응법인
'눈에는 눈, 이에는 이' 식의 해답을 찾았다는 것이다.
미국의 공격에 대해 동일한 방법을 사용하겠다는 것이다.

9.11 미국 동시다발 테러

2001년 9월 11일, 전세계 텔레비전 시청자들은 기상천외한 광경을 목격했다. 날아가던 여객기가 뉴욕 세계무역센터 빌딩에 그대로 돌진해 충돌하는 장면이 방영된 것이다. 할리우드 영화에서나 나올 법한 장면이 현실에서 일어나자 세계는 경악을 금치 못했다.

우리는 밤 11시, 잠자리에 들 무렵에 이 뉴스를 보고 불면의 밤을 보내야 했다.

미국 동부 시간으로 9월 11일 아침 출근 시간 무렵, 거의 동일한 시간대에 납치된 4대의 여객기가 차례로 뉴욕 세계무역센터와 국방부 등 주요 건물에 차례차례 자폭 형태로 충돌한 사건은 사상 유례를 찾아볼 수 없었던 대규모 항공 테러 사건이었다. 더구나 테러로 파괴된 것은 세계의 초강대국 미국의 심장부를 상징하는 건물들이다. 세계의 중심부가 일격을 당한 것이다.

제일 먼저 오전 8시 45분에 아메리칸 항공 11편 보스턴발 LA행 보잉 767기가 세계무역센터 북쪽 빌딩으로 돌진했다. 이 비행기에는 조종사 2명과 승무원 9명, 승객 81명이 타고 있었다.

그로부터 불과 18분 후 9시 3분에는 또 한 대의 비행기가 세계 무역센터 남쪽 빌딩에 격돌했다. 승객 56명과 조종사 2명 그리고 승무원 7명을 태운 보스턴발 LA행 유나이티드 항공 175편이다. 기종은 역시 보잉 767기였다.

세 번째로 공중 납치된 워싱턴발 LA행 아메리칸 에어라인 77편은 9시 43분에 미 국방부 건물에 충돌했다. 승객 58명과 4명의 승무원 그리고 조종사 2명이 탑승하고 있었다.

9.11 테러의 마지막 희생은 유나이티드 항공 93편이었다. 이 보잉 757기는 뉴저지 주의 네월크에서 샌프란시스코로 향하던 도중 10시 10분 펜실베이니아 주 피치버그 근방에서 추락해 테러범들은 목적을 달성하지 못했다.

나중에 미국 수사당국의 조사에 의하면 당시 탑승객들은 지상의 가족들과 휴대전화로 통화하여 세계무역센터 빌딩이 이미 자폭테러로 파괴되었다는 사실을 알고 있었다. 그리고 이들 납치범들의 목적 또한 자폭테러라는 걸 알고는 탑승객들이 일제히 테러범들을 공격하였다. 승객들 가운데 몇 명은 가족들에게 마지막 안부전화를 나눈 후 더 큰 인명피해를 막기 위해 맨손으로 테러범들을 공격했던 것이다.

나중에 알려진 바에 의하면 이들 납치범들의 테러 목표는 워싱턴의 백악관이었다. 자칫하면 부시 대통령이 희생이 되었을 가능성도 있었던 것이다.

유나이티드 93편의 추락 지점에는 이들 38명의 승객과 조종사 2명, 그리고 승무원 5명의 영웅적인 행동을 기념하기 위해 기념비를 세웠다.

　이들 4대의 피납 항공기들은 모두 미국 국내선 항공기로 목적지가 뉴욕으로, 테러범들이 사전에 얼마나 범행을 주도면밀하게 계획했는지를 보여준다. 거의 동일한 시간대에 4개의 목표물을 타격할 수 있게 시간 계산을 한 것이다. 미국 전역에 경계망이 펼쳐지기 전에 모든 테러를 완료하려 했던 것이다.

　9월 11일 10시 5분에 세계무역센터 남쪽 빌딩이 붕괴했고, 이어 10시 28분 북쪽 빌딩이 무너져 내렸다. 오후 5시 20분에는 세계무역센터와 인접한 47층 높이의 건물인 빌딩-7이 붕괴했다. 연이어 주변의 건물이 차례로 무너져 세계무역센터 빌딩을 비롯해 모두 여섯 채의 빌딩이 사라져 버렸다. '그라운드 제로' 즉 피폭 중심지를 의미하는 말이 빈번하게 신문지상을 장식했다.

　9.11 테러로 사망한 사람은 2801명에 달한다. 그리고 이들 중 절반가량은 건물 잔해에 파묻혀 유해조차 구별할 수 없는 상태였다. 인류 역사상 단일 테러로 이처럼 대량 인명피해를 유발했던 사례는 없었다.

　9.11 테러의 주모자 빈 라덴을 비롯한 테러리스트들은 빈 라덴이 창설한 알 카에다의 조직원으로 모두가 아랍의 이슬람교도들이다. 2002년 2월 7일 사우디의 나이프 내무장관은 언론과의 인터뷰에서 9.11 테러범 19명 중에 5명이 사우디아라비아인이라고 인정했다. 그러나 외신 보도에 의하면 실제로는 15명이 사우디인들이었고 나머지 4명도 모두 아랍인들이었다.

　21세기 벽두를 강타한 이 테러로 인해 중동과 이슬람은 다시 한번 세계의 주목을 한몸에 받았다.

세계무역센터가 9.11 테러의 표적이 된 이유

9.11 테러는 우리에게 몇 가지 중요한 질문을 던지고 있다. 이 의문을 풀어야만 이들 테러리스트 조직이 경고하는 핵이나 생화학 무기 등을 이용한 가공할 만한 테러행위에 대한 예방책도 마련될 수 있을 것이다.

첫번째 의문은 이들 테러리스트를 움직인 동기이다. 무엇이 이들로 하여금 자신의 생명을 던져가면서 수백 명의 탑승객들과 빌딩에 있던 수천 명의 무고한 인명을 순식간에 죽음으로 내몰게 만들었을까 하는 물음이다.

두 번째 의문은 왜 뉴욕의 세계무역센터 빌딩과 미 국방부 건물이 테러 목표가 되었을까 하는 점이다. 뉴욕 세계무역센터 건물은 이미 1993년 2월 테러를 당해 수명의 사망자와 천여 명의 부상자가 발생하고 건물이 부분 파괴되었던 적이 있다. 그리고 이번 테러로 완전히 사라지게 되었다. 왜 이 세계무역센터가 두 번씩이나 동일하게 파괴의 대상이 된 것일까.

9.11 테러를 주도한 알 카에다의 지도자 빈 라덴을 위시한 이슬람 극단주의자들은 세계화란 곧 세계의 초강대국으로 군림하고 있는 미국에 의한 세계 지배라고 규정하고 이에 정면으로 반대하고 있다.

그리고 미국의 세계 지배 수단은 무역과 금융, 그리고 군사력이라고 말한다. 극단주의적 이슬람의 관점에서 보면 세계화는 고도로 발달된 자본주의로서 이는 미국을 위시한 소수 강대국들의 빈곤국가에 대한 교묘한 수탈체계다.

또한 세계화는 산업화에 따른 환경오염으로 지구파괴를 가져오고, 자본주의적 물질문명은 인간성을 파괴하는 것으로, 이슬람만이 인간성 회복과 지구 파멸을 막을 수 있는 유일한 방안이라고 확신한다.

이런 관점에서 9.11 테러는 이를 주도한 이슬람 극단주의자 빈 라덴의 단독 행동에만 주목할 게 아니라 최근 활발히 움직이고 있는 일련의 반미, 반세계화 운동, 특히 근래 절정에 달했던 세계화 반대 데모와의 연계선상에서 이해할 필요가 있다.

그리고 역설적이지만 기독교 일부의 종말론적 사상에 의한 현대문명 비판론과도 연결되어 있다는 점 역시 간과할 수 없으며 그린피스로 대변되는 환경보호 운동 역시 주목해 볼 필요가 있다. 현재 세계화가 소위 팍스 아메리카나로 불리는 미국 주도하에 이루어지고 있다는 점에서 이슬람의 반미 테러와 반세계화 운동과는 공통점이 있다. 세계화를 위한 주요국 정상회담이 열릴 때마다 회담장 밖에 운집하는 수많은 데모대의 반대시위와 세계화의 폐해를 지적하는 석학들의 목소리는 이러한 우려를 담고 있다.

세계화에 대한 비판에는 세계화 과정에서 후진국이 선진국으로 진입하기가 사실상 불가능하다는 비관론이 강하게 자리잡고 있다. 대부분의 개도국들은 절대 외채를 갚을 수 없다는 것이다. 이들의 논리에 의하면 개도국은 선진국으로부터 빌린 외채를 이자 갚기에 급급하여 원금을 갚기란 거의 불가능하다는 것이다.

후발개도국으로서는 새로운 수출시장을 개척하기도, 건설시장을 찾기도 어려운 상황인데 어떻게 외화를 구할 수 있겠느냐는 설명이다. 또 후진국이 인재와 자본을 다소 축적한다 해도 이들 인력과 자본은 선진국인 미국이나 서유럽으로 빠져나가기 때문에 이 역시 안심할 수 없는 상황이다.

이슬람 극단주의자들뿐만 아니라 기독교의 일부 극단적 종말론자들은, 현재의 세계화는 세계금융 및 무역체계가 선진국 위주의 불공평한 체제이기 때문에 정의롭지 못하다고 주장한다.

뉴욕 무역센터 빌딩 테러를 보면서 일부 기독교인들이「요한계시록」구절을 떠올렸다고 한다.

> "무서운 일이다! 고운 모시옷과 주홍색 옷과 진홍색 옷을 몸에 두르고 금과 보석과 진주로 단장하던 이 큰 도시에 화가 미쳤구나! 그렇게도 많던 재물이 일시에 잿더미가 되고 말았구나!" 하고 말할 것입니다. 또 모든 선장과 선객과 선원과 바다에서 일하는 사람들도 다 멀리 서서 그 도시를 태우는 불의 연기를 보고 "저렇게 큰 도시가 또 어디 있었단 말인가?" 하고 외칠 것입니다. 그리고 그들은 머리에 먼지를 뿌리고 슬피 울면서, "무서운 일이다! 이 큰 도시에 화가 미쳤구나! 항해하는 배의 선주들이 모두 그 도시의 사치생활로 말미암아 부자가 되었건만, 그것이 다 일시에 잿더미가 되고 말았구나!" 하고 부르짖을 것입니다.(16~19절)

세계무역센터가 파괴되는 모습을 멀리 뉴욕 항 너머 바다를 항해하던 배에서 바라보면서 묘사하고 있는 듯한 글이다.

경제학을 악마의 학문으로 보고 세계무역을 비판적인 관점에서 본다면 세계무역센터는 사악한 물신주의자들의 본거지다. 파괴할 만한 이유가 충분히 있는 것이다.

뉴욕은 세계 최대의 유대인 거주도시로 약 250만 명의 유대인들이 살고 있고, 세계 유대인총회를 비롯해 유대인 조직인 븐나이 브리스('약속의 아들'이라는 히브리어) 본부가 있어 각종 유대인 집회가 끊이지 않는다. 뉴욕은 세계 유대인의 본부라고 불리기도 하는 데 이런 면에서 뉴욕에 대한 테러는 유대인 본거지에 대한 테러이며, 미국의 정치경제에 강력한 영향력을 행사하고 있는 이스라엘에 대한 공격이기도 하다.

븐나이 브리스는 1843년 10월 13일 뉴욕에서 창설되었는데, 2차 세계대전 후 유대인들의 세계 전략을 논의하는 일종의 싱크탱크다. 이슬람측의 주장에 의하면 유엔 정기총회는 매년 9월 셋째주 화요일에 열리도록 되어 있는데, 이는 유대인들의 책략에 의한 것이라고 주장한다. 이때가 바로 히브리 달력으로는 연말과 정초에 해당되는 시기라 이때 유대인들이 미리 뉴욕에 있는 세계 유대인 총회에 모여 일년을 결산하고 다음해를 준비한다는 것이다. 즉 븐나이 브리스가 국제연합을 이용해 세계를 관리하려고 한다는 설명이다.

이는 소위 '유대인 의정서'로 불리는 책자를 근거로 하는데 이슬람 극단주의자들은 유대인들이 미국의 정치와 금융, 언론을 장악하고 미국을 이용해 자신들의 세계전략을 성취시키려고 하고 있다고 주장한다.

이 같은 이슬람 극단주의자들의 목소리가 높아질수록 세계적 규모의 반이스라엘, 반미 테러의 가능성이 늘어날 수밖에 없다.

미국의 아프가니스탄 전쟁의 전초전

오늘날 세계에서 빈 라덴만큼 유명한 이슬람 교도는 없을 것이다.

2001년 9월 11일의 뉴욕 세계무역센터 빌딩과 국방부에 대한 연쇄 항공기 테러로 그에게는 무려 4000만 달러의 현상금이 걸렸고, 미국은 아프가니스탄에 대한 전쟁마저 불사했다. 이미 빈 라덴은 미국 정부에 의해 케냐 주재 미국대사관 폭탄테러 사건 등의 배후 주모자로 지목되어 500만 달러의 현상금이 걸려 있었다.

93년도에 있었던 뉴욕 세계무역센터 테러사건을 비롯해서 케냐 주재 미국대사관 폭파사건, 탄자니아 주재 미국대사관 폭파사건 등은 20세기 말을 장식한 대형 테러사건들이다. 이런 일련의 테러로 인해 피해자는 사망 224명에 부상자 5000여 명에 달한다.

1993년 2월 26일 늦겨울, 세계무역센터 폭파사건이 발생했다. 대형트럭에 폭발물을 싣고 그대로 폭파, 건물 지하주차장과 지상 3층이 파괴되어 6명이 사망하고 1000명 이상이 부상을 당했다. 전형적인 차량 폭파 테러사건이었다.

2001년 9월 11일의 테러에 비하면 경미한 피해였지만 이것은 미국 내에서 발생한 최초의 대형 테러사건으로 미국인들에게 큰 충격을 주었다.

몇 주일 후 FBI는 수사결과를 발표했다. 몇 명의 무슬림 과격분자들이 범인으로 지목됐다. 이들 대부분은 전직 아프가니스탄 참전 무슬림들로서 이들의 지도자는 오마르 압델 라흐만이라는 이집트인 맹인 지도자였다. 그리고 폭파사건의 행동책인 람지 유세프는 테러 수 시간 후 뉴욕의 케네디 공항을 통해 해외로 탈출했다고 발표됐다.

그러나 수사가 계속되면서 오마르 압델 라흐만 이외에 실제 테러 자금이 전혀 다른 곳에서 왔다는 사실이 드러났다. 오사마 빈 라덴이라는 인물이 배후에 나타난 것이다.

람지 유세프의 은행구좌 수사를 통해 잡은 증거는 유세프가 대량의 폭탄 부속품을 구입하는 데 사용한 저지(Jersey) 시티뱅크의 자금이 디트로이트를 거쳐 런던 그리고 파키스탄을 경유해 온 것으로 나타났다. 그리고 최후의 송금처는 아프가니스탄이었다. 수사 결과 빈 라덴이 자금원이었다.

미 정보기관과 이슬람 테러리스트와의 보이지 않는 추적전이 계속되다 드디어 1995년 2월 7일 FBI는 파키스탄에서 람지 유세프를 체포한다. 당시 람지 유세프는 아프가니스탄에서 함께 싸운 전우 와리 칸 아민 샤와 함께 미국항공기에 대한 폭파를 계획하고 있었는데, 유세프는 수 카사 하우스라고 하는 이슬라마바드의 저택에서 지내고 있었다. 이 저택은 빈 라덴이 부하들을 위해 구입한 주택 중에 하나였다.

연이어 미 정보기관들은 필리핀의 마닐라에서 와리 칸 아민 샤를 잡는 데 성공한다.

와리 칸의 필리핀에서의 임무는 수단과 아프가니스탄의 빈 라덴 캠프에서 오는 암호문을 받아 이것을 다시 우편이나 팩스 등을 통해 방계조직으로 전달하는 것이었는데, 암호문 중에는 클린턴 대통령의 필리핀 방문 행사 일정도 들어 있었다.

　　와리 칸은 마닐라에서 잡힐 때 수은을 소지하고 있었다. 그는 이 수은이 폭탄제조용이 아니라 클린턴 미 대통령의 저격용 총탄에 바를 예정이었다고 진술했다. 그 경우 총상이 치명상이 아니라도 수은중독으로 죽게 된다는 것이다. 현재 와리 칸은 맨해튼 남부에 있는 메트로폴리탄 교정소에서 미 정보기관에 협조하면서 조용히 남은 생을 보내고 있다.

　　후일 빈 라덴은 ABC통신과의 인터뷰에서 클린턴 대통령 암살을 기도했느냐는 질문에 대해 모든 행동에는 반작용이 따른다고 말하고, 클린턴이 무고한 어린이들과 어머니들을 죽이고 있는데 더 이상 무슨 할말이 있겠느냐고 반문해 클린턴 암살 시도를 부인하지 않았다.

　　1998년 8월 7일에는 2대의 트럭 폭탄이 동부 아프리카에 있는 케냐의 수도 나이로비 주재 미국대사관으로 돌진 폭발했다. 그리고 연이어 탄자니아의 수도 다르살렘 주재 미국대사관에서도 차량폭발 테러가 발생했다. 케냐에서는 미국인 12명을 포함해 213명이 죽었고, 탄자니아에서는 11명이 사망했는데 모두 현지인들이고 미국인은 없었다.

　　미 대사관 테러사건이 발생한 두 주일 뒤 클린턴 대통령은 사건의 주모자인 빈 라덴에 대한 미사일 공격명령을 내렸다. 아프가니스탄의 빈 라덴 캠프에 대해 정밀유도 미사일 공격을 가한 것이다. 그러나 많은 수의 사상자만 내고 빈 라덴은 죽이지 못했다.

　　이것은 2001년 11월 미국의 아프가니스탄 전쟁의 전초전이었다.

화트와는 아랍어로 선언이라는 뜻으로 이슬람 교도가 자신의 신앙을 대외적으로 공표하는 것을 말한다.

1998년 빈 라덴은 이집트 지하드 그룹의 지도자 아이만 알 자와히리, 이집트 이슬람 단체 지도자 아부 야시르 리파이 아하마드 타하, 파키스탄 자미아트 알 울라마 지도자 쉐이크 미르 함자, 방글라데시 지하드 지도자 화주룰 라흐만와 함께 연명으로 화트와로 불리는 이슬람 궐기선언문을 발표했다.

이 화트와는 미국과 그 우방국 국민은 민간인 또는 군인을 막론하고 모두 죽여야 하며 이것이 모든 무슬림의 의무라고 선언하고 있다. 또 예루살렘 알 악사 모스크와 메카 모스크의 해방을 위한 무슬림 성전 연대를 외치고 있다.

화트와는 미국이 무슬림 민간인들을 죽이고 있기 때문에 미국인 민간인도 죽여야 한다고 강조한다. 이것은 이란 · 이라크 전쟁 당시 걸프 해역을 순항하던 미군 함정이 접근하는 이란여객기를 공군기로 오인 사격해 200여 명의 승객 전원을 사망시키는 등 민간인 살상 전력이 있고, 미국이 팔레스타인 민간인들을 살해하고 있는 이스라엘을 지원하고 있다는 것을 명분으로 내세운다.

또한 빈 라덴의 테러를 지원하고 있다는 이유로 수단의 수도 카르툼(하르툼)의 화학공장에 미사일을 발사해 수단 민간인들을 살상했고, 이라크 폭격으로 수많은 이라크 민간인들을 살상한 것에 대한 복수라고 설명한다.

화트와의 전문은 다음과 같다.

코란을 계시하셨고 구름을 주관하시며 분쟁을 처리하시는 알라를 찬
양하라. 알라는 말씀하시기를 금지된 달들이 지나면 싸우고 이교도
들을 죽이라 하셨다. 어디서든지 그들을 발견하면 죽여야 한다. 아라
비아 반도는 창조 이래 성역이었다. 마치 메뚜기들처럼 달려온 약탈
자 십자군들도 이 성역을 범치는 못했다. 알라는 아라비아를 바다와
사막으로 둘러싸 보호하셨다. 그러나 지금 무슬림들은 마치 쟁반에
올려진 음식과 같이 공격의 위협 아래 있다. 우리 무슬림들은 현상황
을 함께 의논하고 문제해결을 위해 협력해야만 한다.

이에 우리는 다음 세 가지 사실에 대한 우리의 입장을 표명한다.

첫째, 미국은 과거 7년 간 이슬람 성지를 강점해 왔다.

아라비아 반도는 재물을 약탈당하고, 아랍인들은 멸시당했으며, 지
도자들은 독재자로 변했다. 또 아랍 형제국들은 서로 인접국을 위협
하고 군사기지를 설치하면서 상대방을 향해 총을 겨누고 있다. 이같
은 사실에 대한 최대 증거는 미국인들의 이라크 민족에 대한 침략이
다.

둘째, 20세기의 십자군과 시온주의자 간 연합이다.

그간 이라크 민족들이 극도로 궁핍당했고 100만 명에 달하는 수많은
사람들이 살해당했지만 미국은 또다시 이러한 대량학살을 재현하려
하고 있다. 미국은 이라크에 대한 봉쇄조치를 계속해 소모전을 벌이
고 있다. 이라크인들을 전멸시키려고 하고 있고 무슬림 이웃들을 모

욕하고 있는 것이다.

셋째, 미국인들이 이 전쟁의 배후에 계획하고 있는 것은 종교 및 경제적인 측면에서의 유대인들의 이익이다. 또한 예루살렘의 영구 점령과 팔레스타인들의 학살로부터 세계인의 관심을 돌리게 하려는 것이다. 이러한 사실들에 대한 증거는 미국의 이라크 말살 시도다. 즉 이라크, 사우디, 이집트, 수단 등을 약화시켜 분열시키고 이스라엘의 존재를 보장하며 아라비아 반도에 대한 현대판 십자군의 점령 상태를 지속시키려는 것이다. 모든 이러한 죄악과 악행들은 미국인들에 의해 저질러지고 있으며 이는 신에 대한 그리고 그 전령자인 무슬림들에 대한 선전포고다.

이슬람 역사는 성전이 모든 무슬림의 의무라고 가르치고 있다. 또한 선지자들은 적과의 전투는 성소와 신앙을 수호하는 일이며 이것이 울라마의 의무라고 말했다. 신앙과 생명을 위협하는 적을 격퇴시키는 것보다 더 성스러운 일은 없다. 이러한 기초 아래, 그리고 신의 명령에 부응하여 우리는 모든 무슬림들에게 화트와를 선포한다.

미국과 그 동맹국 국민이라면 그들이 민간인이건 군인이건 가리지 말고 어디서 만나든 죽여야 하는 것이다. 이는 알 악사 사원과 메카 사원을 해방시키고 미군을 이슬람 국가에서 패퇴시키기 위한 것이다. 모든 무슬림들은 힘을 합쳐 이교도들과 싸워야 한다. 이는 압제가 없을 때까지 싸우라, 그러면 신의 정의와 신앙이 펼쳐지리라는 신의 말씀에 따른 것이다.

우리는 무슬림 지도자들과 청년들 그리고 군인들에게 사탄인 미국과 그 동맹국들에게 공격을 개시할 것을 선포한다.

믿음을 가진 자들이여, 당신들은 이 세상에 얽매일 것인가. 당신들은 내세보다도 더 이 세상을 선호하는가. 그러나 이 세상은 위안을 주지 못한다. 알라는 모든 것을 다스리는 힘을 가졌으니 그를 우선 순위에 둘 것이다. 알라는 말씀하시기를 변심하지 말 것이며 실망에 빠지지 말라고 말씀하신다.

이상이 빈 라덴이 발표한 화트와의 내용이다.

미국을 위시한 사우디의 보수 이슬람 학자들은, 이슬람은 화트와 선언의 조건으로 첫째 코란 구절이나 하디스(무하마드의 언행록)에서 발췌한 것으로 적법한 것이어야 하며 둘째, 충분한 지식과 성실성을 가진 사람이 발표해야 하고 셋째, 개인적 견해나 정치적 목적에서 나오는 것이 아니어야 한다는 것, 그리고 넷째, 현세에서의 필요성에 부합해야 한다는 것을 들고 있어 빈 라덴의 화트와는 정통 이슬람의 화트와로 볼 수 없다고 비난하였다. 물론 이슬람 과격단체들로부터는 이 화트와가 열렬한 환영을 받았다.

빈 라덴은 누구인가

빈 라덴은 1957년 사우디아라비아의 수도 리야드에서 출생했다.

사우디 굴지의 건설회사 회장인 모하마드 빈 라덴의 52명의 자녀 중 17번째로 태어난 빈 라덴의 정식 이름은 오사마 빈 모하마드 빈 아와드 빈 라덴이다.

아랍인의 이름은 대부분 3개 또는 4개의 이름을 나열하는 식으로 맨처음에 자신의 이름을 놓고, 다음이 아버지, 그 다음이 할아버지, 다음에 조상 중 가장 위대한 인물의 이름을 놓는다.

아들을 뜻하는 븐 또는 빈(히브리어로는 벤이 된다)이란 누구의 아들임을 표시하는데 빈 라덴은 '라덴의 아들' 이라는 뜻이다. 영화 「벤허」의 주인공은 '허 가문의 아들' 이라는 뜻이 된다.

빈 라덴의 본명 오사마 빈 모하마드 빈 아와드 빈 라덴의 의미를 살펴보면 라덴의 아들 아와드의 아들 모하마드의 아들 오사마가 된다. 즉 자신만의 이름은 오사마인 것이다.

그러나 아랍인들은 남의 이름을 부를 때 그 이름 중에 가장 유명한 이름으로 불러주는 것이 관습이다. 조상 중에 유명한 사람은 죽어도 죽지 않고 자손의 이름 속에 존재하게 되는 것이다.

현재 아라비아 반도 내에서 가장 큰 건설회사는 빈 라덴 건설그룹이다. 빈 라덴의 아버지 모하마드 아와드 빈 라덴은 예멘 북부의 독실한 순니파 이슬람 교도 가문인 샤헤이트 하드라무트 출신으로 1930년경 사우디로 이주했다. 모하마드는 처음에는 사우디 최대 수출입 항구인 제다에서 부두 노동자 생활을 했다.

어느 정도 자본을 모은 모하마드는 이윽고 작은 건설회사를 세우는데 여기서 그의 일생은 일대 전기를 맞게 된다. 사우디의 왕실 건설 공사를 맡아 성실하게 훌륭한 건물을 건축해 국왕의 신임을 얻게 된 것이다.

사우드 국왕을 비롯해서 차기 국왕인 파이잘 왕세자 등 왕실가족

과 긴밀하게 관계를 맺은 모하마드는 1960년대 사우디 왕실의 왕위
계승을 둘러싼 알력에서 파이잘 당시 국왕을 지지하고 왕위계승에 지
원세력으로 등장해 이윽고 거대한 건설회사로 도약하게 되었다.

파이잘 국왕이 왕실 명령으로 모든 국내 건설공사는 모하마드를
거쳐 시공되도록 한 것이다. 모하마드가 어떻게 막대한 자금을 모을
수 있었는지는 알려지지 않았다. 나중에 모하마드는 사우디 공공사업
성 장관직도 맡아 사우디의 유력 인사 자리에 확고히 올랐다.

1991년에는 Binladen Brothers for Contracting and Industry로 회
사명을 지은 뒤 계속 성장을 거듭해서 1991년에는 매출액이 1250억
사우디 리알(미화 400억 달러 상당)로 사우디 내 기업순위 32위를 기
록했다.

현재 빈 라덴 그룹의 자산은 약 50억 달러로 추산된다.

빈 라덴 그룹은 외국계 회사의 사우디 내 스폰서 역할도 하는데 –
사우디 상법에는 사우디 내에서 활동하는 모든 외국인 개인 및 외국
회사는 사우디인과 사우디 회사를 스폰서 자격으로 두도록 되어 있
다 – Audi, Porsche, Dutch Heras Hekwerk group 등과 Hunting
Surveys Ltd, Dutch Pander Projects group 등이 주요 스폰서 회사다.

빈 라덴 그룹은 성장사가 말해주듯이 초기부터 사우디 왕실과 긴
밀한 관계를 맺어 왔다. 사우디 왕실은 빈 라덴 그룹을 성장시키면서
상당 액수의 왕실 자금을 빈 라덴 그룹으로부터 조달해 온 것으로 보인
다. 이것이 아마도 사우디 왕실이 빈 라덴 체포를 바라면서도 빈 라덴
의 형제들이 운영중인 빈 라덴 그룹에는 손을 못 대는 이유일 것이다.

빈 라덴 그룹이 도산하게 되면 그간 비밀리에 조성해 온 왕실 자

금 조달처도 사라지는 것이다.

90년대 말 빈 라덴 그룹이 수행한 사우디 내 주요 공사 실적은 다음과 같다.

- 리야드 순환도로 건설공사 11억 사우디 리알(미화 약 3억 달러)
- 제다의 보안군 주택건설 공사, 13억 사우디 리알(미화 약 4억 달러)
- 메카의 국가경비대 주택건설 공사, 13억 사우디 리알(미화 약 4억 달러)
- 리야드 카라즈 군사도시 건설공사, 11억 사우디 리알(미화 약 3억 달러)
- 메카 로열 디반 건설공사, 11억 사우디 리알(미화 약 3억 달러)
- 메카 성지 확장공사, 40억 사우디 리알 (미화 약 10억 달러)

모두가 막대한 금액의 건설 공사들로 회사의 규모를 짐작케 한다.

빈 라덴의 아버지 모하마드는 자녀들에게 엄격한 종교생활을 요구했고, 일상생활에서도 기도시간을 작성해 자녀들에게 지키도록 했다고 하는데, 빈 라덴은 이러한 부친에게 종교적인 영향을 크게 받은 것으로 보인다.

모하마드는 빈 라덴이 열세 살 되던 해 사망하고, 빈 라덴은 아랍의 조혼 풍습대로 열일곱 살에 친척인 시리아 출신 여성과 결혼했다.

사우디의 서부 홍해에 면한 항구도시인 제다는 사우디 제 2의 도시로 홍해의 아름다움과 어울려 '홍해의 신부' 라는 애칭으로 불린다.

빈 라덴의 정신세계는 제다와 홍해가 어느 정도는 영향을 끼쳤을 것이다.

빈 라덴은 초등학교부터 대학교까지 제다에서 교육받았는데, 1981년 제다에 있는 킹압둘아지즈 대학 행정학과를 졸업한다.

빈 라덴에게 영향을 준 사람은 두 사람이 있다고 알려졌는데, 하나는 후일 아프가니스탄 전쟁에 함께 참전하게 되는 압둘라 아잠이고, 다른 한 사람은 유명한 이슬람 작가 겸 철학가인 모하메드 쿠툽이다.

빈 라덴과 수단

1979년 12월 25일 성탄절날 소련군의 아프가니스탄 침공 소식을 듣자 빈 라덴은 곧장 아프가니스탄 전선으로 달려갔다. 1980년 1월이었다. 잠시 아프가니스탄–파키스탄 국경에서 전황을 살피고 사우디로 돌아온 빈 라덴은 아프가니스탄 내 무자헤딘(무자히딘) 이슬람 저항군에게 보낼 자금과 장비 물자 등을 모아 1982년까지 매년 한두 차례 파키스탄 국경을 통해 보급했다.

각종 병참물자를 무자헤딘 게릴라 부대에 공급하던 빈 라덴은 1982년부터 직접 전투에 참가하게 되는데 이것은 다른 사우디 무슬림들의 아프가니스탄 전열 참가를 크게 고무하였다.

1984년 빈 라덴이 파키스탄의 페쇼와르(일명 바이틀안사르)에 개설한 사무소는 아랍 무자헤딘이 아프가니스탄 전선으로 참가하기 전에 휴식을 취하는 일종의 보급대 역할을 했다. 페쇼와르 사무소는 무슬림 무자헤딘을 지원할 뿐만 아니라 언론홍보 및 자선사업 등 부대업무로 곧 유명해졌다.

1986년 빈 라덴은 아프가니스탄 내에 직접 자신의 부대를 조직하는데, 2년 동안 6개의 단위부대를 창설하고 직접 작전계획을 수립해서 지휘하는 등 본격적인 게릴라 대장으로 명성을 높였다.

시리아와 이집트 등에서 충분히 군사경험을 쌓은 전직 직업군인들이 빈 라덴을 보좌했다. 빈 라덴 부대는 최초의 작전이었던 바크티아 지방의 잦즈 전투를 비롯해 1989년까지 총 5개의 대규모 작전을 위시해서 크고 작은 전투를 수백 차례 치렀다.

1989년 소련군이 아프가니스탄에서 철수하자 빈 라덴은 고국 사우디아라비아로 귀환하였다. 사우디 정부는 정부의 허가 없이 해외에 참전했던 빈 라덴에 대한 처벌을 논의했지만 국내의 빈 라덴 지지세력을 의식해 처벌하지는 못하고 가택연금과 해외출국 금지조치만 취했다.

빈 라덴은 1989년 8월 이라크의 쿠웨이트 침공 수개월 전 사태를 예감하고 사우디 국왕에게 사우디 국경 경비 강화를 건의했다. 이 건의 서한에서 빈 라덴은 사우디인에 의한 사우디 방위를 주장했는데 막상 이라크가 쿠웨이트를 침공하고 사우디 국경마저도 위태로워지자 사우디 왕실의 조치는 기껏해야 미국에 지원을 요청하는 것뿐이었다.

빈 라덴은 미국에 대한 지원 요청은 늑대를 막기 위해 호랑이를 불러오는 것이라고 주장하면서 사우디 왕실의 정책을 바꿀 것을 요구했다. 아프가니스탄 전선에서 귀환한 4000여 명의 동료들이 빈 라덴의 의견에 동조하는 기미를 보이자 사우디 정부는 빈 라덴이 정부를 비난하는 것은 왕실을 전복하려는 저의에서 나온 것이라고 보고, 제다 근교에 있는 빈 라덴의 농장에 국가방위군을 파견해 저택을 강제 수색하는 등 빈 라덴을 강하게 압박하였다.

어느 정도 시간이 흘러 해외 출국이 허락되자 빈 라덴은 사우디를 떠나 파키스탄으로 가서 예전의 추종자들을 다시 규합해 세력을 키운 뒤 다시 1991년에 자가용 제트비행기편으로 수단으로 향했다.

빈 라덴은 수단의 이슬람 정책에 호감을 가졌으며 수단 생활에 만족했다고 한다. 그는 수단에서 건설 사업을 벌이기도 하고, 사우디 투자가들의 수단 투자를 알선해 수단 정부로부터 신임을 얻었다.

당시 사우디 정부는 수단으로 특수요원들을 보내 빈 라덴을 제거하려고 했지만 실패한 것으로 알려졌다. 사우디로서는 국왕이 통치하는 사우디의 왕정제도가 이슬람 교리에 위반되는 것이라며 도전해 오는 빈 라덴을 더 이상 묵과할 수 없었던 것이다.

사우디 정부는 1994년까지 빈 라덴에 대한 일체의 기록과 행적을 대외비로 다루면서 일반에게 공개하지 않았다. 또한 사우디 내 빈 라덴의 개인재산도 1992년에서 1994년 사이에 모두 동결했지만 이것 역시 일반에 공표하지는 않았다.

하지만 외신 보도에 의해 빈 라덴에 대한 이야기가 점차 퍼져나가자 1994년 사우디 정부는 드디어 보안 방침을 바꿔 공개적으로 빈 라덴의 사우디 시민권을 박탈했다. 이때부터는 빈 라덴도 공개적으로 언론을 통해 사우디 왕실을 공격하면서 사우디 개혁위원회라는 지하

단체를 조직해 17개 항목의 개혁 발표문을 공포해 사우디 왕실의 부패를 비난하고 국정개혁을 요구하였다.

빈 라덴과 탈레반 정권

사우디 왕정을 부패한 왕족들에 의한 타락한 왕조라고 사우디인들에게 왕정 타도를 고취했던 이슬람 지도자들은 항상 있어 왔다. 3만 명의 왕족들이 미국이라는 외세를 등에 업고 지배하는 타도의 대상이라는 주장이다.

1994년 화창한 봄날에 일어난 리야드 폭탄 테러는 아라비아 반도에서 일어난 최초의 반미 테러였다. 사건 후 사우디 정부는 빈 라덴을 비롯한 4명의 아랍계 아프가니스탄인들이 이 사건에 관여했다고 발표했다. 당시 수단에 있던 빈 라덴은 수단 정부가 사우디 정부 등으로부터 압력을 받게 되자 자신의 부대원을 이끌고 아프가니스탄 동부 잘라라바드로 간다. 그때가 1996년의 일이었다.

당시 아프가니스탄 정국은 수많은 군벌들이 대립하고 있었지만 빈 라덴은 모든 파벌과 원만한 관계를 가졌다. 특히 잘라라바드의 지도자 유니스 칼리스는 빈 라덴을 특별 귀빈으로 대접했다.

1996년 6월 사우디 동부 지역인 코바르에서 또다시 폭탄 테러가 일어났다. 범행을 주장하는 단체는 나타나지 않았지만 사우디 정부는 이 사건 역시 빈 라덴의 범행으로 단정했다. 사우디 정부는 처음에는 사우디 동부 지방의 전통적인 반정부 세력인 시아파 이슬람 교도들을 의심했지만 결국 빈 라덴 조직의 범행으로 밝혀진 것이다.

이후 사우디 정부의 빈 라덴 추적 작전은 더욱 심해졌다. 1996년 말 아프가니스탄 정권을 장악한 탈레반, 즉 극단주의 이슬람군의 지도자 모하메드 오마르와 빈 라덴은 더욱 밀접한 관계를 맺게 된다.

탈레반은 빈 라덴에게 신변안전을 보장했으며, 탈레반이 반탈레반군의 주력군인 샤 마수드와의 전투에서 수세에 몰려 수도 카불이 위험에 빠졌을 때는 빈 라덴을 비롯한 아랍 이슬람 의용군들이 탈레반을 지원해 카불 방어전을 승리로 이끌었다.

1997년 초 사우디 정부는 다시 한번 일단의 용병대를 파견해 파키스탄과 아프가니스탄 국경지역에서 빈 라덴 암살을 시도했다. 이때에도 빈 라덴은 탈레반의 중심지역인 칸다하르로 이동해 위험을 피했다.

1997년 말에는 미국이 빈 라덴 체포작전을 대규모로 벌였다. 칸다하르의 빈 라덴 자택을 습격할 예정이었는데, 런던에서 발행되는 아랍어 신문『알 쿠든 알 아라비』에 의하면 파키스탄 군 내부에 있는 빈 라덴 첩자에 의해 사전에 정보가 누설되어 계획이 취소되었다고 한다.

빈 라덴은 아프가니스탄 체재중 약 40여 명의 아프가니스탄 이슬람 지도자들과 함께 사우디아라비아 반도에서의 미군 철퇴를 위한 화트와를 작성해 발표했다.

이에 따라 빈 라덴을 추종하는 다른 아랍 무슬림 지도자들도 아프가니스탄으로 옮겨오기 시작했는데 이집트의 지하드 지도자 아이만 엘 자와히리와 자마아 이슬라미야의 리프티 타하 등 상당수 극단주의 이슬람 교도들이 모여들었다.

그밖에도 파키스탄, 인도, 중앙아시아 이슬람 국가에서 온 수많은 무슬림들이 아프가니스탄을 국제 이슬람센터로 만들었다.

1998년 7월, 아프리카의 케냐와 탄자니아 미국대사관 폭파사건 이후 미국은 코스트에 있는 빈 라덴 캠프를 미사일로 공격했으나 당시 빈 라덴은 현장에 없어 작전은 실패로 끝나고 말았다.

추종자들에 의하면 빈 라덴은 겸손하고 자상한 성품이라고 한다. 전선 캠프에서 그는 동료들에게 직접 음식을 만들어 대접하기도 하는 등 진솔한 성품으로 존경을 받았고, 제다에 있는 자택도 대부호답지 않게 작고 가족들의 식사와 의복도 검소했다고 한다.

빈 라덴은 전투중에 여러 차례 위험에 처한 적이 있었다. 한번은 겨우 17미터 근방에서 미사일이 터져 부상당했던 적도 있었고, 입원 치료를 받은 것도 수차례 되었다.

파키스탄 안에도 빈 라덴의 동조자들이 많았다. 그들 파키스탄 무슬림들은 지금까지도 빈 라덴에게 정보를 제공하는 등 빈 라덴을 돕고 있다. 아프가니스탄의 정권을 잡은 탈레반의 경우는 더 말할 나위 없었다. 탈레반은 빈 라덴이 사우디에서의 부유한 삶과 높은 지위를 모두 버리고, 오지 아프가니스탄에 와준 사실에 감명받아 그에게 최대의 예우를 해주었던 것이다.

실제로 아프가니스탄 탈레반 지도자 중 한 사람은 빈 라덴을 넘기라는 사우디 정부 고관의 요구에 대해 자신의 텐트를 찾아온 염소도 박대할 수 없는데 어떻게 빈 라덴과 같은 성인을 넘겨줄 수 있겠냐고 반문하기도 했다고 한다.

2001년 3월, 세계가 놀랄 만한 사건이 아프가니스탄에서 일어났

다. 아프가니스탄 정부가 1000여 년 전부터 보존해 온 대형 불상들을
파괴하고 있다는 사실이 외신을 타고 각국에 전해졌다.

아프가니스탄의 탈레반 정부가 철저한 이슬람 원리주의자들로 구
성되어 있음은 이미 알고 있던 터지만 인류 공동의 문화 유적을 파괴
할 정도라고까지는 미처 생각하지 못했던 것이다. 세계인들은 그야말
로 경악하였다.

빈 라덴과 탈레반 정권은 아프가니스탄을 완전히 이슬람 국가화
하기 위해 국내 불교 유적인 석불상들을 파괴하기로 결정했던 것이다.

이밖에도 탈레반 정권하의 아프가니스탄에서는 여성들의 교육기
회가 박탈되어 세계 여성단체로부터 맹렬한 비난을 받았다. 탈레반
정부는 여성들에 대한 교육이 이슬람 교리에 위배된다는 이유로 모든
여학교를 폐쇄하는 조치를 내렸다. 이슬람 종주국인 사우디에도 여학
교가 있다는 사실을 감안하면 아프가니스탄의 이슬람 정부가 얼마나
극단적이었던가를 알 수 있는 실례이다.

이러한 불상 파괴와 같은 극단적인 일련의 정책들은 일본, 태국 등
아시아 불교국가들로부터 강력한 반발을 사서 미국의 대아프가니스탄
전쟁을 이들이 적극 지원하도록 하는 데 적지 않은 영향을 미쳤다.

눈에는 눈, 이에는 이

빈 라덴은 사업가로서의 경험을 이용해 아프가니스탄 정부 사업에도

상당한 고문 역할을 했던 것으로 알려졌다. 아프가니스탄 정부가 석유 및 가스 프로젝트를 국제 석유회사와 상담할 때 빈 라덴이 여기에 깊게 개입했다고 한다.

빈 라덴의 조직은 크게 두 개로 대별된다.

하나는 직접 자신이 명령을 내리는 직속기관으로 대부분 아프가니스탄, 파키스탄, 사우디, 예멘, 소말리아 그리고 걸프국가에 분산되어 있다. 조직원들은 수백 명으로 추산되며 모든 조직은 철저한 점조직으로 비밀리에 운용된다.

둘째는 방계 조직으로 수천 명 정도로 추산되는, 빈 라덴의 영향력 아래 있는 추종자들이다. 이들은 공식 또는 비공식적으로 알 카에다와 연계돼 있다.

빈 라덴은 국제 은행계와 증권계가 유대계 자본에 의해 좌우되고 있다는 확신을 갖고 있으며, 그 자신은 사악한 직업이라는 이유로 은행업과 증권 관련 사업에는 관여하지 않고 있다고 한다.

빈 라덴은 사우디 정부가 자산 동결조치를 내려 상당한 재산 손실을 입었는데, 대략 2~3억 달러 가량 되는 것으로 알려져 있다. 빈 라덴의 두 번째 재산상의 손실은 수단에서였다. 수단 정부의 발주 공사에서 공사비의 겨우 10% 정도밖에 회수하지 못해 약 1억 5000만 달러 가량의 손해를 입었다.

빈 라덴의 일가 친척과 수십 명의 형제 자매 중에는 빈 라덴의 활동을 지지하는 경우도 있지만 대부분은 비판적 태도를 보이고 있다. 빈 라덴은 인터뷰에서 자신의 국제 테러활동이 단지 부자이기 때문에 가능한 것이 아니냐는 질문을 일소에 부친 적이 있다. 실제로 폭탄테

러 활동에 소요되는 무기와 폭약 가격은 그다지 비싸지 않으며 소말
리아에서는 다이너마이트가 설탕보다 싸고, 예멘에서는 RPG 총류탄
발사기를 텔레비전보다 싸게 살 수 있다고 설명했다. 빈 라덴은 자신
은 오로지 종교적 신념에 따라 움직인다고 단호하게 말했다.

1998년 7월 아프리카 케냐 주재 미국 대사관과 탄자니아 주재 미
국대사관에서 연속적으로 발생한 폭탄 테러 사건, 또 이에 대한 보복
으로 미국이 아프가니스탄과 수단에 발사한 미사일 공격 등으로 세계
인들은 빈 라덴이라는 인물에 대해 지대한 관심을 보였다. 역사상 미
국이 일개인을 목표로 크루즈 미사일을 발사했던 적은 없었던 것이
다. 어쩌면 빈 라덴은 이러한 매스컴을 활용하여 자신의 이슬람 사상
을 전파하고 있는지도 모르겠다.

사우디아라비아 정부는 빈 라덴에 대한 국민들의 관심을 희석시
키기 위해 사우디 내 매스컴들이 빈 라덴의 이름을 언급하지 못하도
록 규제했다. 예를 들면 미국이 아프가니스탄의 빈 라덴 캠프를 미사
일 공격했을 때에도 사우디 언론에서는 단지 '아프가니스탄에 있는
테러리스트 기지에 대한 공격' 이라고만 쓸 수 있었다. 그러나 사우디
정부의 이러한 언론 통제는 미국을 비롯한 국제 매스컴들의 빈 라덴
보도로 실패로 끝나고 말았다.

1998년 5월 말 미국 ABC방송의 특파원 존 밀러는 오사마 빈 라덴
과 단독 인터뷰 하는 데 성공한다. 이후부터 빈 라덴이라는 이름은 일
약 세계인의 주목을 받게 된다.

인터뷰는 아프가니스탄 남부에 소재한 빈 라덴의 부대에서 행해
졌는데 카메라맨 벤네트는 취재 직전 6만 5000달러짜리 방송용 카메

라를 몰수당하고 대신 일반 가정용 캠코더를 대신 지급받았다. 방송용 카메라 속에 다른 장치가 숨어 있을지도 모른다는 빈 라덴 부하들의 의심 때문이었다.

인터뷰 현장에는 큰 키의 빈 라덴과 이집트 이슬람 지하드 지도자인 아이만 알자와히리, 그리고 군사령관 무하마드 아테프가 함께 있었다.

빈 라덴은 소련군이 아프가니스탄에서 사용한 화학무기의 잔인성을 회고하면서 이야기를 시작했다.

사우디의 유복한 가문 출신이 어떻게 아프가니스탄의 가혹한 조건 아래서 소련군과 싸울 수 있었느냐는 첫 번째 질문에 빈 라덴은 이슬람의 능력 때문이라고 대답했다.

빈 라덴은 아프가니스탄 전선에는 자신뿐 아니라 아라비아 반도 출신의 수천 명의 부유한 무슬림 청년들이 참전했으며 수백 명이 전사했다고 말했다. 또한 그는 미국인들의 우월감을 비난하면서 미국은 팔레스타인 어린이마저도 테러리스트로 내몰고 있다고 비난하였다. 그리고 그런 미국과 이스라엘은 반드시 패배할 것이라고 말했다.

나아가 빈 라덴은 미국 주도하의 대이라크 경제제재 때문에 100만 명이 넘는 이라크 어린이들이 사망했고, 이 모든 일들은 미국의 이익 추구 때문이라고 비난했다. 빈 라덴에 의하면 미국은 세계 제1의 강대국이라기보다는 세계 제1의 도둑이며 테러리스트이다. 그러므로 빈 라덴 자신은 아랍의 전통적인 대응법인 '눈에는 눈, 이에는 이' 식의 해답을 찾았다는 것이다. 미국의 공격에 대해 동일한 방법을 사용하겠다는 것이다.

빈 라덴은 미국이 아프가니스탄의 소련 항전으로부터 교훈을 얻지 못했다고 했다. 강대국이라도 패할 수 있다는 교훈 말이다.

유엔 평화유지군의 명암

빈 라덴은 미국 ABC 방송과의 인터뷰를 통해 자신이 소말리아 사태 동안 수단에 있으면서 배후에서 지원을 아끼지 않았다고 밝혔다. ABC 방송 취재진이 캠프에서 빈 라덴과의 취재를 위해 기다리는 이틀 동안 무슬림 전사 중 여럿은 자기들이 소말리아에서 3명의 미군 병사의 목을 자르던 일들을 이야기해 주기도 했다. 인터뷰에서 빈 라덴과 그 추종자들은 유엔평화군의 일원으로 참가하는 미군의 정당성에 대해서도 강한 반감을 보였다. 미군이나 평화유지군이 전쟁에서 보여준 잔혹성에 대해서는 왜 언급하지 않느냐는 것이다.

소말리아에서의 유엔 평화유지군의 활동 역시 빈 라덴의 관점에서 본다면 비판의 여지가 있다.

대부분의 사람들은 평화유지군에 대해 호감을 가지고 있다. CNN에 등장하는 푸른 헬멧을 쓴 유엔군 병사들은 한결같이 평화의 사도 같은 이미지를 보여준다. 그러나 실제 전투에서는 평화유지군이나 상대방이나 모두가 폭력으로 폭력에 대항한다는 점에서 똑같다. 양쪽 모두 전투를 직업으로 하는 군인들인 것이다.

1997년 이탈리아 언론은 충격적인 사진을 게재했다. 93~94년 소말리아에 파견되었던 이탈리아군이 찍은 사진으로 나체의 소말리아인의 시체를 끌고 다니는 이탈리아 군인들의 모습이었다.

이밖에도 유엔평화군의 푸른 헬멧을 쓴 이탈리아 군인들이 여성들을 잔인하게 고문하는 모습 등 잔혹행위는 인간의 존엄성을 짓밟는 것으로 보는 사람들을 충격 속으로 몰아넣었다. 이 같은 잔학한 고문과 가혹행위는 당시 이를 옆에서 지켜보았거나 가담했던 군인들 중 일부가 양심의 가책을 견디지 못해 이탈리아 언론에 폭로함으로써 드러났다. 유엔군에 의해 수십 건의 고문이 잔인하게 자행되었으며, 이탈리아군 한 명이 사망하면 몇 배의 복수극이 펼쳐졌다.

당시 소말리아에 참전했던 상등병 베네데토 베르티니는 낯선 현지인들에게 둘러쌓여 있다 보면 마치 외딴 섬에 떨어져 있는 것만 같은 느낌이 들고, 자신이 람보라도 된 듯한 착각에 빠져 인간의 생명 따위는 무가치하게 느껴지는 상황에 처한다고 기자에게 고백하였다.

이 같은 비인간적인 행위가 언론에 공개된 뒤 이탈리아 군당국은 지휘책임을 물어 장성 2명을 정직시켰으며 철저한 조사를 통해 관련자들을 모두 처벌하겠다고 발표했다.

그리고 스칼파로 대통령은 여성을 포함한 별도의 긴급조사위원회를 긴급 구성해 독자적인 조사보고서를 제출케 했으며 이탈리아 언론은 변태적이고 추악하고 혐오스러운 군인들이라는 제호로 이들 평화유지군을 비난했다.

이탈리아의 국민여론이 인도주의 활동이란 미명 아래 어떻게 그런 일을 자행할 수 있느냐며 이탈리아 역사에 더러운 칠을 한 무뢰한들이라고 격렬히 성토했지만 이미 일어난 일들은 되돌릴 수 없다.

유엔 평화유지군은 내전으로 폐허가 된 소말리아에서 92년 12월부터 95년 3월까지 27개월 동안 평화유지 활동을 했다. 당시 한국군도 공병대를 파견, 도로공사 등 지원활동을 편 바 있다.

문제는 이들 평화유지군과 현지인들과의 전투 등 충돌이 있을 때 세계 언론은 거의 대부분 평화유지군들의 측면에서만 일방적으로 보도하게 된다는 점이다. 특히 아프리카, 중동의 오지에서 충돌할 경우에는 거의 현지인을 비문명인 취급하고, 현지인에 대해 접근 자체를 회피하는 경우도 많다. 하지만 실제 전투 상황에서는 유엔군이든 현지인이든 모두 반문명적인 행위를 하게 되는 경우가 다반사다.

어차피 전쟁터는 인간을 비인간적으로 만든다.

전쟁기사에 대해 정부의 보도관제가 강화되고 종군기자의 자유로운 활동이 제약되는 경향이 심화된다면 소말리아와 비슷한 사례가 다시 일어나지 않는다고 단언할 수 없을 것이다.

시온 의정서

빈 라덴은 몇 차례 언론과의 인터뷰를 통해 앞으로의 행동목표를 밝힌 바 있다. 우선 사우디 내 이슬람 성지에서 미군을 철퇴시키는 것을 최대 목표로 삼고, 미군의 철수가 지연될수록 미군 사상자가 많아질 수밖에 없다고 계속적인 대미 테러를 경고했다.

실제로 1995년 사우디의 수도 리야드에서 폭탄 테러로 미군 5명이 사망했고, 1996년에는 동부의 주요 군사기지인 다하란에서 폭탄 테러가 발생, 미군 19명이 사망했다. 민간인에 대해서도 빈 라덴은 미국적을 소지한 사람은 누구라도 살해할 것이라고 경고해 미국 정부를 긴장시키고 있다.

빈 라덴은 코소보에서 세르비아와 싸운 알바니아 무슬림들도 지원했다고 알려왔다. 그는 세계 어디서나 무슬림들은 연대해야 하며 압박받는 무슬림들의 편에 서는 것이 자신의 사명이라고 하면서 화트와에서 밝힌 대로 실행하고 있는 것이다. 결국 구유고슬라비아가 해체되고 지금 그 자리에 유럽 유일의 무슬림 국가가 탄생했다.

어떤 의미에서 코소보 전쟁은 이라크 전쟁의 서막이라고도 할 수 있다. 코소보는 구유고슬라비아 공화국의 일개 지방으로 약 4200평방 마일 정도 면적에 약 180만 명의 알바니아인들과 20만 명의 세르비아인들이 살고 있었다.

기독교도인 세르비아인과 이슬람교도인 알바니아인들은 세계의 화약고로 불리는 발칸 반도의 한쪽에서 오랜 세월 동안 동거해 왔으나, 1998년 3월 드디어 양측의 동반 관계는 끝나고 현대 유럽에서 일어난 가장 야만적인 전쟁인 코소보전이 발발한다.

코소보 전쟁은 엄밀하게 말하자면 1989년 밀로셰비치 유고슬라비아 대통령의 자치 취소 선언으로부터 시작되었다.

1974년 다양한 민족적 요소를 잘 조화시켜 유고 연방을 이끌어 오던 티토 대통령은 무슬림 지역인 코소보를 자치주로 선포한 바 있었다. 그런데 티토 사후 세르비아 민족주의자를 대표하는 밀로셰비치 유고 대통령이 취임하면서 대대적인 정책 전환이 이루어진 것이다.

그러나 밀로셰비치의 자치 취소 결정에도 불구하고 1992년 코소보의 알바니아인들은 자치정부를 구성했고, 1993년에는 코소보 해방군(KLA)마저 활동을 시작해 유고 정부군과의 충돌이 충분히 예견돼 있었다. 코소보의 무장독립활동이 본격적으로 개시된 것은 1998년에 들어서였다.

1998년 3월 코소보 해방 군대와 세르비아 경찰 및 유고 정부군과의 전투가 격화되고 수천 명의 알바니아 난민이 고향을 떠나는 모습이 외신을 타기 시작했다.

NATO의 개입이 임박하자 밀로셰비치 대통령은 잠시 공세를 늦췄으나 1999년을 들어서면서 45명의 알바니아인들이 학살당하는 사건이 벌어졌고, 60만 명의 알바니아인들이 난민 상태로 고향을 떠나면서 세르비안 민병대와 군경에 의해 집단학살, 난행을 당하는 사건들이 계속 외신을 타고 세계에 보고되었다.

구유고연방을 뒤흔든 코소보 전쟁의 결과, 유고연방은 슬로베니아(1991년 6월 독립선포), 크로아티아(1991년 6월 독립선포), 보스니아 헤르체고비나(1992년 4월 전쟁 발발 후 1995년 미국 오하이오 주의 데이튼 협정에 의해 독립), 마케도니아(1992년 1월 독립), 세르비아 몬테네그로(1992년 4월 독립 후 1998년 4월 코소보와 분쟁 개시)의 5개 국가로 분할된다.

빈 라덴은 미국이 유대인들의 세계 언론조작에 속고 있으며, 그 결과 미국인들은 이슬람과 무슬림에 대한 편견에 빠져 있다고 분개한다. 그리고 자신이 미국에 의해 테러리스트 공적 제1호로 취급받는 것에 대해서는, 자신은 미국의 말에는 별로 관심이 없다고 잘라 말한다.

빈 라덴은 신은 그 목적을 위해 인간을 창조했고 코란에 의해 인도되도록 지시하셨으니 미군이 이슬람 영토로부터 철수할 때까지 신의 명령에 따라 지하드를 전개할 뿐이라고만 간단히 대답한다.

또 사우디 왕실에 대해서는 국가의 부를 외국에 팔아먹는 정권은 멸망하게 마련이기 때문에 사우디 왕실 역시 과거 이란의 샤 왕정과 마찬가지로 망할 것이라고 예언해 사우디 정부 전복 의사를 숨기지 않았다.

빈 라덴은 미국과 이스라엘의 관계는 마치 미국 정부 속에 이스라엘이 숨어 있는 것과 같다고 설명한다.

클린턴 대통령 집권 당시 국무장관을 지낸 올브라이트와 국방장관이었던 코엔이 모두 유대인이라는 사실을 실례로 들었다. 빈 라덴은, 이스라엘은 초강대국인 미국 내에 강력한 조직을 심어놓고 미 행정부를 이용해 세계를 움직이고 있으며 특히 이슬람 세계를 장악하려 하고 있다는 것이다. 그는 어리석게도 미국이 유대인의 이익을 위해 미국의 젊은이들을 열사의 땅 중동으로 보내고 있다고 말한다.

중동에서 미국이 유대인들의 이익을 위해 피흘리고 있는 동안 미 본토에서는 수백만의 미국인들이 홈리스로 지내는 등 빈곤에 허덕이고 있고, 반면에 이스라엘은 경제발전을 이루고 있으며 팔레스타인 내에 정착촌을 확대해가고 있다는 것이다.

빈 라덴의 해석에 의하면, 미국은 세계를 지옥으로 이끌어가고 있으며, 미국인들은 자신들의 국익을 위한 지도자가 아니라 유대인의 이익을 위한 지도자를 뽑고 있다는 것이다.

빈 라덴을 비롯한 이슬람 과격단체들은 이스라엘군과 레바논 기독교 민병대에 의해 자행된 레바논 사브라와 샤틸라 팔레스타인 난민촌에서의 난민 학살 같은 일들의 배후에는 세계적인 유대인 조직의 음모가 있다고 주장하면서 「시온 의정서 The Protocol of The Elders of Zion」를 거론한다.

여기서 이스라엘 비난의 근거가 되는 「시온 의정서」란 1897년 스위스 바젤에서 열린 세계 시오니스트 대회에서 채택된 회의문서를 말한다. 「시온 의정서」는 1905년 러시아에서 초판이 발간된 후 세계 각지에서 출간되었는데 진위 여부가 불분명하지만 이슬람 국가에서는 유대인들이 세계 지배를 위한 계획서로 만들었다고 확신한다.

총 24장으로 구성된 「시온 의정서」의 내용은 한마디로 설명하기 어렵지만 유대인들이 하느님의 선민이기 때문에 자신들이 세계를 경영해야만 하며 이것을 위해서는 수단과 방법을 가리지 않아도 좋다는 내용이다.

언젠가 도래할 유대인 지도자에 의한 세계지배를 위해 각 유대계 조직들은 각국에서 이것을 위한 환경을 조성해 나가야 하며, 그 방법으로는 세계 인류를 저급한 대중문화와 성적 방종, 물신주의에 빠지게 할 것이며, 영화나 오락 등에 탐닉하게 만들어 스스로 사고할 수 있는 능력을 갖지 못하고 오직 수동적으로만 움직이게 만들어야 한다는 것이다.

「시온 의정서」에 예언된 대중조작 기법들은 후일 영화와 스포츠, 오락산업의 발달로 맞아떨어진 셈이 되었다. 그리고 각국의 화폐제도와 금융정책, 외채에 의해 좌우되는 개도국의 운명 같은 부분은 읽는 사람으로 하여금 전율을 느끼게 할 만큼 사실적이다.

「시온 의정서」는 하나의 민족에 의한 세계 지배라는 발상도 두렵지만 세계 지배를 위해서는 유대인들 이외의 모든 민족들은 열등한 민족으로 바라보는 시각 때문에 반유대주의를 불러일으키는 원인이 되었다.

우연의 일치일지도 모르지만 세계가 「시온 의정서」가 예견한 대로 점차 변모해 가고 있는 모습을 보면 이슬람 극단주의자들의 반이스라엘 감정이 일면 수긍이 간다.

빈 라덴은 앞으로도 이와 같은 세계관을 바탕으로 유대인, 즉 이스라엘에 대하여, 그리고 이스라엘이 배후에서 강하게 영향력을 행사하고 있는 미국에 대하여 가능한 모든 수단과 방법을 동원해 타격을 가하려 할 것이다.

그리고 투쟁 방법은 이미 알 카에다 선언문에서 밝힌 것과 마찬가지로 미국과 이스라엘에 대한 강도 높은 테러활동이 될 것이다. 그리고 이 같은 테러활동을 인계철선화하여 아랍 대 이스라엘, 그리고 아랍 대 미국과의 갈등을 최대한 악화시켜 나아가 제3차 세계대전의 발발을 유도하려고 할 것이다.